U0937167

性学入门

李银河 编

上海三联书店

新经典文化股份有限公司
www.readinglife.com
出　品

目录

Contents

4. 政治层面

5. 哲学层面

1. 历史沿革

1.1 源与流

性学是一门年轻的学科，其他学科（数学与天文学等）大都创始于欧洲的文艺复兴时代，而性学出现的时间很晚，从它的出现到如今才不过 100 多年的时间。

追根溯源，性学出现于 19 世纪末，形成于 20 世纪初。它在地域上的源头是欧洲。1908 年，世界上第一本性学杂志德国的《性学杂志》在柏林出版。1913 年，世界上第一个性学学会在柏林成立。1933 年 5 月，世界上第一个性学研究所在柏林被纳粹摧毁。随着世界经济和文化的中心移向北美，性学也在那里蓬勃地发展起来，结出累累硕果。

早期的性学研究大多集中在生理方面，而不是社会方面。因为 19 世纪是达尔文的世纪，所以生理学是那个世纪最主要的科学研究领域。也因为同一原因，当时最著名的性学家几乎个个都是医生。他们的性学研究最活跃的时期是在 1875 年和 1925 年之间。

一般认为，性学的创始人包括：克拉夫特－埃宾（Richard

von Krafft-Ebing，1840—1902），德国的精神病医生和心理治疗家，他对性心理失常做了系统的研究；莫尔（Albert Moll，1862—1939），德国人，心理治疗家，他在同性恋和幼儿性欲等方面有所建树；福雷尔（Auguste-Henri Forel，1848—1931），瑞士人，教育家，社会知名人士，最早的性调查者之一；埃利斯（Havelock Ellis，1859—1939），英国人，性研究者；希施费尔德（Magnus Hirschfeld，1868—1935），德国人，性研究者，世界上第一个性学研究所的创办者。

性学是一个跨学科的研究领域，所涉及的研究领域包括：身体形态学、心理学、文化人类学、心理生理学、性格形成学、心理病理学、功能理论、社会学、政治学，乃至哲学。在 19 世纪末和 20 世纪初开始创建时，性学基本上是医学的一个分支，因此主要的研究都建立在病患群体的基础之上。20 世纪性学发展演变的一个重要特征就是其研究领域的急剧扩大，从医学、生理学和心理分析学的领域扩大到社会学、政治学和哲学的领域。性学家威克斯（Jeffrey Weeks）是这样来概括性学初创期与后来发展壮大期的区别的：性学先驱们是用科学来理解性，而新一代性学研究者则用个人经历、社区参与意识来理解性，为了政治文化的规划来谈论性。（威克斯，14）

作为一个跨学科的研究领域，不同学科的专家从各自的学科对性学研究做出不同的贡献，生物医学科学对性学研究的贡献主要在性器官的结构、功能和疾病治疗方面；在性行为的研究上，性学与医学，如精神病学，有着重要的联系；在动物性行为的研究上，性学与动物学及灵长目动物学又密不可分地联系在一起。

与此相应，不同的学科有不同的研究角度，例如，解剖学家研究生殖器官的结构；胚胎学家研究子宫内受精卵的发育；生理学家研究性功能；遗传学家研究性发育和行为背后的遗传机理；公共卫生和流行病学的专家关心的是性疾病的预防；性行为、性功能与行为失常的医学研究则一向属于精神病学的范畴。

从性学于 19 世纪末初建时开始至今，对性学有贡献的生理学研究领域包括：动物（尤其是灵长类）的社会行为研究；早期人类化石的研究；人种史文献的跨文化资料分析以及当前对人类性行为的研究。在性差别的研究上，心理学家做了重要的贡献。社会学家则更关注婚姻、家庭和性别关系的研究。曾被社会学家广泛研究过的“角色”概念，被直接应用到了性角色及其与性行为有关的方面。而在所有的社会科学学科中，人类学显示出对人类性活动最长久、最执着的兴趣。

由于性学的开端主要集中在医学和生理学方面，社会科学家们在一开始对性学并不关注，他们认为性学只解决微观的个人层面的问题，而社会科学则应当更加关注宏观的社会问题，如社会结构、社会变迁等问题。在社会科学当中，是人类学较早地对人类的性活动产生了兴趣。人类学大家马林诺夫斯基（Bronisław Malinowski）和米德（Margaret Mead）都在他们的人类学著作中涉及了性的领域。

综观性学研究的历史，有两个重要的发展阶段：第一个阶段是 20 世纪的前半叶，其主要代表人物是埃利斯；性学研究的高峰是弗洛伊德（Sigmund Freud）。前者被誉为在道德上极其保守的维多利亚时代对性加以肯定评价的第一人；后者对性的兴趣是从他所关心的人格发育学说和心理病理学说发展起来的，他的学说将性视为人类各类行为动机背后的原始驱动力。

在性学发展的第一阶段，还有两个因素对性学的创立做出了贡献。一个是西欧女性主义运动的第一次浪潮：19 世纪中晚期，性学在欧洲兴起，恰巧与当时兴起的女性运动第一波同步。女性运动特别关注男女两性间的智力与情感差异，批判了对男女两性社会地位不平等的生理决定论解释。另一个是人口学：当时已经出现于发达国家的人口问题引起人们对性学的关注。

性学发展的第二阶段是 20 世纪的后半叶，其代表人物是金赛（Alfred Kinsey）。他的大型调查和调查报告的出版造成了前所未有的广泛的社会影响，造就了世界上最富于生命力的、产品最丰富的、资金最雄厚的、科研力量最强大的性学研究所。在金赛于 1956 年去世之后，他的研究所更名为金赛研究所。这个研究所研究与人类性活动有关的所有问题，其中包括大量关于同性恋、卖淫和淫秽品问题的研究。

20 世纪 30 年代德国纳粹的迫害对性学的发展是一个巨大的打击，但性学研究并没有因此中断。性学的真正复苏要从 40 年代金赛的工作算起。金赛建立的性研究所始终致力于广泛的大规模的人类性行为调查研究。金赛的工作之所以能引起公众如此广泛的关注，除了它对人类各种各样的性行为模式所做的振聋发聩的描述之外，更重要的还在于他的研究本身竟然最终导致了这些行为模式本身的改变。

性学发展第二阶段的代表人物除金赛外，还有马斯特斯和约翰逊（Masters and Johnson）。大多数性学家所从事的工作主要是调查和研究，而马斯特斯和约翰逊的工作却另辟蹊径，为性学开创了一个新的分支，造就了一个新的职业——性治疗业。他们的人类性生理的实验室研究为性学研究带来了一个飞跃。

虽然性治疗业在某些方面仍然不够成熟，还无法与行为科学、生物医学科学中成熟的学科相比，但是性治疗在20世纪后半叶的进展是成绩卓著和极其引人注目的。

性学建立以来，大量的研究者已经完成了数量众多的规模大小不一的调查，最大规模的几次性学调查是：金赛，12 000例，1948—1953年；海蒂（Shere Hite），15 000例，1972—1986年；英国，20 000例，1994年；马斯特斯和约翰逊，10 000例。

性学百年来最著名的规模最大的调查当然首推美国的金赛调查。金赛和他的调查研究团队一共调查了5300名白人男性和5940名白人女性。调查结果于20世纪中期出版，即于1948年出版的《人类男性性行为》和于1953年出版的《人类女性性行为》两部著作。

近年来一项堪与金赛调查媲美的研究是美国的劳曼（Edward Laumann）调查，合作者有加尼翁（John Gagnon）、迈克尔（Robert T. Michael）、迈克尔斯（Stuart Michaels），调查的标题为“国民健康和社会生活研究”。此次调查采用随机抽样原则，共抽样4369人（18—59岁），应答率为79%，实际样本容量为3432人。由于近几十年抽样技术的长足进展，此次调查的抽样技术被认为远优于金赛调查，成为美国有史以来质量最好的一次性研究。调查结果被收入两部著作当中，即于1994年出版的《性的社会组织：美国的性行为》和《性在美国：一项权威的调查》。此项研究令人略微感到意外的发现是：美国人不仅满足于他们的性爱生活，性方面不太活跃，而且性观念也比人们普遍以为的要保守一些。

在性学研究领域，在经验调查基础上又产生出大量理论著作，百年来最主要的 25 部性理论经典著作的主要学术贡献是：

25 部性理论经典著作的学术贡献

作者	出版年代	贡献
Ellis	1901/1936	性分析的非褒贬态度，探讨多种性概念，性倾向的早期概念化
Freud	1905/1957	专业理论框架的早期建构，性发展理论
Malinowski	1929	早期人类学
Mead	1935	早期人类学，性别概念
Pitts	1964	结构功能论的检视，性的社会控制概念
Broderick	1966	儿童性发展的微观理论
Reiss	1967	综合研究与理论的微观理论，特殊命题的建构，性容许度的概念
Trivers	1972	进化论观点，父母投资概念
Gagnon & Simon	1973	性脚本理论，早期社会建构论
Beach	1976	先天后天概念，女性的选择权
Foucault	1976/1980	早期社会建构论，对实证主义的批判
Byrne	1977	影响－强化理论，因果模式
Symons	1979	进化论观点
Fox	1980	人类学观点，乱伦
Herdt	1981	人类学观点，性倾向的形成
Maltz & Borker	1983	交流模式，男性文化与女性文化的概念
Maddock	1983	家庭体系理论，关注非病态的家庭动力学
Van Wyk & Geist	1984	性发展过程，性倾向
Green	1985	因果模式，儿童与青少年实践
Reiss	1986	跨文化宏观分析

Allgeier	1987	性倾向的因果模式
Geer & O'Donohue	1987	对多种性理论的宏观理论分析
Levine & Troiden	1988	性沉迷的概念分析
Tiefer	1991	对诸种性学概念的女性主义批评
Laumann, Gagnon, Michael &Michaels	1994	运用全国随机抽样样本检定理论假设

（Plummer，4）

性学与其他学科有一个最大的不同点，即性学从创立初期就是一个备受责难和争议的研究领域，尤其是来自道德方面的责难。这不能不说是它与其他学科殊为不同的一种遭遇。我们从未听说过经济学或历史学这样的学科会受到道德上的责难；更不能想象像天文学、物理学和数学这样的学科被人从道德角度质疑。

然而，性学却的确遭遇了这样的困境。正如活跃于 20 世纪末的性学家威克斯所说的那样，研究性问题也许是一件挺危险的事，会使人“在道德上受到怀疑”。直到最近，至少在学术界是这样，假如你关注性问题的话，你还是会被视为边缘人，因为主流知识界关注的是一些主要学科。（威克斯，159）在性学创立之初，情况当然更加严重。性学的创始人不仅要像一个普通学科的学者一样从事自己专业之内的研究，还不得不负起与当时社会和历史时期的主流意识形态相抗衡的重担。

早在 19 世纪，性学创立之初，社会上传统的反性势力就对性学家及其研究发起攻击，大唱反调。反性十字军的先驱有：格雷厄姆（Sylvester Graham，1794—1851），他在 1837 年发表《论贞操：致青年男子》，提醒人们注意性的危险性，发表了大量的反性言论；凯洛格（John Harvey Kellogg，1852—1943），他自己厉行禁欲，收养了42个孩子，并写作了《老年人和青年人应当知道的简单事实》一书，提醒人们丧失精子的危害，攻击手淫，主张对老年人和青年人的性活动加以惩罚和限制；康斯托克（Anthony Comstock，1844—1915），他只身游说美国国会，促使国会立法反对邪恶的性活动，通过了"康斯托克法"，在他担任美国邮政检察员期间，大量起诉淫秽品传播案，尤其反对恋童类性活动；阿克顿（William Acton，1813—1875），英国医生，他致力于传播有性别歧视偏向的性观念，这一观念认为大多数女性是根本没有性欲的，即使有性冲动也是与男性不可同日而语的。

从性学创建之始，性学家们的努力除了科学研究之外，就不得不包括力图使性学脱离清教主义、审查制度和各种各样的道德非难，这门学科的一个副产品就是对保守的意识形态形成了一股冲击和批判的力量。随着时间的推移和社会的变迁，性学研究的外部环境逐步得到改善，性学渐渐赢得了应有的社会地位。目前无论在西方国家还是东方国家，性学研究仍然常常处于道德论争、社会辩论和政治话语的中心，但是它已经不再是一个在道德上受到质疑的学科，而仅仅是由于其研究结果所引起的关注在道德、政治和社会反响方面比其他学科更多一些而已。

在西方社会普遍经历了20世纪60年代至70年代的性革命之后，性学的处境有了更多的改善，但是也遇到了新的挑战：一方面，性革命引发了从学界到民众中的主张性自由的思潮；另一方面，性革命的一个副作用是性病和艾滋病的传播，从而导致了性保守主义和禁欲主义在艾滋病时代复活。由于性学不仅仅是人类性环境的被动因素，还是缔造这个环境的主动因素，所以它面临的挑战就更加严峻。它首要的责任就是使世人正确地认识人类的性，预测人类在性领域所面临的各种问题与危机，控制并改变自己的行为以避免灾难。自现代学术出现以来，还没有哪一个学科遇到过如此严重的挑战和如此重大的社会责任。

1.2 学者与著作

1.2.1 埃利斯

埃利斯（Havelock Ellis，1859—1939）是英国著名的性心理学家，是性科学领域里的先驱，曾被美国批评家门肯（H. L. Mencken）誉为“最文明的英国人”。早在学生时代，埃利斯就主编过一套“现代科学丛书”，该丛书第一卷的书名是《性的演化》。在当时英国相当沉闷保守的社会氛围中，把一部讨论性问题的书列为丛书首卷，在许多人看来是大逆不道的，但是这本书却取得了很大的成功。埃利斯后来说过这样一句话：你们可以举火把我的书焚毁，但它们的浓烟烈焰将化为下一代的“道德的灵光”。时间证明了他的预言。

埃利斯曾经收集过一些有关男女之间体质差别的资料，并发现这种差别竟是许多社会问题的根源，而社会公众对于这类事实却又没有充分的认识和公正的评价，于是他便决定写一部书，阐明男女之间在体质上的差别的意义。1894 年，埃利斯的题为《男与女》的专著作为“现代科学丛书”的一卷出版，从人类学和心理学的角度研究和评价了男女两性之间差别的意义。这部书包含了埃利斯的丰富而周密的思想和许多存疑的一般性结论，成为他后来 30 多年性心理学研究和著述的一个引子，被权威人士评价为是一部“篇幅虽小意义重大”的杰作。

有了这个引子，埃利斯便得以从容地开始对人类性心理学的问题做系统的研究了。在与保守势力不懈的斗争中，埃利斯冲破重重阻力，陆续出版了一系列著作：《性心理学研究录》的第一卷《羞怯心理的进化；性的周期性现象；自体性欲》(1897)、第二卷《性倒错》(1900)、第三卷《性冲动的分析；恋爱与痛楚；女性的性冲动》(1903)、第四卷《人类的性选择》(1905)、第五卷《性爱的象征；解除性欲的机制；妊娠的精神状态》(1906)，第六卷《性与社会》(1910)、第七卷《易装和其他补充研究》(1928)。

1933 年，他发表了《性心理学》一书。因为埃利斯考虑到，普通的临床医生和医学院的学生们往往陷于繁忙的日常工作，没有时间精研熟读大部头的《性心理学研究录》，所以专门为他们写了这部篇幅不大的教科书性质的书。由于这个题目所涉及的领域关系到每一个人，所以它的读者群远远超出了医学界的范围。这部书的英文本问世以后的头十几年里，每隔一年或两年就重印一次，被翻译成东西方许多国家的文字，在世界各地出版发行。

在《性心理学》一书中，埃利斯根据生物进化的理论，全面考察了人类的性问题，深刻地批判了西方基督教腐朽残酷的道德观念和习俗，拨开了笼罩在人类性现象上的沉沉迷雾，并且指出，性的健康发展对于人类的进步有着重要的作用。

20 世纪的英国是一个相当保守的社会，当时埃利斯的《性心理学》被认为是诲淫之作，但他却以执着的科学精神一如既往地奋力前行，其研究得到了世界各地的专家学者的肯定与赞誉。

在西方学术史上，《性心理学》一书一直享有盛名，英国著名哲学家罗素（Bertrand Russell）在评论这部书的时候说过：以性为题目的书种类繁多，不一而足，却很少有几本能让人放心；但这部作品实在精彩，值得钦佩，完全可以有把握向所有人推荐。20世纪40年代，潘光旦译著的《性心理学》出版，在中国这样一个为儒家文化浸淫的国度里，起到了振聋发聩的重要作用。

埃利斯一生的道路并不平坦。他越出了19世纪英国传统的所谓社会风化的轨道。他的《性心理学研究录》第一卷英文版一进书店就被全部收买销毁了，以致这部现在被认为奠定性心理科学研究基础的名著还得在德国出版，初次与世人见面。但是，埃利斯是最终的胜利者，他在《我的生平》序言里说："我的一生有时像是用流血的双脚走向基督受难的圣地。凡是我的双脚踏过的地方都盛开了芬芳的玫瑰。我已在任何一个方面都尝到了天堂里的愉快。胜于理解的宁静牢住我心。青年时所打算的一生事业在半个世纪里能得到完成，和它所给我的安慰，不能不说是超过了我梦寐所求。"（本节简介参照胡寿文《埃利斯传略》一文，转引自《西方性学名著提要》第323—329页）

对埃利斯，后辈性学家有不同评价，其中以威克斯的评价较有代表性。他认为，埃利斯的主要价值在于，他是一位提出性改革的思想家，性学研究的开拓者，是"第一个对性持肯定态度的人"，因此可以说他是在性问题上的现当代态度的创始人。埃利斯所做的事情是记录下各种各样的性表达方式，强调性在个人生活和社会中的重要性，他收集了不同类型性行为的信息，并分析归类。除此之外，他还敏感地认识到，男女两性的社会角色是新世纪的重要问题。然而，与弗洛伊德奔放的想象力相比，他的著作的内容在实验性方面已经过时，而在理论上又显得软弱无力。（威克斯，65—66）这是对这位性学的拓荒者恰如其分的评价。

1.2.2 弗洛伊德

在性学之外，弗洛伊德（Sigmund Freud，1856—1939）的名字首先是与精神分析学说紧密联系在一起的，他既是著名的性学家，又是著名的精神病学家，精神分析学派的创始人，弗洛伊德主义的缔造者。

弗洛伊德于 1856 年 5 月 6 日出生于奥地利摩拉维亚的弗赖贝格。1886 年在维也纳开设私人精神病诊所。1893 年与布罗伊尔（Josef Breuer）合著《臆症研究》，提出用催眠法治疗臆症的新方法，预示了精神分析学的开端。1897 年他开始进行自我分析，并确立了幼儿性欲学说和俄狄浦斯情结理论。1905 年，他完成了《性学三论》及《机智与无意识的关系》，第一次系统地探索了自幼年时代起的人类性欲发展规律。在 1911 年至 1915 年间，他发表了一系列关于精神分析技术的论文，如《图腾与禁忌》，将精神分析学应用于人类学、文化学与宗教学。1916 年至 1917 年，他出版了《精神分析引论》。1920 年，他出版了《超越快乐原则》一书，开始对人类本能的研究。1923 年《自我与本我》出版，将人的心理结构分成“本我”、“自我”与“超我”。1926 年，他发表《抑制、症状与焦虑》，研究焦虑性精神病。1930 年，他出版了《文明及其不满》一书，该书深入研究了宗教产生的根源。

弗洛伊德学说研究的主题突破了传统心理学的范围，触及了以往无人涉足的关于人的心理深层结构和内在心理动力问题，并对性的问题给予了特殊的关注。他的性的生理动力（力比多）理论在学术研究中独树一帜，影响深远；他的女性的阴茎嫉妒理论引发了持续数十年的争议，尤其受到女性主义的批判；他的男同性恋经由恋母情结所导致的俄狄浦斯情结理论更是引人注目。他的研究的一个特点是：从个体的经验事实上升到普遍性，以对“不正常”的人的研究为根据，将得出的结果应用于“正常”人的心理。他的理论在客观上具有对现代西方思想文化的批判性质。（本节引自《西方性学名著提要》第 349—350 页）

就像研究阶级问题不能摆脱马克思一样，研究性学的人无一能够摆脱弗洛伊德的影响。然而，对弗洛伊德的批评也很多，择其要：第一，他的理论带有本质主义和生理决定论的色彩。第二，他的理论倾向普适性太强，忽略了文化和历史的差异。第三，他对人类幼年期性活动的影响过分强调，忽视了性的可变性。例如有 37% 的男性有过同性性行为，而终身的绝对同性恋者在人口中只占 4%。第四，他认为女性性欲的成熟标志是从阴蒂快感到阴道快感，前者是不成熟的表现，这个命题是错误的。第五，他有男权制的思维方式，例如认为攻击性是男性特征，如果同样的心理特征发生在女性身上就是神经症的表现。第六，他使用的方法不能证实他的假设。少量的门诊病历不可以成为关于无意识的普适性理论的依据。（Walby，109—127）尽管如此，作为性学的一代宗师，弗洛伊德所做的开创性工作是应当受到赞誉的，其理论的影响力是深远的、持久不衰的。

1.2.3 金赛

金赛（Alfred Kinsey，1894—1956）的学术背景是生物学。

他最初获得的学位是生物学与心理学学士学位。1919 年，他在哈佛大学获得自然科学博士学位。1920 年，他就教于印第安纳大学动物学系。

金赛生长在一个过分拘谨并笃信宗教的家庭中。他对自己的性欲和性活动一直有着沉重的负罪感并备受其折磨。直到他成年并成为一个科学家，才认识到这种痛苦的感觉是毫无正当理由的。1938 年，印第安纳大学的女学生联合会请求学校当局为那些已经订婚、结婚或准备结婚的学生开设有关性与婚姻的课程。印第安纳大学要求金赛这位生物学教授来开这门课。鉴于他对生物学及对黄蜂的杰出研究成果，校方相信他对性问题这类敏感的题目能够提出学术方面的见解。

当金赛为准备课程开始搜集资料时，他发现只有极少数有关人类性行为的科学资料可供利用，而这些资料不是失之宽泛，就是被个人的偏见所扭曲，或者只是依据少数临床案例所做的研究。因此金赛在回答女学生提出的种种问题时，几乎毫无自信。在这种情况下，他坦率地承认自己缺乏科学的资料，并询问女学生们：在她们自己的经历的基础上，她们对此有什么样的观点。女学生们的回答逐渐积累成一大批原始素材，而金赛则充分认识到其中蕴含的无比巨大的科学价值。他开始规范化地系统地整理学生们的问题和她们的回答，所用的是他此前用来收集和检验过 550 万只以上黄蜂的那种新分类法。最终，他创造了一种直接面谈的调查方式，用以揭示一个人性生活的实貌。

这种面谈调查方式创立后，金赛开始系统调查选修性与婚姻课程的全体学生，以后又扩大到其他班级的学生以及他个人的朋友。不久，他又开始调查他所能说服的每一个人，包括在大学里干活的零工和半熟练工这样的人。他发现，这些人的性态度和性行为与大学生们极为不同，于是金赛开始理解：社会经济阶层的差异对人的性活动发挥着巨大的影响。这一发现意味着，如果想切实了解全体美国人的性行为，就必须直接调查不同地区的所有社会经济阶层的人，而且人数必须足够多。这样，金赛的性学研究工作也就真正开展起来了，他把访谈对象扩大到印第安纳州布卢明顿市的居民，以至全美的各大城市与乡镇。

在 1947 年，参与这项研究的各方面力量共同组建了一个独立的、非营利的合作机构——性学研究所。第二年，这个合作机构的第一部著作问世了，这就是《人类男性性行为》（又译《金赛性学报告》）。它收集了 5000 多位男性的资料。这是美国人第一次可以正确地了解一些"藏在别人家卧室门后的事"。这本书是由一家以出版教科书为主的出版商出版的，所有的描述都以学院式风格呈现出来，并配有详细的图表、数据资料。当时出版商以为只有科学家和医师会有兴趣购买，所以初版数量很少，没想到这本书在一夕之间成为畅销书。金赛的名字自此竟变得家喻户晓。首版书一抢而空，只得连续再版。

在这本著作中，金赛主要阐述了两种基本观点：第一，从根本上来说，性是一种生理现象。性张力（或称性能量）无论如何总是要释放的，这是一种生理活动，但社会因素和社会力量对它有一定的影响。性的生理性质主要表现为：不存在绝对没有任何性释放的人；无论多么怪异的性行为或性释放频率，都是源于并符合于性的生理需要的；性释放可以分为三个方面来考察：释放频率、释放途径、释放总量中各种途径所占的比重。第二，性释放的途径（具体性生活方式）及其在释放总量中占的比重，主要是由当事人所属的社会阶层内通行的性态度决定的。社会阶层划分的主要依据是教育程度和职业等级的高低，而且这两者大致相符。

概括地说，这部书的贡献在于：首先，它第一次揭示了美国人的性行为实况，从而建立了一个标准参照系，一切后代研究者都必须用它来衡量自己的成果；其次，它提供了一个经验基础来确立正常行为具有广阔的范围这一概念，其结果是引起了医学、法律和行为科学的巨大改变；第三，也是最重要的，这部书把性这一研究题目带出了阴暗的角落，使科学家、卫生工作者、医务人员能够公开地、客观地讨论它，尤其是使每个个人也能够公开地讨论它了。

在引起广泛注意和普遍喝彩的同时，这本书也招来大量否定的反响，因为这一研究成果令许多人不安。其中数婚前性交与同性性行为这两个问题最为敏感，所受到的批评也最多。相比之下，诸如遗精和自我刺激（自慰）等方面的研究，就很少有人攻击。金赛的性学研究所被谴责为按照人数多少来确定道德标准，削弱了社会的道德力量和犹太教、基督教的价值观，否定了爱情。批评者在研究的客观性和资料处理的科学性方面找不出任何错误，就说调查对象一定是带有严重偏见的人。

尽管激起了批评者的狂怒，金赛报告还是一直流传到新的世纪。不管人们对这项调查提出了多少质疑，现今的研究仍在继续验证着金赛的发现与结论。在性学研究领域中，金赛所创立的面谈调查方法一直得到最广泛的承认。

金赛创立了新的性分类法，他认为：无论把性看作生物现象还是社会现象，都必须拥有足够多和足够广泛的调查数据，据此才能发现、验证和总结性领域中的任何一个现象或问题。最理想的是调查全部人口，即或做不到，也不能像以往的性学研究者那样，仅凭医生的少数病例来论述人类的性问题。

金赛的研究以性高潮为中心标准，相对省略了传统性心理学所注重的那些心理与情绪，这集中体现于他的性释放这一概念之中。他实际上把性高潮视为唯一客观正确的标准，以它来区别具体活动是否属于性释放。这比弗洛伊德那种以“力比多”是否得到宣泄来判定性活动的理论，显然更科学，更符合实际。

金赛始终把人的实际性行为当作其基本研究对象，尤其是他对社会阶层的影响的研究，充分和完美地运用了生物学的分析模式。他成功地将生物学与社会学糅在一起，开创了性学研究的新局面。

金赛的社会调查对象既不是那么含糊的性心理，又不是那么精确的性反应，而是性释放这种现象与性行为本身。金赛的手段是尽可能多、尽可能客观的社会调查，用人的数量和比例来发现和验证人类的性行为实况。自从金赛报告问世后，任何一个性学学派的理论，如果没有大量的社会调查数据为依据，便会被人们视为虚妄之谈。这就是金赛的社会调查学派的伟大功绩。

金赛的工作标志着创始于19世纪末年的性学从初创期发展到了成熟期；标志着现代性学体系的定型；标志着性学开始从学者的书斋和医生的实验室与门诊所走出来，投入现实世界，投入普通人的日常生活，开始对社会与文化发挥其巨大的推动力。尤其是它具有坚实的经验调查基础，除了彻底否认其方法论以外，任何人要否定或修改其结论，唯一的办法就是调查更多的人。这种朴实无华的数据基础，比任何其他光彩照人的思辨，都具有更强的抵抗力和持久力。

在金赛及其研究团队收集的大量数据的基础上，还产生了一批学术专著，如《人类女性性行为》（1953）、《怀孕、分娩与流产》（1958）、《性侵者：类型分析》（1965）等。金赛于 1956 年逝世，但是他的事业和他的研究所仍在继续。他所创立的性学研究所现在的名称是：金赛性、性别与生殖研究所。（本节引自《西方性学名著提要》第 68—73 页）

1.2.4 马斯特斯和约翰逊

马斯特斯（William Masters）毕业于罗彻斯特大学医学院，自 1954 年起开始了对人的性特征的研究，这一研究为他带来了国际声誉。但在当时的社会气氛中，性还是一个颇有争议的研究领域。他的研究方法主要是观察性功能障碍者的性交活动，以便找出更好的解决办法。为了研究的顺利进行，马斯特斯认为应该有女性研究者的参与。1957 年他开始雇用约翰逊（Virginia E. Johnson）帮他采访研究对象的性问题。约翰逊当时是一位有两个孩子的离婚母亲，她没有大学学位，在参加这一研究之前她从事社会学研究。马斯特斯与第一位妻子离婚后，1971 年与约翰逊结婚，之后他们进行了长达 22 年的合作研究。

从 50 年代中期起，马斯特斯和约翰逊花了 10 年时间对 18 岁到 89 岁之间的 382 名女性和 312 名男性的性活动进行观察，这 694 人中的 276 对已婚夫妇参加了实验室研究。他们的性活动被用彩色胶片记录下来，同时做了心电图和脑电图测量。新技术的采用是马斯特斯和约翰逊获得成功的保证，先进的微型照相机和电子装置被置于橡胶阴茎内，使他们能够观察到性高潮时阴道内发生的反应，这使他们能够对一些基本问题给出回答。1966年他们的第一本书《人类性反应》出版，这本书的出版得到了学术界和出版界的高度重视，该书被译成多种文字。

《人类性反应》一书是作者对人类性反应进行观察和实验的第一部成果。马斯特斯和约翰逊所有的实验都围绕着如下两个其他性学家未曾注意或没有解决的问题展开：其一，受到有效的性刺激后，受刺激者会做出什么样的身体反应；其二，人们为什么会对性刺激产生这样的性反应。其中，寻找人类对性刺激的共同的而非个别性的反应模式是这本书的基本旨趣。

为有效提高实验的信度和效度，实现预定的研究目的，马斯特斯和约翰逊从研究对象的选择和构成以及研究方法和技术的设计等两个方面采取了措施。

在样本选择方面，为保证被试能与该研究项目保持长期的合作关系，并保证其生殖器指标能与解剖学意义上的基本常数要求相匹配，马斯特斯和约翰逊在选择志愿参与该实验的人员时采用了如下标准：高于社会平均水平的知识程度和社会经济背景；通过面试确定其自愿性、性反应的熟练程度、传达性反应的特定细节的能力等；通过体检，确定其生殖器指标能与解剖学意义上的基本常数要求相匹配；排除了社会群体内性关系反常的人员和生殖器异常的人员。

这个研究项目的被试主要来自三个方面：一是一个具有较高社会经济地位和知识水准、与某大型大学医院联合体有合作关系的学术社群的成员；二是一些曾有过不能获得性满足问题的家庭，他们的社会阶层和教育背景分布广泛；三是为特定的研究目的，如老年人的性反应、孕期性反应等，而选择的一批特别的志愿者。所有被试都经过马斯特斯和约翰逊的精心选择。因此，被试的基本构成充分体现了作者的研究目的和意图。

在研究方法的选择上，马斯特斯和约翰逊以为，对性反应模式的研究不是简单地通过面谈和提问就能得出科学和客观的结论的。尤其是将研究旨趣定位在研究人类对有效性刺激的反应模式和原因而非人们自诉的感觉上时，在研究方法的选择上就更应该慎重。这一项目在研究方法选择上高度重视其客观性和综合性，除直接观察和实验记录被试的性反应模式外，还通过面谈、讨论、分析等办法来掌握被试性满足的程度、个体的性反应模式等多种途径来展开研究。

马斯特斯和约翰逊还研究了老年性能力、性能力与怀孕、男性与女性的性能力等内容，报告了对被试的性反应模式的观察和生理记录结果。最为重要的是，这一项目收集了 11 年间有关男性和女性对有效性刺激的反应的直接实验和研究的大量信息。例如，在实验过程中，研究人员搜集了 10000 人次获得的完整的性反应周期，其中女性占 75%。这些都是提高研究信度和效度的保障。同金赛的研究样本相比较，这一研究项目虽然要小得多，但由于马斯特斯和约翰逊不是采用金赛的主观色彩很明显的访谈法，而是致力于在精心设计的实验环境中对一小群经过精心选择的被试的生理和心理的性反应模式进行观察、记录和评估，所以这一研究的价值是显而易见的。这一点也是以前的性学研究项目所没有做到的。

在实验技术的选择上，根据不同的研究内容和具体的研究目的，被试被指导运用了多种性交、手淫方式和性交体位。人工性交是这一研究项目的重要实验方法，通过人工性交，研究人员记录了完整的性反应周期。人工性交器材由放射物理学家提供。假阴茎的原料是橡胶，根据与厚玻璃板一样的光学原理制成。冷光照明可以保证正确的观察和记录。各种性用具可以根据具体生理情况进行改造。假阴茎抽插的频率和深度都由性反应主体掌握。

为提高被试对试验环境的适应能力，使被试在实验情境中的性行为同日常性行为趋向一致和稳定，马斯特斯和约翰逊采取了一些必要的措施。一旦被选定为被试，所有的志愿者都被安排到一个控制环境中。第一步是要求每一个志愿者分别向男性和女性询问员报告自己的病史、社会经历和性史。第二步是对被试候选人进行体格检查，以排除各种疾病，特别是生殖器的疾病。然后是将各被试分派到相应的研究岗位，向他们介绍各种研究器械及功能。研究人员还鼓励他们进行性活动以帮助他们消除对实验环境的不适应。一直到被试对周围环境产生了安全感，对自己的性能力有了充分的信心后，研究人员才开始记录并向其他被试介绍他们各自的性反应。这种训练模式可以迅速地使被试同研究程序相配合，自如地迎合研究的各种要求。唯当他们获得了充足的信心后，实验才开始按照预设的程序全面展开。

马斯特斯和约翰逊一直重视研究成果的临床应用。从 1959 年起，他们利用自己的研究成果向有性问题的人提供咨询，咨询中他们既发展了性研究的队伍，也发展了研究方法。合作者接受两到三周的治疗后转入长达五年的跟踪随访。作为结果，1970 年他们出版了第二本著作——《人类性功能障碍》。马斯特斯和约翰逊成为美国声望很高的性治疗专家，在《人类性功能障碍》出版后的两年内，性治疗门诊已经在美国全国范围内风行一时，其中一些诊所的医生是由马斯特斯和约翰逊训练出来的。

1969 年，马斯特斯因雇用性工作者作为研究阳痿和性冷淡问题的对象而引发争论，他随即放弃了研究中对性工作者的使用。对此他做了如下解释：性工作者其实并不太适合这种希望了解普通人的研究。他发现普通人中也有人愿意参加这样的研究，愿意接受在临床环境中被观察，因此在研究中尽量使用普通人。1974 年，马斯特斯和约翰逊的第三本书《愉悦的结合》出版。这本书不再是讲述性的机制而是写给普通人的，该书强调，性的愉悦是男女双方相互的生理和情感的需要和满足。

1979 年，马斯特斯和约翰逊出版了第四本书《透视同性恋》。书中报告了对 84 名遇到性问题的男女同性恋者的治疗经历，也报告了对 67 名想成为异性恋的男女同性恋者的治疗经历。马斯特斯公开声称，同性恋者和异性恋者一样具有获得帮助的权利，同性恋既不是心理病态也不是遗传缺陷，像异性恋一样，他们的性取向是一种后天习得的行为。

1988 年，马斯特斯和科洛德纳（Robert C. Kolodny）合作出版了《危机：艾滋病时代的异性性行为》一书，再度引起争议。书中揭示出“艾滋病病毒正在异性恋的社区以惊人的速度蔓延”这一事实。（本节引自《西方性学名著提要》第 14—21 页）

性学界对马斯特斯和约翰逊的评价之一是，由于他们的工作，性学又回到生理学领域去了。其实，在他们对人类性行为做生理学研究的同时，对性的社会学研究也在蓬勃地发展，二者并无偏废。

1.2.5 其他性学研究者

希施费尔德（Magnus Hirschfeld）是性学的创始人之一。像大多数欧洲学者一样，他不仅看重经验调查，更注重理论概括。早在1933年，他就系统地提出了一套性学观点，包括下列主要内容：第一，在这个世界上没有任何两个国家及其国民具有相同的性制度。第二，这种差别绝对不是建立在性倾向的差异之上的。从整体上看，所有国民和种族在性倾向上都很相像，只有少数个人是不同的。第三，性习俗的差异仅仅决定于性表达模式的多元和评价标准的多元。第四，性学家在提及处于低文明层次的人群时，应当避免使用“野蛮人”的概念，因为文明程度较高的人群的性生活在许多方面比原始部族人群的性生活更自由，更少限制。第五，性习俗的缘起在所有地区都是完全自然的，虽然常常会受到对鬼神的迷信的影响。象征和理念意义上的解释是在事实之后的解释。第六，每一种人群（和每一种宗教）都相信其自身的道德是在客观意义上建立的。于是一种普遍的倾向是将异己的道德视为或多或少不道德的。第七，人类尚未成功达成一种统一的关于性与爱的道德的结论，这一结论与生理学和社会学的性研究的发现相符合。第八，只有对人类和性的客观的科学研究才能提供一种完全实现人类性权利的途径。(Bland 等，226—227)

威克斯（Jeffrey Weeks）是英国的社会学家，也是当代最重要的性学家之一。他的主要著作是关于性的社会组织的三部曲：第一部是《出柜：从19世纪至今的英国同性恋政治》；第二部是《性、政治和社会：1800年以来的性规范》；第三部是《性及其不满足：意义、神话和现代的性》。这三部著作的写作主题分别是：对性认同的质疑；性与社会的关系；关于性的科学、道德和政治讨论的局限性及其影响。威克斯在他的著作中着重考察了性的现实状况、权力的转移和斗争、现存的问题以及回应这些问题的性政治，审视了精神分析和性学传统中的潜意识理论，探讨了弗洛伊德和性学的复杂关系，高度评价了女性主义者和同性恋者的贡献，并考察了由于性选择而产生的道德和政治问题，特别是色情产品、代际性关系及作为权力和作为游戏的性。威克斯的最终目标是倡导一种“激进的多元论”立场，对此后文还有详细论述。

莫尼（John Money）是一位心理学家，也以其在性学领域的多产成为 20 世纪 60 年代以来性学研究的主要人物，英文中的社会性别（gender role）一词就是由他首先在这个意义上使用的。莫尼的主要著作《发展性学的原则》涉及的研究领域包括动物与人、生育、基因与意识形态、青春期、激素与社会、实验与临床、浪漫与淫荡、男性气质与女性气质、正常与反常、合法与犯罪、监测与疾病、跨文化与文化、当代社会与历史、技术与人文等。

凯查杜里安（Herant A. Katchadourian）是美国斯坦福大学教授、性教育家。自 1968 年在斯坦福开设性教育课以来，他所教过的学生已逾万人。凯查杜里安的著作《人类性学基础》已被公认为性教育领域的一部经典入门书，在世界上有多种译本。全书主要讨论性的生理、性的行为和性的文化。凯查杜里安认为，性行为说到底是生理的、心理的和社会的三种力相互作用的结果，很难说其中的哪一种力起的作用更大。性的生理学根源一般是基于“本能”。对大多数生物来讲，性与繁殖的关系很密切，甚至有人把性解释为“繁殖的需要”，但是人类仍有大量的性活动与繁殖没有任何关系。在人类的性活动中，不为生殖而为获得肉体快乐或建立某种人际关系的动机所占的比重比其他生物要大得多。

加尼翁（John Gagnon）是美国社会学家，他对性学研究最主要的贡献是提出“性脚本”理论。这一理论在性社会学研究领域占有重要的地位，被列为性社会学的一个重要理论流派，与后来在这一领域中成为主流的性的社会建构理论属于同一理论脉络。

海蒂（Shere Hite）原本是一位社会活动家，自20世纪70年代起，积极投身妇女解放运动。她在纽约的曼哈顿建立海蒂调查研究所。她的主要著作是《海蒂性学报告》，该书由三卷组成，即1976年出版的《海蒂性学报告：女人篇》；1981年出版的《海蒂性学报告：男人篇》和1987年出版的《海蒂性学报告：情爱篇》。此外，她还出版了《海蒂报告：家庭篇》《海蒂报告：女人爱女人》《性与商业》等著作。《海蒂性学报告》在美国出版后引起很大反响，被译成多种文字。但是，学界对海蒂的调查方法也有批评。例如认为海蒂报告科学性不足，如果运用统计学概率抽样法进行调查，结果也许完全不同。海蒂认为，她采用对话形式做调查是为了听到女性的真正心声，为了使读者听到长期隐藏在以男性为主导的性文化背后的另一种声音，这就是她的研究目的。

1.2.6 涉猎性学领域的学者

有些学者虽然并不主攻性学，但是他们在自己的学术生涯中涉猎了性学领域的一些研究课题。这些学者多为社会学家、人类学家和人口学家，也有历史学家和哲学家。

西美尔（Georg Simmel，1858—1918）是19世纪下半期至

20 世纪初德国著名的社会学家。西美尔在其著作中对性别和性领域有所涉猎。《妇女、性和爱情》一书收录了西美尔在这个领域具有代表性的四篇文章，从社会学角度讨论了性别、性与爱情的问题。

马尔萨斯（Thomas Robert Malthus，1766—1834）是一位人口学家，他的《人口论》一书受到了社会各界的广泛关注。马尔萨斯性学方面的观点是从人口学角度出发的，他认为两性间的情欲是必然的、久远的，这种永不消弥的欲望导致了人口持续、快速地增长。

赖希（Wilhelm Reich，1897—1957）把马克思的异化概念延伸到性的领域，认为所有的神经病及性格上的问题，都是由于性的完全表达和释放受阻而积累起来的性能量造成的。在以弗洛伊德为核心的维也纳精神分析学派里，赖希是最强调性的作用的。他出版了《性格分析》《性高潮的功能》《文化斗争中的性活动》（英文版名为《性革命》）等颇具影响的性学和心理学著作，还编写了若干性卫生宣传的小册子。《法西斯主义群众心理学》是赖希最有影响的一本著作，在西方反文化运动中，这本书成为性革命倡导者的“圣经”。在这本书中，他把法西斯主义理解成其基本生理需要和冲动几千年来一直受到压抑的普通人的非理性性格结构的表现。他分析了这种压抑的社会功能，以及权威主义家庭和教会在其中所起的关键作用。

马林诺夫斯基（Bronisław Malinowski，1884—1942）是人类学家和功能学派创始人之一。他曾在美拉尼西亚对土著部落进行实地考察。他运用人类学研究的方法，通过大量实地考察获得的资料写作了《野蛮人的性生活》一书，从性和婚姻的角度，描述了土著人的社会、宗教和文化的概貌。这本书不仅在性学研究中占有重要地位，而且书中所使用和倡导的功能主义理论和注重实地调查的方法论，对西方人类学和民族学产生了重大的影响。

米德（Margaret Mead，1901—1978）是世界级的人类学家，田野调查方法的先驱，以研究太平洋无文字民族而闻名。她曾实地考察过南部海域七种不同的文化，并撰写了相应的研究专著，尤其在心理学和文化（如性行为的文化制约、天性以及文化变化）等方面的研究领域，成绩卓著。在1928年，米德的第一部著作《萨摩亚人的成年》出版。当弗洛伊德的泛性学说蜚声于欧美大陆之际，1935年，米德通过对新几内亚境内三个毗邻而居、但相互间的性别角色规范却迥然相异的部落——阿拉佩什人、蒙杜古马人和德昌布利人的研究，试图证明所谓男性和女性的特征并不依赖于生理学的性差异，相反，它是特定社会的文化条件的反映。虽然后来学界对她这项调查的可信度提出质疑，但是《三个原始部落的性别与气质》一书被人们公认为由人类学家对性别生理决定论所做的一次严峻挑战。

高罗佩（Robert van Gulik，1910—1967）是荷兰著名汉学家，他的著作《中国古代房内考》和《秘戏图考》被公认为中国性学研究的开山之作。《中国古代房内考》是一部从社会史和文化史的角度研究中国古代性生活的学术专著，其中主要是介绍中国古代的房中秘术、性习俗和色情、淫秽小说等，时间范围从殷周一直到明朝。《秘戏图考》是《中国古代房内考》的姊妹篇，是一部研究明代春宫版画的专著。作者强调中国人以性活动为自然秩序的一部分这样一种健康的性观念，对中国古老的性文化有着深刻的理解。

罗素（Bertrand Russell，1872—1970）是英国著名的哲学家、数学家、逻辑学家、社会活动家。他关于婚姻与性的观点主要反映在1929年出版的《婚姻与道德》和1930年出版的《幸福之路》这两本著作中。他的观点对当时的社会环境和道德观念提出了严峻的挑战。罗素在他这两部涉及性学的著作中提出，经济制度和家庭制度是任何社会（无论是古代的或现代的）都有的两种主要成分。性道德对任何社会以及该社会的经济来说都是必要的。为了了解现行制度的前景，罗素探讨了那些过去存在过的，或在原始部落文化中至今还存在的制度；论述了西方文明中所流行的制度的特点；阐述了这个制度应该加以改革的方面，以及有必要加以改革的理由。

马尔库塞（Herbert Marcuse，1898—1979）是法兰克福学派的代表人物，新左派的哲学家。他积极干预现实，特别是对20世纪60年代末在西欧、北美出现的那场学生造反运动倾注了巨大的热情，被公认为这场运动的“精神领袖”“青年造反之父”“发达工业社会最重要的马克思主义理论家”。以《爱欲与文明》为开端所发表的一系列后来被称为“青年造反运动教科书”的著作表明，马尔库塞的思想的一个主要特征是：用弗洛伊德理论补充马克思的思想，并以此为武器批判发达资本主义社会，描绘未来文明的蓝图。他涉及这个领域的著作还有《论解放》（1969年）、《反革命和起义》（1972年）等。

福柯（Michel Foucault，1926—1984）是一位具有传奇色彩的后现代思想家。有人说，20世纪将被称为“福柯时代”。在可以想见的未来，福柯将会是对时代精神影响最持久的一位思想家。乍一看《性史》这个标题，人们很自然地会以为福柯要写的是一部关于人类性行为的历史。但是福柯的计划并非如此，他要探讨的问题是，人们是如何和为什么要到性当中去求得关于自身“真理”的知识的。福柯认为，事情并不是像人们一向所认为的那样，存在着一个关于性的先验的事实，从这个事实产生出来一套关于性的话语和机制。恰恰相反，我们现在所拥有的“性”，我们把它当作“事实”的性，并不是一种与生俱来的东西，而是被 18 世纪的性的机器制造出来的产品，是不断变换的性的话语的产物。这就是性的社会建构论。这是福柯最重要的思想之一。福柯要研究的是，社会如何建构了我们的性——那种我们以为是与生俱来的性。他所关注的不是性行为本身，而是关于性的话语，是构造了性的现状的社会话语机制。

吉登斯（Anthony Giddens，1938— ）是英国当代著名社会学家，他在性学领域的研究成果集中体现在《亲密关系的变革》一书中。他指出，许多研究者讨论表面上属于私人领域的性，是认为它蕴含着解放的意味和革命的希望，它代表了一个潜在的自由王国，尚未被当代文明的各种局限性所污染。应该如何解释这种主张？这就是吉登斯在这本著作中要回答的问题。他的写作从性出发，同时涉及了爱和性别。这本书的一个重要概念是“可塑的性”，因为它对于纯粹关系所隐含的解放意义以及女性所要求获得的性快乐来说，都是至关重要的。

1.3 两种作用或两种评价

性学的出现无疑是意义重大的，它把人类对性现象的状况、成因、结果的了解向前大大推进了一步，使得人们对与性有关的种种从懵懂无知，到若明若暗，最终推进到知其然更知其所以然的境界。当然，这种推进离对所有与性有关的事情全部做出明晰的描述与解释这一目标还相当遥远，但是它毕竟已经开了一个好头。

性学从出现之始给自己订立的目标，就是对性的真实状况的探求，这一点颇像自然科学对宇宙规律的探求。19 世纪和 20 世纪是物理学和生物学的世纪，也可以说是科学的世纪，科学真理被当时的人们视为一种潜伏在事物内部的本质，只等聪明的人们把它发现出来，公之于众。这种对自然科学的看法也浸染着社会科学的研究，性学自然不会例外。性学的抱负不仅是要发现、描述和分析性现象背后所隐藏的自然规律，而且由于人类的性行为是一种社会行为，性学还想发现性现象背后的社会规律。因此，可以这样说，性学从一开始就带有本质主义的色彩，在试图发现隐藏在性现象背后的“真相”的努力中，它发明了大量性的分类、规则和观念，一个最典型的例子就是性学在 19 世纪发明了“同性恋”这个概念。

对科学分类的狂热使性学获得了权威，也形成了一个新的关注角度——人类的性本能及其变异，或曰常态与变态，正常与反常。19 世纪的性学家们兴致勃勃地踏入了人类性行为这个崭新的科学处女地，充满了建立一种新的关于人类本性的知识的兴奋感。他们对各种“变态”性行为不厌其烦地进行分类，对它们做出各种各样貌似合理的病理解释，用心理和生理的方法“治疗”这些变态行为，对所谓优化种族的优生学充满了认真的热情。这一切都是以科学的名义进行的——至少在主观愿望中是这样。但是这些努力在后代学人如福柯看来，并不是对隐藏在性现象背后的“真实”的发现，而是一套新的性话语的发明，这套话语虽然有正面的作用，即带来了人的性欲从清教禁欲主义气氛中的某种程度的解脱，但是也有负面的作用，那就是形成了一套新的控制话语，用以压抑所有越轨或所谓“变态”的性表达方式。从这个角度上做评价，弗洛伊德不仅不是他在中国人心目中性解放的代表，反倒更像一位保守派的代表。他著名的“现实原则”理论，即认为人类快乐的丧失是为得到文明所必须付出的代价，就是他保守立场的明显证据。

性学的前辈学者在当代人看来起到了双重的作用：他们的工作的正面作用是打破了性的沉默失语状态，倡导了对人类性行为的科学态度，带来了性的启蒙。后辈的性学家也大都持有启蒙时期的人文主义、自由主义思想的气息。他们试图改变与性有关的错误的违反人性的法律，例如西方各国的性学家大都主张撤消有关同性恋非法的法律，支持同性恋解放运动。20 世纪 20 年代后期的性革命世界大会讨论了审查制度、结婚和离婚的法律、控制生育的立法行动、对堕胎和同性恋行为的歧视等问题。金赛调查的基调也是运用“科学事实”揭示性真实与道德规范之间的距离。

性学家的工作的负面作用则是它通过分类和命名所建构起来的这一套新的性话语对人类性活动的规训、控制和新的压抑。这一负面作用催生了对性学各种各样的批评、质疑和挑战。历史学家对它的现代性提出挑战；科学哲学家质疑它的科学性；女权主义者攻击它的男权价值观；同性恋者强烈反对它的医疗化和病理化倾向。

综上所述，我们一方面应当肯定百年间性学的启蒙作用，它对保守的性道德的强烈冲击；另一方面应当警惕性学这套话语给人们造成的新的压抑与束缚，以便为人类的性活动争取一个更加合理、更加宽松的空间。

2．个人层面

2.1 性欲望

人类的性欲望是如何形成的？性学家在这个问题上有多种理论，有的偏重生理基础；有的则更强调心理基础；有的认为性欲望是人类生理力量的表现形式或延伸；有的则认为性欲望主要是通过各种心理和社会机制获得的。性的欲望的个体差异非常之大，其中既有欲望大小的差别，如有的人性欲强烈，有的人性欲微弱；又有欲望指向的差别，如有的人指向异性，有的人指向同性。欲望的大小主要是一种量的差别；而欲望的指向则带有质的差别的味道。

2.1.1 性的生理基础

性欲望是怎样形成的呢？生理学主要将其解释为人类生殖的本能。由于人类必须通过性行为完成生殖和繁衍的功能，也由于其后代必须通过男性的精子与女性的卵子的结合，人就在进化的过程中以繁衍后代为潜在目的生成了性的欲望。动物的性欲也属同理。

然而，生殖本能说无法解释人类在没有生殖目的时仍会有性的欲望这一现象，于是又有了关于性欲望是人类在生理上和心理上相互接触的需要这样一种理论。

这个理论同时认为，性的欲望包括积欲与解欲两个阶段。如果说性欲的冲动主要是一种生理现象，那么求偶的现象则主要是心理的。换言之，积欲的过程是生理的，求偶的过程则是心理的和行为上的。求偶的目的是将积蓄起来的性欲释放出去。

动物的求偶和人类的求偶有相似处，也有不同。相似处在于二者都是一个积欲与解欲的过程；不同之处在于在动物中，性欲的宣泄是有周期性或季候性的，而不是常年性的；在人类中，性欲却表现为常年性的，虽然还保留了一些周期性性欲的残迹。

除了动物性的繁殖和积欲解欲的需求之外，人类的性还被当作表达和获得爱情的工具，当作人际交往的一种形式，当作个人的自我概念或身份意识的一个重要组成部分。性欲的最高表现形式是一种带有创造或审美意味的自我表现形式。

人类性本能是精神分析理论的中心。弗洛伊德认为，性是一种心理生理学的过程，具有肉体和精神的表现形式。他的理论最初是主张单一性本能的，但是后来转变为二元本能概念，其中“爱神”表示“生命本能”，“死神”表示“死亡本能”。弗洛伊德著名的升华理论（原欲受阻后能够升华至文化艺术之类创造性活动中去）进一步将性的快乐转变为非性的快乐。弗洛伊德的概念给现代人对性的观念带来了深远的影响。

2.1.2 性欲种类

人类性欲的载体是身体的多种器官，而不仅集中于生殖器官。人类身体上对于性的刺激富有敏感性的部位被称为性感带。性感带除了生殖器官外，还可以包括口、舌、乳头、耳、颈、腋、手指、肛门、大腿等。人类的性快乐也可以被分为两类：一类是刺激性器官和性感带所带来的快乐；另一类是性交的快乐。将性快乐仅仅视为性交的快乐是不确切、不全面的。

性学研究的一个主要领域是性刺激和性反应之间的相互作用。大多数性刺激来自人周边的环境，由眼、耳、鼻等器官的感受引起，但是也有一些内在因素能够触发性欲，如想象、记忆、幻想、激素水平的改变等。

肉体的性刺激中，最能激发性欲的是触觉。触觉是脱离高级神经中枢而能引起机体反射性性反应的唯一感觉方式。体表的敏感区域中，有些部位与其他部位相比更容易引起性的感觉，这些部位就是所谓性感带。性感带是性反应的集中体现，它通常是神经末梢最为集中的部位，对接触很敏感。视觉、听觉和嗅觉也都是性刺激的重要方式，但它们不会像触觉那样引起反射性性反应。触觉是性欲最根本也是最原始的形式。性交动作本身主要是触觉的快乐。触觉虽然是性欲最主要的满足方式，但是触觉并不是专为性欲设计的，皮肤是一切知觉官能的基础，性的感觉只是触觉所带来的诸多感觉中的一种。

嗅觉也是人类性欲的一种感觉形式，但是与某些动物相比，人的这一功能似乎有点退化。人类的体味因年龄及种族而有不同。与性有关的体味在青春期来临之后变得强烈起来，会或多或少地影响到人类择偶的活动。西方性学研究中有过这样一个试验：请一批男性观看一批女性的照片并为其性感度打分。在被试观看照片时，随机散放女性的体味，试验结果表明，凡是在观看时被散放了女性体味的照片都被打了较高的分数，而她们的相貌的美丽程度与其他照片并没有什么差别。这就说明，嗅觉在人类性欲中还不是全无意义的。

人的嗓音与音乐在人类性欲中的重要性虽然不如视觉，但也是相当重要的。有一种观点认为，听觉所带来的性的刺激是强有力的，其力度要远远超过我们的想象。据研究，听力对性欲的影响在男女之间存在区别，女性对它的感受力要比男性更强烈。

视觉在人类性欲中比嗅觉和听觉更为重要。它的用途主要是审美。但是审美的标准在不同的时代和不同的文化中是不尽相同的。比如，在人类先民的视觉审美中，美丽的男性或女性就是性征特别发达的男性或女性，西方许多文化中至今保持着这样的审美标准；而在中国、日本、朝鲜等一些东方文化中，人的性征却总是被刻意隐蔽起来，这一点从我们的服饰即可看出。也许这并不能说明人类的视觉在激发性欲方面真有多大的差别，倒或许能说明文化和习俗对人类生理感觉的改造力量。传统的观点认为通常女性对视觉刺激的性反应比男性弱。而研究表明，两性的学习有着不同的轨道，在对视觉刺激的接触上的不同是产生这种差异的原因。

在人们感受到的性刺激当中，有些只是引起联想，有些却会引起生理反应。如果只看重后一种现象，可能会得出性刺激必定导致性反应的简单结论。然而还有前一种情况，说明性刺激和性反应之间并没有那样直接的因果关系。人类对性刺激做出的反应当中搀杂了大量的文化因素，还搀杂了差异巨大的个人因素。性学研究还表明，人类的性感带在逐步增加，这说明性刺激与性反应之间的关系并不是一成不变的，人类为身体各个部位赋予的意义也会改变。

2.1.3 儿童性欲

在弗洛伊德以前，人们一般认为幼儿并无性欲，只是到了性成熟期即青春期，人才有了性欲。但是弗洛伊德却认为，幼儿性欲是一个普遍的事实。因此他主张应当对儿童期性欲的表现做彻底的研究，进而揭示人类性欲的根本特征。他认为，神经症的成因就是患者的性欲停留在或者退回到了幼儿的阶段。

研究发现，性冲动的根基在新生儿身上就已经存在，对它的表现研究人员做了详细的观察和记录。幼儿的性欲在绝大多数的情况下都会进入一个渐进的压抑过程，一个明显的例子就是父母在发现幼儿天真无邪地摆弄生殖器时的反应——大多数家长都会采取或强烈或和缓的否定态度。于是，幼儿的性欲受到压抑和阻断，就像堤坝阻断流水一样，性欲的流动被阻断、被积聚起来。这堤坝就是厌恶感、羞耻心以及审美和道德理想的要求。压抑性欲的心理堤坝的建立对于一个人的成长是至关重要的，但它同时又是以管制和压抑幼儿性冲动为其代价的。

性冲动的能量在这一过程中全部或者大部分脱离了性的用途，被导向其他目的。弗洛伊德称这一过程为“升华”，正是它使多种多样的文化艺术成就获得了强有力的动力。升华是性欲冲动受到阻断和压抑所导致的精神力量。其实，弗洛伊德所说的性欲听上去倒更像是生命的活力，这是人与生俱来的一种能力和想要活动的冲动，一种没有特定目标的生命冲动。

弗洛伊德将幼儿性欲的基本特征概括为三个：就其起源而言，它本身是与一个重要的生理功能相联系的；它还没有一个性对象，因此是自体享乐的；它的性目标是由性感带支配的。

弗洛伊德将幼儿性欲的发展概括为三个阶段：口唇期、肛门期和生殖器期。性心理发育与这三个阶段相应：在口腔阶段，人获得满足的方式是通过吸吮和吞咽；在肛门阶段，人获得满足的方式是储便和排便；在生殖器阶段，其主要表现是“俄狄浦斯情结”的产生和发展——孩子形成了一种对异性父母的情爱依恋，或是对同性父母的敌对，而俄狄浦斯情结的瓦解标志着生殖器阶段的终结。

口唇期性欲的主要表现之一为拇指吸吮，也包括一种抓取的本能，表现为有节奏地拉耳垂或者抓住别人身体的一部分，其目的与吸吮相同。这种吸吮可以吸引儿童的全部注意力，导致儿童睡去，甚至引发一种类似性高潮的反应，因此可以说，即使在这样早期的阶段，性满足已经是最好的催眠剂，在一生中都是如此。这种性活动的特征在于本能不是指向他人，而是从主体自己的身体上获得满足的。埃利斯称之为“自体享乐”。最初，儿童快感区的满足是与营养需求的满足联系在一起的。因此，可以认为性活动起初是与自我保存的功能（摄入营养）相结合，后来才变成一种独立功能的。

弗洛伊德认为身体的所有部分以及所有的内部器官都具有获得性快感的能力。因此所谓性欲就是通过外在的刺激来产生快感，并以此来消除投射在快感区的刺激。像口唇区一样，肛门区也适合于作为一种媒介，性欲可以通过它与其他的生理功能相结合。有些孩子会利用肛门区对快感刺激的感受能力，这从他们控制自己的大便就能表现出来，大便的积累造成强烈的肌肉收缩，当大便通过肛门时，粘膜就能产生强烈的刺激。儿童常常顽固地拒绝排便，一直憋着，直到自己想实现这种功能为止，旨在不会错过排便造成的快感。

儿童性欲的第三个阶段是生殖器时期。在构成儿童身体的快感带中，很重要的一个是生殖器。在男孩和女孩身上，它都与排尿有关（男性是龟头，女性是阴蒂）。龟头被包裹在一个粘膜构成的袋子里，因此它总是受到分泌物的刺激，这会使儿童在很年幼的时候就产生性兴奋。快感区的性活动构成了适当的性器官活动的一部分，是后来的“正常”性生活的起点。这个区域在解剖学上的位置，浸润它的分泌物，在儿童排便过程中对它的清洗和擦拭，以及偶然的刺激，都使儿童在非常年幼的时候就不可避免地注意到身体的这一部分能够产生快感，并产生重复它的要求。因此可以得出一个结论：幼儿早期的自慰为这个快感区在未来性活动中发挥的重要作用打下了基础，而幼儿早期的自慰可以说是人人皆有的。消除刺激、带来满足的动作是一种手的摩擦，或者用手或闭合大腿来施加压力。对于女孩来说，后一种方式是最常见的。幼儿早期的自慰似乎在很短的时间之后就消失了，但它也可能一直持续到青春期。

虽然在幼儿性欲中自我刺激占主导地位，但是也有把他人作为性对象的表现。这包括窥阴、露阴和残忍的本能。这些本能成年后才与生殖器官的活动发生关系，但是早在童年时期就已经可以作为独立的冲动被观察到，它们从一开始就不依赖于性感带的性活动。

儿童基本上是没有羞耻心的，在他们最年幼的阶段，他们表现出暴露身体，特别是暴露性器官所带来的满足。与此相对应，儿童也有观看他人生殖器官的好奇心。童年时期，性本能当中残忍成分的形成就更加独立于性感带的性活动。在儿童的天性中存在着残忍，因为使人的征服本能在即将对别人造成痛苦时就停下来的那种障碍——也就是怜悯的能力——发展得比较晚。残忍的冲动来自于征服的本能，在它出现的性发展阶段，生殖器官尚未长成。缺乏怜悯心带来一种危险，即残忍本能和快感本能之间在童年时建立起来的联系在后来的生活中形成固置，性学把它视为虐恋倾向的根源。

幼儿期性生活的特征主要在于，它是自体享乐的（也就是说，它在幼儿自己的身体上找到了性对象），它的各个部分互不联系，各自独立地寻求快感。性发展的最终结果是所谓成年人的正常性活动，对快感的寻求受到生育功能的支配，以生殖器为主，指向自身之外的性对象。这个过程是与青春期的到来同步的。

弗洛伊德认为，青春期发生的这个变化是极为重要的，它包括外生殖器官的明显发育；内生殖器官的发育；生殖功能的形成。这套器官的活动要靠刺激来启动。在受到适当的刺激时，所有的性感带全都被用来产生快感。这种快感导致紧张的增加，而紧张则造成实施性行为所需的功能，它最终造成了性欲的释放。弗洛伊德将性感带的兴奋所造成的这类快感称作“前期快感”，而将性欲的释放所造成的这类快感称为“终极快感”。前期快感与幼儿期性本能已经产生过的快感是相同的，只是当时的规模较小；而终极快感则是一种全新的体验，直到青春期，终极快感的条件才成熟。

在性满足与摄取营养连在一起的童年，性本能的对象是母亲的乳房。因此孩子吸吮母亲乳房成为爱情关系的原型。在童年这个性的潜伏期中，孩子学会了爱那些在他们无助时帮助他们的人和满足他们要求的人，这种爱是以他们吸吮母亲的乳汁这种关系为模式的。有人反对把儿童对看护者的爱慕和尊敬等同于性爱。然而弗洛伊德认为，心理学研究能够确立这种同一性。儿童与他的看护者之间的交流使他的性感带源源不断地产生性兴奋和满足。因为他的看护者通常是母亲，情况就格外如此，说到底母亲是以她自己从性生活当中得到的感受来对待孩子的：她抚摸他、亲吻他、晃动他，把他作为一个性对象的替身。

弗洛伊德由此得出结论：孩子选择性对象的最简单的方法莫过于选择那些自己从童年时代起就一直以冲淡了的原欲爱着的人们。但是，由于成熟期对乱伦的行为规范，人会认识到，道德规范不允许他把自己从小就爱恋的人选择为对象，因为他们与自己有血缘关系。从根本上说，尊重这种规范是社会文明所提出的要求。

社会需要建立新的联系，而家庭关系却可能妨碍这一目标的实现。因此，社会要求每一个人都要完成成功地脱离家庭这样一个过程。弗洛伊德认为，在儿童期，最先和最经常出现的就是孩子对父母的性冲动，他称之为恋母情结或恋父情结。弗洛伊德在《梦的解析》中关于俄狄浦斯王的寓言和命运的阐述正是为了说明这一点。恋母情结和恋父情结代表着幼儿性欲的巅峰，而幼儿性欲对成年人的性欲有着决定性的影响。每个人都必须渡过压抑这两种情结的关口。如果某人做不到这一点，他就会成为神经症的牺牲品。

弗洛伊德进一步指出，即使一个人幸运地避免了这种原欲的乱伦性固置，也不能完全摆脱它的影响。如年轻男性会爱上一个成熟女性，小女孩会爱上一个年长的男性，这些都是恋父恋母情结的表现。因此，所有对象的选择都是以这些原型为基础的。孩子与父母的关系对他后来性目标的选择具有非常重要的决定作用，这种关系的任何紊乱都会对孩子成年后的性生活造成严重的影响。但这不是唯一影响人的性倾向的因素。多种因素会使一个人形成不同的性倾向，从而为其对象选择限定各种条件。

弗洛伊德的精神分析学说作为一种性理论，代表了性学追求科学性的最高境界。早期性学家大都持有这样的观念：正常的性是主流，主流一旦受阻就会出现变异的支流。弗洛伊德否定了这种主次的预设，认为性的复杂性全部来自一个源头。这一思想就是建立在他的幼儿性欲理论的基础之上的。

2.1.4 性倾向

人类的性倾向是丰富多彩、形态各异的。虽然人们一度将所有不属于异性恋范畴的性倾向一概斥为“变态”“反常”，但是现代性学大多只是称其为“非典型性性行为”或“非典型性性倾向”。概括地说，被认为偏离了异性恋“正轨”的性倾向包括恋童、恋兽、恋物、易装、恋尸、窥阴、露阴、秽语、施虐、受虐等。这些性倾向的一个最显著的特点是：通过异于常态的幻想和行为来获得性刺激。

性学将各种非典型性性倾向概括如下（其中绝大部分在英语中是新词，而不是常用词）：

acrotomophilia（恋残肢）

adolescentilism（恋扮演儿童）

andromimetophilia（恋女扮男伴侣）

apotemnophilia（恋自残肢体）

asphyxiophilia（恋窒息）

autagonistophilia（恋露阴表演）

autassassinophilia（恋死亡表演）

autonepiophilia（恋扮演婴儿）

biastophilia（恋强奸）

catheterophilia（恋导管插入）

chrematistophilia（恋敲诈勒索）

chronophilia（恋年龄差异）

coprophilia（恋粪便）

ephebophilia（恋青少年）

erotophonophilia（恋淫杀）

exhibitionism（恋露阴）

fetishism（恋物）

formicophilia（恋爬虫）

frotteurism（恋摩擦）

gerontophilia（恋老）

gynemimetophilia（恋男扮女伴侣）

heterophilia（恋异性，非异常偏好）

homophilia（恋同性，非异常偏好）

hybristophilia（恋罪犯伴侣）

hyphephilia（恋触觉）

hypoxyphilia（恋窒息）

infantilism（恋扮演婴儿）

kleptophilia（恋偷窃）

klismaphilia（恋灌肠）

masochism（恋受虐）

mixophilia（恋视淫）

morphophilia（恋形体差异）

mysophilia（恋污）

narratophilia（恋秽语）

necrophilia（恋尸体）

nepiophilia（恋婴儿）

olfactophilia（恋嗅觉）

pedophilia（恋童）

peodeiktophilia（恋露阴）

pictophilia（恋淫秽品）

raptophilia（恋强奸）

sadism（恋施虐）

scoptophilia（恋旁观性事）

somnophilia（恋睡眠伴侣）

stigmatophilia（恋文身穿刺）

symphorophilia（恋灾难）

telephonicophilia（恋淫秽电话）

toucheurism（恋触摸陌生人）

transvestophilia（恋易装）

urophilia（恋尿）

voyeurism（恋偷窥）

zoophilia（恋兽）

（Money，1988，179—180）

对于这些非典型性的性倾向又可以有多种分类和分析标准。第一种是将这些性倾向区分为性途径异常和性对象异常两大类。性途径异常是指生殖器接触之外的性途径，例如通过疼痛和羞辱获得性快感。性对象异常则包括：与物性交；与野兽性交；与神性交；与太少或太多的人性交；与圈内和圈外人性交，圈内包括家人（乱伦）和同性恋，圈外人包括不同阶级、宗教、年龄、种族的人；与被征服者和征服者性交等。详见下表：

异常性途径

<table>
<tr><th>度量标准</th><th colspan="4">主体的输入性感受</th><th colspan="2">客体的输出性强度</th></tr>
<tr><td>正常程度</td><td colspan="4">适中</td><td colspan="2">适中</td></tr>
<tr><td rowspan="2">不正常程度</td><td colspan="4">偏离</td><td colspan="2">偏离</td></tr>
<tr><td colspan="2">不足</td><td colspan="2">过度</td><td>不足</td><td>过度</td></tr>
<tr><td>易位性反常</td><td>露阴癖</td><td>心灵感应</td><td rowspan="2">男吻女阴
女吻男阴</td><td rowspan="2">肛交</td><td>卖弄风情</td><td>施虐倾向</td></tr>
<tr><td>渐进性反常</td><td>观淫癖、
观看淫秽品</td><td>听淫癖、
秽语症</td><td>挑逗</td><td>受虐倾向</td></tr>
<tr><td rowspan="2">性途径</td><td>眼</td><td>耳</td><td>口</td><td>肛门</td><td rowspan="2">刺激</td><td rowspan="2">疼痛</td></tr>
<tr><td colspan="2">非接触器官</td><td colspan="2">接触器官</td></tr>
</table>

（M. S. Davis，125—162）

异常性对象

<table>
<tr><th rowspan="2">度量标准</th><th colspan="2" rowspan="2">生物标准</th><th colspan="2" rowspan="2">人类标准</th><th colspan="6">社会学标准</th></tr>
<tr><th colspan="2">数量标准</th><th colspan="2">差异标准</th><th colspan="2">等级标准</th></tr>
<tr><td>正常类型</td><td colspan="2">生命</td><td colspan="2">人类</td><td colspan="2">关系</td><td colspan="2">可行</td><td colspan="2">平等</td></tr>
<tr><td rowspan="2">不正常类型</td><td colspan="2">非生命</td><td colspan="2">非人类</td><td colspan="2">非关系</td><td colspan="2">可行性障碍</td><td colspan="2">非平等</td></tr>
<tr><td>亚生命</td><td>—</td><td>亚人类</td><td>超人类</td><td>亚关系</td><td>超关系</td><td>自反的</td><td>违规的</td><td>主从性的</td><td>等级性的</td></tr>
<tr><td>转换式变态</td><td>1. 恋尸
2. 恋雕像（卖淫、淫秽品）</td><td>—</td><td>1. 嗜尿
2. 嗜屎</td><td>—</td><td colspan="2">手淫</td><td>易装
易性</td><td>年龄变易</td><td colspan="2">捆绑
惩罚</td></tr>
<tr><td>类型式变态</td><td>恋物
1. 身体部位
2. 服饰</td><td>—</td><td>恋兽</td><td>恋神</td><td>自淫</td><td>乱交
1. 同时多人性交
2. 系列多人性交（卖淫）</td><td>群内交
1. 乱伦
2. 同性恋</td><td>群外交
1. 恋童与恋老
2. 异族恋</td><td>统治</td><td>屈从</td></tr>
<tr><td>性对象</td><td>物</td><td>—</td><td>兽</td><td>神</td><td>自我</td><td>许多他者</td><td>群内</td><td>群外</td><td>屈从者</td><td>征服者</td></tr>
</table>

（M. S. Davis，125—162）

第二种分类法是将这些非典型性性倾向划分为不伤害他人的与伤害他人的两类。前者包括恋物、易装、虐恋、自恋性窒息、灌肠、嗜粪、嗜尿等，这些性倾向对他人是非强迫性的，不会强加于人，并不侵犯他人的基本权利，因此是良性、无害的；后者则包括露阴、淫秽电话（秽语症）、窥阴、摩擦癖、恋兽、恋尸等，这些行为是强迫性的，会对他人造成某种程度的侵害。

各种非典型性性倾向当中，同性恋是最重要也是人数最多的一种。同性恋现象分布极广，既包括在地域上的分布，也包括在社会阶层中的分布。无论古今中外，无论社会的文明发展程度如何，都有同性恋这种现象存在；社会的各个阶层，包括许多著名的历史人物，都有同性恋的表现。在许多未开化与半开化的民族里，同性恋现象普遍存在。即使在动物当中，同性恋也是一个相当普遍的现象。在古希腊人中，同性恋类的性活动受人尊崇到了登峰造极的地步，虽然当时的人们并没有“同性恋”这个概念。而在中古时代，同性恋也很常见，在一般人群、军队和寺院中都同样流行。

弗洛伊德主义者区分了潜在的同性恋者、真正的同性恋者和强制的同性恋者三种类型。金赛的研究则选择了狭义的同性恋定义，即指同性恋行为。他反对随意使用具有贬义的精神病学上的同性恋标签，而认为在极端的同性恋和异性恋之间有一个色谱样的连续分布，人们的性倾向并非总是黑白分明、非此即彼的。

海蒂调查一个最令人感到吃惊的发现是，虽然她在调查问卷中并没有具体地提出有关与同性的性关系的问题，但是女性非常频繁地说到这样一种事实，即她们可能有兴趣和一个女性发生性关系，或者至少对与一个女性发生性关系感到好奇。

传统的源于男性经验的女性性研究，不可能了解女同性恋。有许多证据表明，女同性恋与男同性恋的关系模式差异相当大，在女性所具有的各种有力而牢固的关系纽带中，性关系不一定是一个重要的部分。女同性恋这一身份出现得比较晚，女同性恋亚文化发展得比较慢，人际关系模式也不同。

女性之间性爱关系的“不同”之处恰恰在于没有一种获得这种性爱的约定俗成的方法。女同性恋关系与大多数异性恋关系不同的两个最为显著的特征是：一个是在总体上有更多的感情、温柔和敏感性，另一个是虽然这个群体的性行为频率低于一般人，但是双方在发生性行为时获得性高潮的几率高于一般人。除了有更多的性爱、更丰富的感受力、更多的性高潮之外，一些女性认为同另一个女性发生性关系对她们更有吸引力是因为双方可以处于更为平等的地位。

每一种性别对于另外一种来说都是全然陌生的领域，没有哪个女性能够在男性和女性之间自由往返，但是女同性恋打破了女性天生就应该属于一夫一妻制这一刻板印象。男性那种极端的性冒险在女同性恋中十分少见。女同性恋中偶遇式性行为并不是没有，但是频繁程度却比男同性恋低得多。女同性恋者在固定的一对一关系之外发生过其他性关系的比例，比异性恋女性还要低。女同性恋更加关注性快感和性满足，她们的性生活质量也相对较高，这证明了女性身体的爱欲化只能以牺牲生殖器快感为代价这一论断的荒谬性，实际上二者是可以同步进行的。不言而喻，在同性恋关系中，性欲和生育是完全分离的。

除了同性恋，双性恋也是一种人数众多的非典型性性倾向。双性恋者通常同时拥有同性和异性性伴侣。从金赛的同性恋异性恋连续谱系理论来看，双性恋的存在是合乎情理的。

已经观察到的双性恋行为模式有以下几种表现：尚未确定自己性倾向的青年，同时尝试两种经历；与某一性别的人发生性关系，但心里想的是另一性别的人；对男女两性采用不同的性脚本，在两性之间摇摆不定；由于个人历史和道德背景，忽略刺激源问题，忽视性脚本中性别因素的重要性；以强烈的感情关系为媒介，具有同时喜爱两性的积极倾向。

双性恋理论认为，雌雄同体人的存在证明，在每个正常的男性或女性身上，都可以发现异性性器官的痕迹，只不过是在进化的过程中，原来的双性身体构造逐渐演变为单性的，没有发育的那个性别构造仍会留下一些残余。这种雌雄同体理论认为，每个个体最初都是雌雄同体的，只不过在后天教化的过程中选择了一种性别。性学反对把同性恋者与异性恋者截然两分，把他们看作特殊的人。双性恋也不是什么固定的本质和种类，只不过是行为上的差异。

性学研究发现，所有的人都能够做出同性的对象选择，而且无意识中也都这样选择过，只不过在同性恋者身上，对同性的性欲冲动更为强烈和执着。在孩提时代、原始社会和古希腊罗马时期中那种不分性别的对象选择才是人类性欲的本真状态。后来，由于社会习俗和行为规范的限制，才逐渐形成了单一的同性恋和单一的异性恋类型。

按照双性恋理论，一般人所想象的性欲与性对象之间的固定联系比实际情况要紧密得多。其实，性欲只是一种完整的不分对象的宣泄冲动，而这一宣泄的冲动究竟指向谁并不如人们想象的那么重要，二者之间的关系也并不是终身不变的。性欲与特定对象是被人为地联系在一起的。弗洛伊德认为，我们应该做的是放松这种本能和对象之间的纽带，因为性本能是独立于其对象的，它的起源也不是由于对象的吸引力。在性欲方面，古代人（如古希腊罗马人）强调本能自身，现代人则强调其对象。古人把本能看得至高无上，而现代人却贬低本能的活动本身，而从对象的价值中寻找本能存在的理由。

在青春期的性探索当中，同性恋和异性恋行为都会出现，不然金赛调查不会发现在男性群体当中，发生过同性性行为的比例高达 37%。在单性的环境中，如监狱、寺院和军队中，许多人会采取与同性的性活动来代替与异性的性活动，这种境遇性的性活动也可以被看作双性恋行为。男女两性中还有因为在结婚之后并不能感到快乐而出现双性恋行为的情况。也有人会在婚后发现过去的同性恋经历是更好的，因此成为双性恋群体的一员。在大量性聚会的群交场合下，有些人也并不特别看重对象的性别。

在同性恋和双性恋之外，性学也试图对其他性倾向做出解释。例如将恋物倾向解释为将性欲的对象扩展到了身体用于性交的区域以外；将窥阴倾向解释为流连于与性对象的非触觉关系，使得观看不再是接触性对象的准备，而是取代了性对象。

有易装和易性倾向的人是一群对自己的生理性别角色难以适应的人。他们在性别认同方面产生了严重的内心冲突。相比之下，易性者的变性倾向更为严重，在极端情况下，他们会考虑做变性手术。对于这种倾向的形成机制，科学还没有确切的解释，而对此类倾向的矫正通常收效甚微。易性倾向和同性恋倾向虽有交叉，但却是两种不同的性倾向。有易性倾向的人与同性恋者的区别在于，他们被异性（虽然生理性别相同，但心理性别相异）

所吸引，而同性恋者却受到同性别的人的吸引。有易性倾向的人虽然表面上看是同性恋，实际却是异性恋。他们与异性恋的区别在于，他们所认同的性别不是自己的生理性别，也就是说，有易性倾向的男性认为自己是女性；有易性倾向的女性则认为自己是男性。这是一种与自身生理状况不同的性别心理认同。

易性倾向的一个特例出现在西欧北欧国家，如英国、法国和荷兰。在那里，18 世纪最初的十年中出现过一批女性化的男人，18 世纪 70 年代出现了男性化的女人。这些特异人群的出现与社会风俗有关，与上述的易性倾向有着微妙的差别。

性倾向变异中另一种较为常见的现象是虐恋倾向。虐恋指的是一种将性的快乐与肉体和精神上的痛苦联系在一起的性倾向。虐恋分为施虐倾向和受虐倾向两类。前者是指喜欢向所爱的对象施加精神或肉体上的虐待和痛苦；后者则喜欢接受所爱对象的虐待。虐待行为发展成为满足性冲动的方式，极端者可以完全取代性交，使当事人获得性的宣泄和满足。施虐倾向来自性本能中的攻击成分；而受虐倾向也可以被看作针对自身的攻击和暴力倾向。弗洛伊德就曾指出，受虐倾向是施虐倾向的扩展，主体自己取代了性对象。正因为如此，施虐倾向和受虐倾向往往同时出现在同一个人身上。人类文明史表明，残忍行为与性本能之间有着密切的联系，性本能中的这种攻击性实际上是野蛮人欲望的遗迹。

虐恋属于性的最边缘现象。它的两个关键特征是主体性和选择性。虐恋关系只有在平等的双方认可的相互选择的情况下才能成立，因为虐恋不仅与疼痛有关，而且与疼痛带来的仪式化性欲有关，与被禁止的幻想带来的快感和作为一种欲望标志的权力关系有关。20 世纪 70 年代出现的男女同性恋虐恋群体及其亚文化的公开化引发了关于虐恋的讨论，其中最主要的关注点是权力对性的影响作用，或者说是权力本身的性欲化。

虐恋活动家认为，虐恋实践具有三种独特的意义：提供了考察性权力本质的独特视角；治疗和释放；表现了作为仪式和游戏的性的本质。虐恋政治提出的最重要挑战是：它提倡性的根本目的仅仅是快感。这种观点被延伸到更广泛的社会领域，它使人们重新关注对性的自我决定和选择的自由，它抛弃了性的传统界定方式，关注的不再是行为及其变异方式，而是允许多种多样的性爱实践和关系模式的存在。

恋物倾向也是一种非典型性性倾向，指的是以物为对象的性冲动，多为衣物。像绝大多数非典型性性倾向一样，恋物这一概念也是在 19 世纪被创造出来的。有恋物倾向的人只有将某种物品与性幻想的场面联系在一起，才能得到性欲的宣泄。所恋之物对于性欲的宣泄和满足构成必要条件或充分条件。所谓必要条件是指，如果所恋之物不出现，性欲则无法获得宣泄；所谓充分条件是指，只要所恋之物出现，性欲就可以得到满足。在两种情况下，典型性的性交对于当事人的性欲宣泄都不是必需的。

恋兽倾向与恋物倾向有相似之处，区别在于恋物的对象与人无关，而有恋皮毛与恋动物倾向的人却会由动物联想到人，动物的活动尤其是交尾行为使人联想到人的交合，动物成为人的象征和替代品。恋兽倾向的表现包括：观看动物交尾以感受到性的快感；通过在动物身上摩挲唤起性的兴奋或性的满足；喜欢假装和动物性交，甚至真的和动物发生交合行为。值得一提的是，许多神话中都有人兽交合的情形，这是耐人寻味的。

窃恋概念是在20世纪初形成的，指的是与偷窃行为联系在一起的性宣泄。窃恋中的性情绪的联系物是一种提心吊胆的心理。窃恋的心理过程实际上就是积欲与解欲的过程，内心的抗拒、挣扎和恐惧相当于积欲的过程，而偷东西作为最后的手段则相当于解欲的过程。当事人只有在盗窃行为和与之相伴的紧张感觉中才能得到性欲的兴奋和宣泄。

露阴冲动实际上是一种象征性的求爱行为，只不过其表达形式带有内心的强迫性和强加于人的性质。一个有露阴倾向的男性在公共场所向陌生的女性露阴，观察自己这种突如其来的行动对对方的惊吓，与此同时将自身置于一种很窘迫的境地，由此得到性欲的宣泄，而这是他在典型性性交合中难以得到的满足。

性少数群体的存在证明了人类性行为模式的复杂性。在异性恋霸权的社会中，人们已经习惯了异性恋的生活和关系模式，并且以为所有的人都是如此，也都应该如此。非典型性性倾向的存在使深受异性恋霸权思维模式浸淫的人们意识到自己可能是犯了错误。其实常态与变态之间并没有很分明的界线。所谓常态的人多少总有几分变态，所变的方向各不相同；而所谓变态的人的原欲作为自身的一种性欲冲动，与常态的人也没有什么不同。

目前，性学对于各种典型性性倾向之外的性倾向并不一概视为变态，因为许多典型性性倾向当中也都有程度不同的非典型性性表现。只有当一种性倾向具有绝对的排他性和固置的特征时，性学才把它单列出来作为非典型性性倾向。然而，按照这个逻辑，绝对排他和固置的异性恋倾向也应当被视为变态才是，正常的性应当是一种没有固定宣泄对象和宣泄途径的原始冲动或称原欲。

在对待非典型性性倾向的问题上，一个基本的态度是人格平等的态度，所谓平等既包括一种容忍和接纳的态度，也包括尝试去设身处地地理解对方的胸襟，至少是应当尊重具有与己不同的性倾向的人的人格。他们也许属于另类，但是绝对不应当被视为次等人类。另类并不等于劣类。法律面前人人平等。有与众不同性倾向的人也是公民，既是公民，其公民权就应当受到法律的保护。这已经是当今世界所有文明人的共识。

社会对于性少数族群的态度因文化和时代而不同。其实，个人的性倾向只要不伤害他人，就完全是个人的私事，也是受宪法保护的公民权利，应当得到保护而不是歧视和惩罚。对具有非典型性性倾向的少数人的保护，不仅对少数族群有利，也是提高整个社会文明程度的举措，有利于提高一般人群的素质，实现社会和谐。如果把形形色色的非典型性性倾向当作不道德的行为来看待，则既不能真正制止这些特殊的倾向，又破坏了整个社会的和谐气氛。保护则少数族群与一般社会双赢，打击和歧视则二者双输，这就是当今性学提倡慎重对待性少数族群的原因。

2.2 性行为

2.2.1 人类性反应周期

人类性反应周期始于渐增性性兴奋，终止于性欲高潮，同时伴有性满足感。这一过程可划分为几个阶段。20 世纪初，埃利斯根据男性性欲高潮前后出现勃起和勃起消退的现象，将人类性反应周期分为膨胀和消退两个阶段。其后，马斯特斯和约翰逊将人类性反应过程划分为四个阶段：兴奋期、平台期、高潮期、消退期。性反应周期中各阶段的持续时间差别很大，兴奋期和消退期最长，平台期次之，高潮期最短。研究表明，经验和训练在性反应模式中占有重要地位。性刺激和性反应模式不是与生俱来的，而是通过文化的实践逐步形成的。在这些经历中，人们学会了在刺激与反应之间建立联系。

兴奋期的发起源于某些生理和心理的刺激。如果刺激得当且充分，性反应的紧张性就会迅速地增强，从而大大缩短兴奋期，否则，就可能造成兴奋期的延长甚至消解。

只要性刺激能够有效延续和保持，受刺激者就进入平台期。平台期是承前启后的关键期，它的极度发展可以推动受刺激者达到性高潮。相反，若性刺激不充分或提前退出，受刺激者则可能从高潮期退回到平台期，并进入漫长的消退期。

高潮期时间较短，常常只有几秒钟。在这一阶段，已经形成的血管充血和肌肉强直现象消退了。从生理学上看，女性性高潮可以从其身体器官如骨盆、阴道、子宫等的反应得到明确的界定，但对于不同的女性来说，性高潮的体验千差万别。而男性高潮期的终点主要表现为射精。

高潮期过后，受刺激者进入消退期。消退期是一个非性刺激状态。如果女性重新受到有效的性刺激，有可能再次进入性高潮。而男性则进入了一个较为漫长的不应期，虽然有可能重新对性刺激做出积极反应，但其所需时间比女性长得多。

无论男性还是女性，除非体验到了极度的性高潮，否则其性紧张能量的消失往往是很缓慢的。唯当各种形式的性刺激都退却后，整个性反应周期才会划上一个句号。

如前所述，两性性反应模式的主要差异是男性的性周期存在不应期，这导致了男性在第一次性交后必须经历一个强制性休息期后才能对进一步的性刺激再次发生反应。而女性不存在性的不应期，所以性欲高潮结束后，性兴奋又可能因刺激增强从而再次出现，这就是女性的多重性高潮。

2.2.2 女性性反应

女性性反应的一个主要特征是：对性刺激的反应是全身性的，而不仅仅局限于生殖器。在兴奋期，乳房对性刺激的最直观的反应是乳头的挺立和变硬，与正常情况相比，充分的挺立和硬化可能使乳头伸长 0.5—1.0 厘米，底部直径扩大 0.25—0.5 厘米；其次是静脉扩张；从兴奋期向平台期转化时，乳房会明显增大。在兴奋期后期，乳晕显著扩张，到平台期，它甚至可能扩散到整个乳头；乳房，特别是未哺乳过的乳房持续增大；由兴奋期向平台期转变的过程中，女性乳房的侧面、上部和下部都会出现粉红色的斑点，达到平台期后，这些斑点会遍布乳房表面。在高潮期，乳房没有特殊的反应和变化。随着性晕和乳晕的迅速消退以及乳头的回归旧态，消退期也就到来了。一般而言，未哺过乳的乳房的消退期长达 5—10 分钟。

性晕的出现是由女性在接受性刺激时体温升高所造成的。性晕的强度和分布因人而异，是女性受到性刺激后紧张程度的直接表征。性晕在兴奋期末期和平台期早期分布在腹部的周围，然后迅速扩散到乳房部位。在高度紧张期，性晕可以蔓延到下腹部、肩部，甚至大腿、臀部和背部。性晕随平台期的到来而发生，随高潮期的过去而消失。对性高度敏感的女性的性晕遍布全身，同即将发生的性高潮的强度成正比。

肌肉强直在兴奋期后期和整个平台期都非常明显，其具体表现为肌肉的有规则收缩，或不由自主的痉挛。在兴奋期和平台期，臀肌会伴随阴道括约肌不由自主地收缩。许多女性利用这种刺激方式帮助自己增强性快感。性高潮时期的收缩往往是同会阴部和阴道括约肌的收缩同时发生并由后者推动的。

大阴唇受到性刺激的表现是向上和向外提升，暴露出阴道口。小阴唇的变化则表现在两方面：直径的显著扩张和颜色的变化。后者使小阴唇又被称呼为“性肤”。向性高潮推进的过程中，小阴唇颜色由浅向深转变，其变化越明显，女性的性满足程度越高。

阴蒂是人类身体上唯一除快感之外没有其他功能的器官，其象征意义常令女性主义者为之大书特书。解剖学研究表明，阴蒂与阴茎在组织结构上具有同一性。在兴奋期，整个阴蒂都会发生肿胀，而非阴茎的那种挺立变化。在平台期，阴蒂会发生最为显著的变化。整个阴蒂，包括茎部和头部，从悬挂在阴部的状态撤回到包皮中，从而在这个时期以及高潮期很难观察到阴蒂的活动。阴蒂的撤回状况是性高潮来临的征兆。阴蒂的撤回是一个可逆的过程。若有意降低性快感或性刺激，阴蒂就会恢复正常状态，若重新刺激它，其撤回过程又会重演。如果平台期延续较长，这种现象还会反复发生。在高潮期，阴蒂并没有特别的反应。性高潮过后大约 5—10 秒钟，阴蒂一般都会迅速地回归到正常状态。

至于阴蒂同阴道在性高潮中是不是两个互不相关的器官的问题，马斯特斯和约翰逊的实验室结论是否定的。不论刺激何种部位、采用何种刺激方式，只要是有效的性刺激，骨盆内不同器官所产生的反应都绝对一致。这种反应差异只存在于作为性行为主体的个体之间和同一个体的不同阶段之间，而阴道和阴蒂对积极的性刺激的反应模式总是一致、协调的。因此可以说，阴道高潮和阴蒂高潮并不是截然分开的。（本节引自《西方性学名著提要》第21—33页）

2.2.3 男性性反应

男性的性反应同样并不仅限于生殖器官，而是全身的反应。身体反应也主要表现在表面和深层的血管充血，全身或局部的肌肉强直。

受性刺激后，60%的被试出现乳头竖立现象，70%的被试乳房出现胀大。乳头的竖立常常出现在兴奋期的晚期并一直持续到性周期的结束。射精后乳头的竖立或乳房胀大可能会持续数分钟或一个多小时。在异性性爱中乳房和乳头很少作为性刺激部位，而在同性性爱中，这却是常见的现象。

男性也会出现像女性那样的红晕，红晕从腹部的上部出现，延伸到前胸、脖子、脸、前额，偶尔还会出现在肩部、前臂和大腿。在消退期，红晕极快地消失，先是肩，然后是前胸，最后是脖子、脸和前额。

肌肉强直在兴奋期的后期和平台期非常明显，通常出现肌肉有规律的收缩和不自主的痉挛。其收缩频率与性交的体位有关。男性自慰时比性交过程出现手足痉挛的频率更高。

直肠外括约肌在性刺激的兴奋期和平台期都会发生无规律的收缩，射精期间会出现不自主的收缩。性高潮时收缩是有规律的，间隔0.8秒一次。

心肺反应和心动过速也是性反应的重要指标。在平台期后期和高潮期常见的是过度换气，通常是从性高潮起到不应期，呼吸的频率在高峰时超过了每分钟 40 次。心律随着性紧张度的抬升而增高，平台期的心律在每分钟 100 次到 175 次之间。性交时血压的记录在 40 到 100 毫米汞柱。将近三分之一的男性在射精以后会立即排汗，这与身体的运动和红晕的出现有关。排汗的部位一般为脚底和手掌，也可能是身躯、头部、脸和脖子。

兴奋期中，男性对有效性刺激的最基本的生理反应是阴茎的勃起。平台期的充血主要出现在阴茎头，阴茎头的颜色也会发生变化，将近 20% 的被试龟头变为紫红色。高潮期阴茎出现射精反应，括约肌有规律地周期性收缩。消退期阴茎萎缩，第一个阶段是阴茎的萎缩，发生在消退期的不应期，阴茎的长度减少为完全勃起时的 50%，这一过程通常都很快；第二阶段阴茎最终回缩到非刺激状态。阴茎回缩的速度取决于外在刺激的强度，如果有持续的性刺激，消退速度就会慢一些，相反则会加快。射精后，阴茎若立即被抽出阴道，则比留在体内的萎缩速度快得多。

马斯特斯和约翰逊指出，阴茎像人体的任何器官一样，仅仅是一定功能的载体。然而，没有任何其他身体器官受到过阴茎所受的待遇，几千年来，在文学、艺术、传奇作品中，阴茎或被崇拜、或被咒骂、或被曲解，这种“生殖器谬误”为艺术带来特有的色彩，也融入文化之中，对人的生理和行为产生严重的影响。人们对生殖器也产生过许多错误的观念。

男性性反应的最强烈的体验来自射精。这一体验既是生理的、心理的，又是社会的。与关于女性性高潮的众多研究文献相比，很少有研究关注男性的高潮体验。其原因有二：首先，射精是男性生命周期的基本需要，这一因素促使各个文化都把射精过程自然地接受下来，这一必要性使得男性不会经受女性性高潮所承受的文化压力；其次是文化的压力指向了阴茎能否勃起和能否射精。女性害怕得不到性高潮，男性害怕阴茎不能勃起和保持勃起状态。很明显，男性的性功能障碍并不直接与获得高潮的能力相关，而与性压力有关。社会心理的影响造成了许多男性的性功能障碍，而很少直接指向高潮体验。临床性无能疾病与获得或维持阴茎勃起的生理与心理压力有关，而较少与射精过程有关。（本节引自《西方性学名著提要》第33—37页）

2.2.4 性宣泄途径

普卢默（Ken Plummer）曾将人类的性宣泄途径概括为30种：接吻（浅吻、深吻），爱抚（主动、被动），口交（主动、被动），无安全套的肛交（主动、被动），有安全套的肛交（主动、被动），在公共厕所的性交，在浴池的性交，在公园的性交，观淫，露阴，与陌生人性交，虐恋（主动、被动），口肛交（主动、被动），手淫，相互手淫，尿色情（主动、被动），与亲属性交，与情人性交，拳交（主动、被动），群交，电话性交。（Plummer，158）

金赛则将人类获得性高潮的途径概括为六种：自我刺激、夜梦射精、异性爱抚、异性性交、同性性行为、与动物的性行为。这六种方式的总和构成了个体总的性释放。这六种途径中的任何一种，对某个体的性释放总体状况都发生着大小不同的作用，如果将多种途径排列组合，则具体个人的释放模式具有无限的可能性。

自我刺激这一术语是指任何一种能产生性欲唤起的以自己为行为对象的刺激行为。对任何一个社会阶层的大多数人尤其是男性来说，自我刺激是青春期初期最主要的性释放途径，并在此期内达到其频率的最高峰。自我刺激的发生率和实施频率，都以大学教育程度者为最高，以高中以下教育程度者为最低。当今上层社会中的自我刺激更自觉，人们普遍把它看作一种正常的性宣泄渠道，而对此不做道德评判。在自我刺激的过程中，人们几乎全部都伴以性幻想。

异性爱抚是指任何方式的肉体接触，它并不包括双方生殖器的接触与交合，但必须具有引发性欲唤起的主观意图。婚前爱抚主要发生在高中和大学教育程度的 16—20 岁的人之中。爱抚的最高频率出现于 21—25 岁之间。爱抚方式在某种意义上可以排成一个光谱式的标准序列。它从一般的身体接触开始，吻唇，深吻，进而抚弄乳房和生殖器。婚前有过爱抚经历的人，婚后可以形成较协调的夫妻关系，这一点已通过研究得到了肯定的结论。

婚前性交是性欲宣泄的一个主要途径。人类男性大多数有过婚前性交，女性的婚前性交比例在性革命后也越来越接近男性。男性的平均实施频率的顶峰在青春期初期。欧洲大陆各国人比美国人更普遍地接受婚前性交。中国的婚前性交在最近十几年间有重大变化——是所有性方式变化中最突出的一项——从 15% 上升至 60%—70%。婚前性交引起大量道德和文化方面的争议，尤其在一向更重视童贞观念的东方社会当中。

相比之下，婚内性交在各种性宣泄途径中占据首位。对在婚者来说，大部分性释放都通过这一途径。在美国，婚内性交的发生率虽高，但它在性释放总体中的比例却并不高，约占 85%，而且这还是发生在婚后、其他途径的比重都不可避免地降低了以后。性交技巧方面的个体差异比频率的个体差异还大。一般包括性交前的爱抚、口刺激、刺激乳房、手刺激生殖器、口刺激生殖器、各种体位、刺激肛门等，另外，有的人喜欢性交时光线暗淡，有的人喜欢光线明亮，有的人喜欢裸体等等，个体差异极大。

婚外性交也是性宣泄的途径之一。在人类大多数文化的历史上，对婚外性交的管束都多于和严于婚前性交。根据金赛调查，处于社会低层的人在16—20岁时发生率为45%，是最高峰，到50岁降为19%；但大学教育程度的人在16—20岁时却最低，仅15%—20%，以后日增，50岁时达到27%。男性一旦开始从事婚外性交，就几乎不可避免地结成多重性关系。婚外性交的后果，更多地取决于配偶的态度，以及他们所属的社会群体的态度。根据西欧、北美和澳洲等地的统计调查，有过婚外性交经历的人的比例一般在40%上下。

与卖淫者的性交在许多社会中都是性宣泄的一个重要渠道。卖淫者指以任何形式的性交关系来换取金钱收入的人。金赛调查发现，虽然美国男性中曾与妓女性交过的占69%，但是与妓女性交在男性性释放总体中的比重只占3.5%—4%。妓女把性交前爱抚、深吻、口刺激乳房等行为看作是反常的、堕落的，价格较低廉的妓女总要求最快完事。尽管卖淫与黑社会活动等涉险状态有很大关系，还是有许多男性认为，嫖妓比与任何其他女性性交都便宜。

根据金赛调查，同性性行为在男性性释放总量中的比例占6.3%。相当多的男性一生中至少有过一次某种同性性行为经验。

同性性行为指参与性行为的两个个体属于同一个生理上的性别。在美国所有青春期后的男性人口中，有过同性性行为经历的人至少占37%。青春期开始早的男性，其同性性行为发生率也高。实际上，如果没有社会的禁忌和个人的内心冲突，同性性行为本来会比异性性行为多得多。（本节引自《西方性学名著提要》第81—82页）

2.2.5 女性性高潮

由于女性主义的兴起，女性性高潮得到性学越来越多的关注。对女性来说，性高潮是一种愉悦的生理和心理经历，是由性刺激所引发的个体在生理和心理上的巅峰体验。影响女性性高潮的因素主要有三个相互联系的方面：生理的、心理的和社会的。

关于女性性高潮研究的一个重点在于：在性交过程中，女性能否自然而然地获得性高潮？这个问题又包括两项内涵：其一是在没有辅助性的阴蒂刺激的情况下女性能不能达到性高潮；其二是女性是否每次性交都能达到性高潮。性学研究对这两个问题的回答都是否定的。

《女性的性高潮》（1972）以及《理解女性的性高潮》（1973）的作者西摩·费希尔（Seymour Fisher）通过一项五年期的研究对300多名女性做了调查，这些女性相对年轻，已结婚成家，经济上属于中产阶级。在这些人中间，只有39%的女性说她们在性交过程中总是或者几乎总是能达到性高潮。可是在性交过程中性高潮的获得在费希尔的研究中包含着手对阴蒂的刺激。在这些女性中间，仅有20%的人说她们不需要手的刺激也能够达到性高潮。

中国的一项调查表明，在中国的性交性高潮当中，男性经常有和每次都有的比例为67.5%；女性仅为28.3%。作为比较，美国的这两个比例分别为75.0%和28.6%。有7.7%的中国女性从未有过性高潮。值得注意的是，这个比例与年龄关系极大：在60—64岁年龄组中，从未有过性高潮的比例为27.8%；在20—29岁年龄组中骤降至3.1%。（潘绥铭等，206）说明女性的性愉悦在年龄较大的人群中曾经受到严重压抑。

在海蒂的研究中，只有大约30%的女性能够有规律地在性交中达到性高潮。换言之，在性交过程中，大多数的女性通常不能体验到性高潮。对大多数女性来说，性交过程中的性高潮仅是一种小概率的体验，而不是常有的体验。虽然一小部分女性或多或少能经常从性交过程本身中获得性高潮，但几乎所有的女性都从阴蒂刺激中获得性高潮。总之，阴蒂刺激才是获得性高潮的必要手段。

金赛在《人类女性性行为》一书中也提出，自慰的技术和爱抚的技巧比性交本身的技巧对性高潮来说更为重要。

据海伦·卡普兰（Helen Singer Kaplan）估计，在90%能够达到性高潮的女性中间，只有一半或者更少的人可以在没有阴蒂刺激的辅助下在性交过程中达到性高潮。

马斯特斯和约翰逊的实验室研究发现，弗洛伊德对阴蒂快感和阴道快感的划分是没有生理学依据的。他们发现，女性的性高潮只有一种类型，而不是两种。性交过程中的性高潮是由间接的阴蒂刺激而不是阴道刺激引发的。

所有此类研究得到的一个共识是，大多数女性并不会自然而然地从性交活动中获得性高潮；女性常常不能在性交过程中达到性高潮；在性交过程中达到性高潮的体验，根本就不是大多数女性的体验。

那么，为什么人们认为女性一向是并且应当是从性交中获得性高潮的呢？这种偏见的形成有三个主要原因：将性快乐视为生育的手段；将男性视为配偶性交中的关键角色；弗洛伊德的女性心理学模式的广泛传播。正因为人们将生育当作性欲的唯一目的，性交才成为性欲唯一合法的宣泄途径，与此相应，性交也被当作女性获得性高潮的唯一合法途径；正因为男权制思想将男性理所当然视为性交活动的主角，因此没有这个主角参与的性高潮就没有了合法性；也正因为弗洛伊德的女性心理学将女性性高潮区分为阴蒂高潮和阴道高潮两种，并将前者视为不成熟的表现，所以性交所带来的高潮才被视为唯一正当的性欲宣泄途径和女性性成熟的表现。由此看来，强调女性应该和只能在性交过程中达到性高潮，实在是强人所难。

在女性应当以性交为性欲宣泄的唯一正当途径的观念之外，还有两个关于女性性欲的错误观念。这两个观念的主旨也是否定女性性欲的。一个观念是认为女性与男性相比更看重情而轻视性，对性高潮缺乏兴趣。另一个观念是认为女性与男性相比要用更多的时间才能达到性高潮，证明女性的性能力低于男性。其实女性达到性高潮所花时间并不比男性所花时间更长，只有在像性交这样不充分的刺激过程中女性才需要花比男性更长的时间达到性高潮。在自慰类的直接刺激中，女性达到高潮的时间完全可以像男性一样短促，也并不需要长时间的“前戏”（准备动作）。

研究表明，目前在西方国家，终身无法获得性高潮的女性在全部女性人口中约占10%。我国近期调查显示，这个数字在中国高达 26%。女性无法获得性高潮的原因绝大多数源于上述的错误观念：以为性交是获得性快感的唯一途径；以为自慰是不好的行为；以为不可以直接刺激自己的阴蒂以获得快感等。如果摆脱了上述的种种错误观念，女性完全可以像男性一样迅速、可靠地得到性高潮。

据此，女性在性交过程中增加达到性高潮机会有以下两种方法：第一，有意识地在性交过程中运用自慰技巧；第二，通过其他阴蒂刺激的途径。当然，这样做的前提是首先要改变观念，这就包括摈弃对女性性高潮的罪恶感，认识到获得性快感是女性应有的权利，女性有权利拥有自己的身体，有权利随意地支配自己的身体，有权利让自己的身体获得快乐的感觉。这是女性的一项基本权利，应当属于宪法所保护的人身自由权利的范畴。

在性革命前的传统性活动中，以男性的快乐为主的性交快感是一个基本的模式，女性快感、女性自慰都是被忽视的。性革命的一个主要功绩就是这一基本模式的改变。在新的模式中，女性性高潮得到“正名”，获得了道德上和观念上的合法性。

2.2.6 自慰

在人类性活动的刺激和反应领域中，自慰可以说是一个极有特点的问题。自慰一般是指个人通过抚弄自己的身体，通常是生殖器，以达到快感，它一般是在没有他人参与的情况下自我寻求快感的行为。然而，这样一种私密的、与他人无涉的、无害的行为，在各个文化和社会的历史上却引起过难以估量的混乱、困惑、争论甚至是迫害。长期以来，自慰还是研究和探讨的禁区，讨论这一问题十分困难的原因首先来自传统观念的影响；其次，这一行为通常是私人性质的，因而对于这一行为的历史记录极为少见。

自慰在人类的性行为中一向受到否定的评价。在不同的历史时期和不同的文化中，它曾经受到过严厉的压制甚至是迫害。在西方基督教历史上，它被称为俄南之罪（sin of Onan），源自俄南射精于地不使精子受孕的典故。认为自慰有害身心健康的观点大约是在18世纪初开始出现的，瑞士医生蒂索（Samuel-Auguste Tissot）是使自慰病理化的代表人物，他的观点也是反对自慰的阵营当中影响最大的。他写了一本关于自慰有害的书，在1758年出版，头版是拉丁文，后被翻译成法文和英文。1832年在美国首次出版。

蒂索认为精液是保持体内协调的重要体液，而由于自慰所导致的射精，会使身体虚弱。这种观点一经问世就在医学界占据了主导地位，不仅少年的自慰被描绘得极为恐怖，是一种要绝对禁止的恶行，少女的自慰也受到严格控制，西方历史上甚至会出现用手术对付少女自慰这样极端的案例。例如，以下就是被频繁引用的西方历史上自慰女孩的惨烈遭遇中的一例。“当别人问到格林医生（Dr. J. Guerin）的意见时，他说：在所有的治疗都归于失败后，我用热烙铁烙阴蒂的办法，成功地治愈了那些受到手淫毒害的年轻女孩……我用烙铁尖在两片大阴唇上各点三下，再在阴蒂上点一下……在第一次手术之后，那种淫荡抽搐的频率从一天40至50次，减少到一天3至4次……我们因此可以相信，在你们考虑对类似情况处理时，应当毫不犹豫地求助于烙铁，而且是越早越好，以便同小女孩的阴蒂和阴道手淫行为做斗争。”（转引自鲁宾等，15）

除了医学上似是而非的理由之外，西方的自慰禁忌还来自另一个权威：宗教教义。由于自慰是性冲动的表现，而强烈的性冲动是不符合宗教规则的，又由于自慰是不包含生殖目的的性活动，而宗教规则认为生殖应当是性的唯一合法目的，因此，反对自慰的观点得到宗教的支持，进而成为青少年性格培养的一个步骤。这一社会教化过程造成了人们对自慰的犯罪感、焦虑感和恐惧感。

举例言之，美国社会的舆论对自慰一般是持反对态度的，而这一态度的主要来源就是宗教传统，特别是犹太教法典，它认为自慰甚至是比非婚性交更严重的罪恶。当然，反对自慰的另一个理由和 18 世纪的欧洲一样，是“自慰伤害身体”。其实现代性学研究已有定论：自慰对身体的影响与其他任何一种性活动的作用并没有根本区别。如果说自慰会引起什么精神损害的话，那也是由于社会对自慰的严厉压制和谴责所引发的内心冲突和恐惧。

性学调查发现，男性和女性的自慰都发生在幼年早期，男孩幼年玩弄阴茎的愉快感觉多数是在青春期通过自慰释放性紧张的前奏。根据 312 名男性被试的回忆，自慰开始的年龄集中在 14、15 岁左右，有的甚至在 9、10 岁，有一些在 16、18 岁，大都集中在青春期后期。男性的自慰方式因人而异。男性被试自慰频率分布在每月一次到每天两三次之间。没有医学上的证据说明自慰会导致精神疾病，也没有一个界定自慰过度的医学标准。

在金赛的调查中，92%的男性和 58% 的女性在他们一生中曾数次以自慰达到性高潮。受到良好教育的人比其他人群自慰的几率更高一些。新近调查的数字表明，其比例在男性中达到 100%，在女性中达到 70%。（吉登斯，21）根据一项网上调查

（样本容量为 30 000 人），中国女性中有 66% 有过自慰经验，虽然略低于美国的水平，但是应属正常范围。然而社会调查所显示的自慰比例就低多了：在 20—64 岁的中国人里，一生中有过自慰行为的男性占 30.1%；女性占 6.8%。（潘绥铭等，73）网上调查与网下调查中的巨大差异可能是教育程度、年龄及其他社会地位因素的差别造成的：网民相比之下教育程度较高，年龄较轻，社会经济地位较高。这些因素可能导致自慰行为和观念的差异。

下表是当代英国人的自慰频率统计：

当代英国人自慰频率

自慰频率	总百分比	男性	女性
从不	8%	2%	13%
目前没有	12%	10%	14%
一年少于一次	2%	1%	2%
一年一次	1%	1%	2%
每三个月一次	17%	12%	22%
两星期一次	10%	9%	12%
每星期一次	14%	15%	12%
每周两到三次	17%	22%	13%
每周四到五次	8%	12%	4%
每天一次	5%	8%	2%
每天两次	2%	3%	1%
每天三次或更多	1%	1%	0%
不予回答	4%	3%	5%

（卡尔，52）

进入现代以后，所有的社群对于自慰都比以前有了更大的宽容度。自慰的基本作用和性幻想的作用相似，在性心理发育中起着重要作用，成年人自慰最普遍的功能是对性交活动的替代。自慰并不仅仅是用来缓解生理紧张的一种手段，它也是一种社会学习和实践，并受到文化的影响。自慰有助于性脚本的形成和排演。通常自慰与性幻想会相互伴随，相互作用。在这一过程中，人需要学习如何在想象与身体动作之间建立联系。对于许多人来说，性幻想是非常重要的，它支撑自慰行为，甚至它本身就包含着快乐的成分，使性脚本得以丰富和变化，为生活带来乐趣。

自慰是海蒂报告中最重要的主题之一。在占调查对象 82% 的自述有过自慰经历的女性中，有 95% 的女性在数分钟之内可以轻而易举地多次达到高潮，大部分的女性把“自慰”一词当作高潮的同义词来使用。这个事实否定了女性性欲的一种错误观念，即认为女性达到性的兴奋需要很长时间，而且不能频繁地达到性高潮。关于自慰对女性的意义，有一种观点认为，这一行为是女性赢得性自主权的途径之一。由于过去女性总是从男性那里学习性知识，其性脚本总是同男性世界联系在一起的。而自慰可以使女性学会喜欢自己的生殖器官，使她们在性活动中不再扮演被动的角色。对自慰的评价在一定程度上反映了性观念的变迁。

在传统社会中，女性自慰比男性更受压抑。两性在自慰这一行为上有着不同的经历和模式。通常少男获得这方面信息的来源会比较多，并且会形成许多关于自慰的文化俚语，而少女的信息来源则较少，因此许多女性是在了解了性交快感之后才懂得如何自慰的。两性自慰开始的不同方式，在很大程度上影响了他们的性心理发展。从性高潮的角度来看，了解女性自慰对于了解女性性欲具有重要的意义。自慰能够使女性达到性高潮，所以大部分女性在生理上喜欢自慰，但是在心理上，由于长期生活在男权制的思维方式和传统观念的阴影中，自慰却往往会给女性带来孤独、负疚、自私、愚蠢等负面的感觉。

成年人自慰比青少年更受压抑。青少年的自慰会勉强被认为是正常的，但对于拥有性伴侣的成年人来说，则有许多争议，它常被认为是逃避社会责任。成人自慰通常会涉及三个问题。首先是性财产权的问题，一般来说，个人的性资源被认为是属于其伴侣的，自慰往往被视为对这一权利的威胁。其次是对隐私行为的控制。自慰是个人私下的行为，因此被认为有碍于伴侣之间的坦诚和亲密。最后是自慰有可能取代性交的乐趣，因此被认为会有损于夫妻的性生活。

对于壮年人自慰的看法是这样，对老年人自慰的压力就更大一些。但是尽管如此，自慰仍然是老年人性宣泄的一个主要渠道：

美国老年人自慰状况（1984 年）

年龄段	男性（%）	女性（%）
50—59 岁	66	47
60—69 岁	50	37
70 岁以上	43	33
已婚者	52	36
未婚者	63	54

（克鲁克斯等，432）

从上表可以看出，在 50—59 岁年龄段，有三分之二的男性和近半数的女性有自慰行为；在 60—69 岁年龄段，有半数男性和多于三分之一的女性有自慰行为；在 70 岁以上年龄段，仍然有四成多的男性和三分之一的女性有自慰行为。未婚老人有自慰行为的比例高于已婚老人。尽管社会压力较大，老年人的自慰比例还是不低的。

现代性学认为，自慰是人与动物世界里普遍存在的现象，对身体又有益无害，因此，不应当认为自慰是反常和变态的行为。性学将人类性行为按照指向分为两大类：自体性性行为和社会性性行为。当性行为指向自己的内心或身体时，被称为"自体性性行为"，如性幻想、梦遗、自慰等；当性行为指向人的外部或他人时，被称为"社会性性行为"，它涉及不同的性交对象、方式及途径等。

自慰有害的观念在当今世界已不再占据主导地位，人们通常会认为那是成长过程中不可避免的一部分，也是人类性欲一个合法的宣泄途径。性学在自慰问题上的基本观点认为，自慰对人是重要的、健康的。对于先天健康而后天调养适当的人来说，自慰不会导致什么严重的恶果。各种各样的自慰有害之说，或是由于知识欠缺，或是由于传统观念的误导，或是由于庸医的唯利是图，推波助澜。自慰不仅无害，而且是人的一项基本人身权利，强加其上的任何限制、惩罚和恐吓都是毫无道理的。

2.2.7 性频率

性活动的频率一直是性学关注的问题。在这个问题上，不同的人差异极大，从经年累月没有性活动到夜不虚度，形形色色。但是，性频率的分布并不是完全没有规律可循的，影响因素包括年龄、婚姻状况、教育程度、宗教信仰、城乡背景以及生理和心理的诸多因素。概括地说，影响个体性频率差异的因素可以被归纳为三大类：生理因素、心理因素和社会因素。

根据美国 1998 年的一项调查，美国全国平均性交频率是每周一次，每次持续半小时。性交频率高者具有以下特征：有高等教育学历（但是研究生频率较低）；每周工作 60 小时以上；看电影较多；喜爱爵士乐；已婚；认为自己是“绝对自由派”或“绝对保守派”的人；吸烟且饮酒的人。（克鲁克斯等，267）

下表是当代英国人性交频率的统计结果：

当代英国人性关系发生频率

发生性关系频率	总百分比	男性	女性
从未	2%	3%	2%
目前没有	16%	12%	19%
少于一年一次	2%	2%	2%
一年一次	1%	1%	1%
几月一次	11%	12%	11%
一个月一次	8%	9%	8%
每两周一次	10%	11%	10%
每周一次	13%	14%	12%
每周两次	13%	14%	13%
每周三次	10%	10%	10%
每周四次或五次	7%	7%	7%

每天一次	1%	1%	1%
一天多次	1%	1%	1%
不予回答	3%	3%	3%

（卡尔，47—48）

在一项中美性交频率的比较研究（18 岁至 59 岁）中，在调查前一年内，中国人的性交频率明显低于美国人，其中每月数次和每周数次的比例差别不大，差别最大的是在完全没有性交的比例上：从中可以看出，两国女性的情况差不多，中国男性比美国男性在调查前一年内完全没有性交的比例高出将近一倍。另一个有趣的差别是：中国人开始性交的年龄比美国人晚，结束的年龄比美国人早，但是在壮年时期，中国人完全无性交的人比美国人少。所以平均下来差不太多，尤其女性更是如此。

调查前一年内完全没有性交，中美比较

年龄组	国别	男性	女性
20—24	中国	75.5%	54.4%
18—24	美国	14.7%	11.2%
25—29	中国	12.4%	5.4%
25—29	美国	6.7%	4.5%
30—34	中国	3.8%	5.7%
30—34	美国	9.7%	8.1%
35—39	中国	1.2%	1.0%
35—39	美国	6.8%	10.8%
40—44	中国	1.2%	2.4%
40—44	美国	6.7%	14.6%

45—49	中国	5.7%	11.8%
45—49	美国	12.7%	16.1%
50—54	中国	18.7%	12.5%
50—54	美国	7.8%	19.3%
55—59	中国	27.1%	43.5%
55—59	美国	15.7%	40.8%
总计	中国	17.6%	15.1%
总计	美国	9.8%	13.6%

（潘绥铭等，185—187）

性频率低是指一个人的性释放频率低于他在无阻碍状态下可以达到的频率。关于低频率性释放有一种著名的理论，即性欲升华理论，指的是个体把性能量转而释放于文学、艺术、科学或其他社会能接受的活动中去。这种理论源于基督教时代乃至古希腊时期之前，那时的道德领袖用升华这一术语来推行禁欲、自我控制、严格压抑以及各种苦行主义。升华理论由于弗洛伊德的新版论述而变得更加有名。

批评这一理论的意见认为，升华理论缺乏依据。一项对 179 位 36 岁以下低频率性释放的男性的调查表明，性活动频率偏低的主要原因包括：由于健康因素、性激素分泌不良或其他生理因素而造成低频率；由于性冷淡而造成低频率；由于性交困难而无法从事性活动；由于外界环境突变而不得不降低性释放频率；由于对性的某种恐惧感而造成频率低下。并没有证据表明，这些人的性频率低是出于升华类理由。再从另一个角度，即以各领域的杰出人士为例证，也并不能验证升华理论的正确性，因为没有一个援引者真正知道当事者的性经历是什么样的。一个具体的个人，可以同时既是性的积极分子，又是社会上的杰出人士。这都是对升华理论不利的证据。

人类性活动的频率并不是随机分布的。例如，在信仰各种宗教的人们当中，高频率者明显偏少。这就说明人的性活动频率是受社会地位、社会群体、价值观及信仰影响的。如果人所在的群体对性活动有限制，有负面评价，则人的性频率降低；而如果所在群体对性活动的阻碍比较少，或者不太在意法律与社会的偏见，那么大多数人就会有积极得多的性生活。

在影响男性性释放状况的诸多因素中，年龄是最重要和最普遍的因素。调查的数据表明：男性一生中的性释放顶峰出现得比人们想象得早得多——是青春期甚至前青春期，在此之后，性释放随年龄的增长而逐渐减少。

婚前性交频率最高的年龄是在 16 到 20 岁的年龄群，随着年龄增长，婚前性交在总释放中的比例逐渐减小。婚内性交的频率最高峰也在 16 到 20 岁之间的年龄群，随年龄增长频率也逐渐下降。婚外性交的最高频率也是在最年轻的年龄群。男性的同性恋活动比普遍认为的常见得多，在未婚人群中，性频率随年龄增高，在 36—40 岁达到最大值。在以上各种性行为中，可以发现年龄与性释放的密切关系。

从总的走势图看，男性性释放在青春期前后达到顶点，然后逐渐下降，直到老年。老年人性活动衰退主要是身体和生理能力普遍衰退的结果，这可以从早晨勃起的频率、性爱反应、达到重复高潮的能力都随年龄的递增而减弱的情况反应出来。自慰主要是年轻而未婚人群中的现象，但也发生在相当数量的已婚者之中。自慰频率随年龄增长而逐渐下降，但其下降幅度比其他途径的下降幅度要小一些。夜梦射精出现的时间要比其他性发泄来源迟一些，21 到 25 岁单身男性的夜梦射精发生率最高，为 71%；到 50 岁，则只有三分之一的男性仍夜梦射精。通过爱抚达到性高潮的频率，在任何年龄段中都非常之低，不同年龄段的频率也相差不大。

同男性相似，女性进入更年期后性欲明显降低，但是研究发现，老年女性与年轻女性一样也有乳头竖立的反应发生，说明这种充血的现象并未因为衰老而发生改变。未哺乳过的女性更加明显地表现出因充血而乳房增大的现象。年龄超过 60 岁的女性在兴奋期乳房没有明显的增大。性紧张度的升高对正常的充血反应的影响程度因年龄不同而不同，年纪越大反应越不明显。在 40 岁以下的女性中，性紧张度提高导致红晕出现的比例是 75%，年老女性却没有这样高的比例，60 岁以上组中这一现象完全消失。

除了年龄因素之外，对性交失败的恐惧在老年男性的性行为障碍中最为突出。一旦出现阳痿，许多男性即放弃性交活动，而不愿再次面对性交失败对自我的打击。老年人长时间不受性刺激，性反应能力就会逐渐丧失。而如果人在老龄化过程中保持有规律的性活动，就能提高性紧张程度和性能力，甚至能够使性活动延长到 80 多岁。

2.3 性治疗

在个人层面，性学所做的事情还有各种性障碍的治疗。在这个层面，性学涉及的主要是生理学甚至医学，尽管在治疗中也会涉及一些社会的理念和关系。

2.3.1 治疗的理念与方法

与性有关的障碍包括三个方面的内容：性别认同障碍；性偏爱，指非典型性性行为；性功能失调，指在性活动和性满足方面存在的困难。虽然在19世纪，性学对这三个方面都相当关注，做了大量的研究、分类、命名和治疗的尝试，但是在当代性治疗业中，由于性学对性别认同和性偏爱这两个方面有了新的观念，许多在19世纪被病理化的内容已经不再被视为需要治疗的疾病，因此主要的治疗活动都集中在性功能失调这一方面了。

在性治疗业中，最著名的性学家是马斯特斯和约翰逊。他们长期从事人类性行为和障碍的研究工作，对性功能障碍的治疗方法进行了革新。他们的工作带来了性功能障碍治疗的革命性变革。他们共对500多对夫妇进行了治疗，成功率达到80%。

性功能障碍治疗的一个基本前提是：如果婚姻中存在某种性功能不完全，那么夫妻双方都不能置身事外，也就是说，婚姻关系本身应当成为治疗的对象。性功能障碍虽然是个人性方面出现了问题，但实际上却是一个婚姻单元的共同问题。即使夫妻当中只有一方出现了性功能障碍，也要对两个人进行治疗。性反应是夫妻双方互动的过程和结果，如果治疗仅仅针对婚姻中性功能有障碍的一方，没有卷入的一方将因为不知道怎么做、不理解相应的治疗要求最终破坏治疗效果。因此，虽然是存在性功能障碍的夫妻在接受治疗，但实际上却是婚姻关系本身被当作了治疗对象。

性治疗的方式由一男一女组成的治疗小组实施。男女治疗人员合作对一对夫妇进行治疗是一种有效的方法，这种二人治疗小组扮演了一种催化剂的角色，促进了原来没有任何交流的夫妇之间进行交流。因为异性之间永远也无法体验对方的性经历，这就阻碍了治疗者对被治疗的异性的充分了解和交流。这种男女治疗小组克服了这个缺陷。治疗中夫妻的教育计划是治疗的基础，治疗的各种阶段都包含了对性反应的心理和生理解释，这时二人小组就起到了翻译的作用，使夫妻能够正确地理解教育内容，确保教育不会由于感情和性方面的语言障碍而产生误解。在治疗中，每个治疗者的主要责任就是评价、翻译以及公正地代表婚姻中的同性成员。但治疗者与患者的互动并不止于治疗者与同性患者之间。男性治疗者可以向妻子解释与男性性功能有关的信息，而女性的信息则由女性治疗者向丈夫介绍。

男女治疗小组还有利于治疗小组成员协调与患者之间的关系。治疗要尽量避免在治疗者与患者之间建立特殊的亲密关系。但是如果女患者对男性治疗者产生了兴趣，并把他作为一个男性形象代替了丈夫在其心中的位置，那么治疗小组就要采取措施抵制这种倾向，男性治疗者只对丈夫提问，与妻子有关的所有资料都由女性治疗者去获取。对于丈夫与女性治疗者的关系也如此处理。

治疗者通过一种反射技术使患者克服害怕性行为的心理，改变旁观者的角色，迈出治疗的第一步。治疗者以其职业的客观性为患者树起一面“镜子”，不带任何价值判断，帮助患者理解透过这种客观性的镜子所反映的东西。其实，不管患者具体的性障碍是什么，其最主要的心理就是害怕性行为。阳痿的男性总是担心不能勃起或者不能保持勃起状态。妻子则不仅担心丈夫不能勃起或无法保持状态，还担心这样会产生焦虑或令丈夫生气。性功能障碍的女性则担心自己没有性高潮，担心自己对丈夫没有吸引力等等。害怕性功能不健全是性功能的最大阻碍因素。因为它阻塞了个人接受性伴侣发出的性刺激的渠道，分散了他们的自然反应能力。因此治疗的观念首要的就是帮助患者克服这种对性的恐惧感。

性治疗强调交流。交流既包括治疗者与患者之间的交流，也包括患者即夫妻之间的语言交流及性交。治疗一般采用集中治疗的方式。在两个星期的快速治疗期间，患者住在治疗基地，完全摆脱原来的生活，按照治疗基地制订的教育和治疗计划行动。

治疗开始时，治疗者首先要了解患者的资料，资料的范围涉及患者从幼年到当前生活的各个方面，资料不仅能够提供有关患者性障碍的背景、症状、病情以及持续时间，还必须能反映患者的基本人格和夫妻关系，以便治疗者据此确定治疗可以预期的变化，了解患者可资利用的资源、潜在的心理状况、健康情况以及患者的动机和期望通过治疗达到的目标。所获取的这些资料在用于治疗以前要经过甄别。

治疗的步骤还包括进行感知练习。治疗者首先要对患者进行一套有关身体交流的明确指导，治疗者要求夫妻身体和感情上都充分放松，在自己的房间里，不穿衣服，以避免任何可能产生的误解或者使交流不方便的环境因素，进行不带有任何性要求的抚摸，通过这种身体的互动进行交流。

治疗者首先指定夫妻中的一个（给予者）接近另一个。给予者通过抚摸给予伴侣以快乐。在给予的过程中，给予者不但可以体会到“给予”的快乐，而且伴侣的反应也使自己在给予的同时得到了快乐。然后，治疗者再要求夫妻之间互换给予者和被给予者的角色。在这一过程中，给予快乐是最主要的，他们只需要体会和感觉抚摸，没有任何需要完成什么任务的压力。治疗观念强调，在学习过程中，犯错误是难免的，即使是在那些最简单的感觉练习上也可能犯错。这样治疗者就有机会说明那些对夫妻不起作用的身体互动模式，使他们的训练更加有效。

接下去的治疗在讨论交流的基础上展开。上述以感觉为中心的阶段为发展共同的符号体系提供了机会。夫妻通过练习，形成一套身体交流的符号体系，这一符号体系将语言和非语言的交流结合起来，使双方能充分理解对方的感情、反应和性方面的偏好，知道如何去满足对方的需要。治疗者要鼓励患者使身体的交流突破以前的局限，伴侣可以用手引导对方，控制其抚摸的力度、节奏以及部位，以满足自己的渴望。可以直接触摸生殖部位和乳房，以扩大其感官快乐至全身反应，但是仍然不准有性方面的要求，只是鼓励他们运用语言交流表达其感官快乐。这种没有压力的自发的性紧张的表达将成为自然的有效的性功能的基础。

随后的治疗分两个时间段进行“触摸”和“感受”训练。基础治疗计划结束后，医生引导被治疗者将注意力转向对功能障碍不同类型的治疗上。（本节引自《西方性学名著提要》第41—48 页）

2.3.2 治疗内容

早泄 临床上对早泄的定义有很多种。马斯特斯和约翰逊认为，考虑到社会文化因素以及伴侣的需要，早泄并不能完全从具体的持续时间来定义。有时，如果妻子在性交前已经很兴奋，在阴茎进入阴道后，停留 30—60 秒就能使妻子完全满足；而在另外的情况下，同一个女性可能需要更长的时间才能达到充分释放性紧张的程度。考虑到这些情况，他们为早泄做了以下定义，即阴茎进入阴道后不能控制射精过程，阴茎在阴道中不能停留足够的时间使对方满足。但是如果性伴侣没有性高潮并不是因为男子射精太快，则不能认为是早泄。

从成因来看，早泄男子的性历史具有一致的模式，只是在不同的年龄段，具体的情况有所不同，譬如初次性经验的环境不同。早泄的男子要结婚时，双方存在忧虑，但通常相信通过妻子的理解和合作能够解决这一问题。事实是婚姻的持续并不能改变这一状况，但是实际上却只有极少的家庭求助于专业的指导。

在对早泄的成因、表现以及它对家庭、夫妻双方的影响全面分析的基础上，治疗师分三个步骤加以治疗，第一是刺激男性勃起，待丈夫有射精欲望时，由妻子用手指挤压法减轻丈夫的性兴奋，避免射精。第二步是采取女上位的性交姿势，使阴茎进入阴道并逐渐适应被阴道包裹的感觉，当有射精欲时，则再由妻子用挤压法阻止射精。如此几次，使男性逐渐控制射精过程。接下来的几天，丈夫在有了一定的控制能力的基础上，使阴茎完全进入阴道并保持勃起状态，仍然采取女上位的姿势。最后一个阶段是夫妻性交由女上位转为侧卧性交，以很好地控制射精。

射精困难　射精困难是男性性功能障碍的一种形式。从临床诊断看，这种病症与早泄正好相反。射精困难的男性的勃起与持续时间都能满足性交成功的需要，只是无法在阴道内射精。这种病在初次性交时发生并继续，有时还可能发展到继发性阳痿。

很多因素都可能引起这一疾病。通常，某个特定的事件给人带来创伤（偶尔会因为身体创伤，但是通常都是因为心理创伤），都足以使男性丧失在阴道内射精的能力、兴趣或需求。归纳起来有以下几类影响因素，如严格的宗教正统的影响，男性害怕妻子怀孕，对妻子没有兴趣或者只对特定的女性有兴趣，这些是主要的影响因素，还有如无法抗拒的母亲的支配影响以及同性恋也是致病因素，但是比例很小。

对射精困难的治疗与早泄基本一样，不同的是妻子不是用挤压法消除丈夫的射精反应，而是运用各种方法迎合丈夫，刺激阴茎。这种方法分为两个步骤：第一步是妻子用手刺激丈夫射精。第二步训练阴道内射精反应，如果能在阴道内射精，那么治疗就成功了。如果夫妻有效配合，射精困难是可以治愈的。

原发性阳痿　原发性阳痿是指男性从没有达到或维持勃起状态以完成性交。这种患者即使能够勃起，但在想象的或真实的性交情景的影响下，阴茎没有射精反应就变得疲软了。不管是同性恋还是异性恋，只要一个人阴茎能成功地插入，就不能被认定为原发性阳痿。

患这种疾病的男性在初次性交以前或者初次性交时，表现出强烈的焦虑，以至无法勃起，不能进行正常的性生活。它的致病原因主要有以下几种：母亲的不利影响、宗教正统所产生的社会心理上的限制、同性恋、由嫖娼引起的自我贬抑，致病原因还包括药物、酗酒等。但是有一点是相同的：即这些人都接受了一种不成熟的甚至是消极的性价值体系。这种消极的社会心理体系对生理因素产生了决定性的影响。

完全的性无能或性能缺失在男性当中是极少见的；性能不足，即相对的萎缩、冷淡与不受性的刺激，在男性中却是很寻常的现象。在文明社会里，因为生活紧张，疲于应付，也因为性冲动所由发展的环境多少有些不自然，当男女交接时，容易发生局部的或完全的阳痿或阴冷的现象。造成性能萎缩的原因，是由于后天的纵欲过度和原有的性能不足或性感薄弱，或者是二者的结合。在大多数情况下，性能萎缩只是一种相对的亏损，而不是绝对的性无能。

继发性阳痿 继发性阳痿患者一般都有过成功的性生活经历。其发病的模式通常是这样：患者的性功能一直是正常的，后来出现一次不成功的性交。一次性交不成功并不能立即被诊断为继发性阳痿，很多男性都会由于疲劳或分神而不能勃起。但是初次的失败是一个先兆。对勃起的忧虑的增加将导致勃起障碍，最后性交时勃起障碍出现得越来越频繁，当男子性交失败率达到25% 时，就可以被认定为继发性阳痿。

文化观念对男性性能力的要求是所有男性性功能障碍中最常见的致病因素。文化观念通常认为，男性应该对成功的性交负全部责任。这就给男性造成很大的心理负担。女性则处于被动接受的地位，心理负担很小。虽然目前的文化观念也要求女性在性生活中积极参与，但仍然没有改变女性的被动地位。男性在这种心理压力下，就会对自己的性能力、对自己的性行为产生某种程度的焦虑，而一次性生活失败，就可能在他们的心里留下很深的阴影，使他们对以后的性交产生强烈的焦虑。在现在的文化背景下，无论是对于 14 岁的少年还是 84 岁的老翁，一些基于理论上的以及心理的、生理的、环境的、间接的因素都可能使那些敏感的心灵产生焦虑，害怕自己不能完成性生活。

对阳痿的治疗并不是采用各种临床方法针对不能勃起的症状施治，而是要让男性相信勃起是不需要教的，它像呼吸一样，是一个自然过程。必须消除患者的各种心理顾虑和担忧，改变其性行为旁观者的角色。治疗有三个主要目标：消除丈夫对性生活的恐惧；重新定位丈夫的行为模式，以使其变成性生活的积极参与者，去掉他所习惯的旁观者角色；减轻妻子对丈夫性行为的担心。

总体来看，对阳痿的治疗效果还远远不能令人满意。快速治疗阶段的失败率还是比较高的。统计表明，对原发性阳痿治疗的失败率高达40.6%，继发性阳痿的失败率是26.2%。从目前来说，还只知道个人对影响因素的敏感性决定了其性功能障碍的发生与否，但是，是什么因素导致或控制着这种内在的敏感性，性学对此还一无所知。

高潮障碍 性高潮障碍是女性性功能障碍的一种。一般来说，传统的社会文化要求女性掩饰她的性感觉，限制女性的性表达，社会文化对女性的性功能持否定态度，认为女性的性除了生殖功能外，带有羞耻的含义，即性是不好的、肮脏的等等。女性在成长的过程中，为了迎合社会观念，表明自己是个好女孩，必须掩藏她在性方面的发展和兴趣。

女性方面是否真的有性能完全缺乏的例子是值得怀疑的。阴冷的成因不一而足，体格、性情、教育、习惯以至丈夫的知识能力不足等等，都有关系。许多女性之所以被认为阴冷，主要的原因并不在她们自己身上，而在男性身上。人们因此对女性在生理上的性紧张和性高潮了解远少于男性。

患者心理的、社会的和性的历史表明，对女性性功能障碍的影响因素是复杂的。不仅在性的发展期，而且任何潜在的性记忆、性限制和性经历都可能导致女性的性功能障碍，女性在语言或行为上掩饰性的感觉，通常就是一种文化要求或早期习得的行为方式。有的是由于父母有意地避免提及或谈论性；有的是父母或宗教权威非常严厉地、明确地告诫，反对任何形式的承认或对性感觉的公开表达。此外，还有很多无知的指导也可能构成消极因素，这些指导不仅无助甚或妨碍了女性的性价值体系的发展，还最终影响了其自然的性功能。

原发性性高潮障碍指的是女性从来没有达到过性高潮。对于原发性性高潮障碍者，无论采取何种刺激方式，都不能使其达到高潮反应。偶发性性高潮障碍与原发性性高潮障碍的区别在于，偶发性性高潮障碍患者至少有过一次高潮体验。偶发性性高潮障碍又可分为三种情况：自慰障碍、性交障碍和随机性高潮障碍。自慰障碍是指通过自慰不能达到性高潮，但是性交可以达到。性交障碍是指性交不能达到高潮反应，但是其他性刺激可以达到性高潮。随机性高潮障碍是指在性交和其他人为刺激的情况下都至少有过性高潮，只是很少达到，而且个人生理上也很少有性表达的需要。

偶发性性高潮障碍的影响因素主要有以下几种：一是伴侣指向，即丈夫在妻子心目中的地位如何，丈夫有没有男子气，其气质、智慧、身体特征等是否符合妻子的要求，这些对妻子的性生活有很大的影响。如丈夫因为失业颓丧、婚外性关系等损害了自己在妻子心目中的男子汉形象，这种消极的心理社会影响便会抑制妻子的自然性反应，产生高潮障碍。二是同性恋的影响，同性恋倾向是异性恋高潮障碍的一个主要的病源学因素。同性恋的女性，由于铭刻在心头的同性恋经验的消极影响占据了支配地位，与男性结婚后很容易导致高潮障碍。对于很多有同性恋经验的女性，从一种性表达方式转向另一种方式需要性价值体系的重新定位。三是性欲低下，在临床中，这类患者在其成长过程中，性和其他价值体系都没有受到过创伤，只是很少有性欲，这类病例很少发生，也较少得到专业人员的认同。

自慰高潮障碍这一类病例也不多见。它又可分为两种类型：一类是女性对自慰有负罪感，认为这是不雅的。另一类是女性有“不准触摸”综合征，她们所受的教育告诉她们：自慰是罪恶的，不可以触摸自己的身体。

患者必须明白，无论是原发性性高潮障碍还是偶发性性高潮障碍，性的高潮释放都不能运用意志力影响或者强迫产生。高潮发展是外部刺激增加到性紧张释放所必须的水平时的直接结果。也可以说，高潮反应是女性对自然发生的符合个人性价值体系的刺激的一种接受。

性反应是一个自然的过程，不能被计划也不能强迫其发生，治疗者必须鼓励夫妻不断创造环境，满足他们的生理和心理的刺激要求。在这种环境中，性紧张水平就会不断升高。因此，在对女性高潮障碍的治疗中，丈夫的角色对于妻子的治疗成功是至关重要的。如果丈夫完全合作，有兴趣，持支持态度，把妻子的事作为自己的事，给妻子以温暖，那么妻子达到性高潮的机会就会显著提高。

阴道痉挛　阴道痉挛是一种心理生理综合征，它使女性的性生活受到极大的影响。这种疾病不能完全通过询问技术来确定，而必须通过特定的阴道检查才能确诊。阴道检查明显可以看到，在阴道的外三分之一的肌肉痉挛使阴道口紧紧收缩，导致阴茎无法进入。

虽然阴道痉挛的致病因素是多方面的，但是首先和最常见的是与男性性功能障碍有关的因素。这种症状与原发性阳痿有很大的关系，在原发性阳痿与阴道痉挛共存的婚姻中，很难确定是阴道痉挛先于性交不成功，还是由于丈夫不能勃起致使妻子性心理受挫，进而出现阴道痉挛。但是不管是哪一种情况导致不能性交，另一方很可能也出现性功能障碍。其次是宗教正统的影响。宗教正统的消极影响使女性在成长时期形成了对男性的不健康认识，其性价值体系中形成了强烈的消极限制因素。第三是由特定的性创伤事件引起。创伤事件引起的痉挛可能是生理性的，也可能是心理性的，也可能两者兼有。第四是由性交疼痛引发的。盆腔病变可能引起性交疼痛，如果这种疼痛一时没有检查出来，几个月或几年后，性交疼痛加剧，便可能导致阴道痉挛。第五是女性从同性恋认同试图转向异性恋时，也可能导致该病的发生。

对阴道痉挛治疗的步骤是详细地向夫妻双方说明临床上存在的这种疾病情况，使他们充分了解自己的病情。第二步是丈夫在妻子的配合下用扩张器进行阴道口扩张，通过这两个阶段一般就能完全消除病症。第三步，解除思想包袱。在消除身体症状的基础上，还要消除导致这一疾病的心理紧张，纠正患者在性方面的错误观念。总之，一旦确诊，在夫妻的合作和配合下，从心理、社会和生理的角度着手，这种疾病是可以有效治愈的。

性交痛　性交痛有很多种，从性交后阴道发炎到阴茎抽动时剧烈的疼痛。症状的确定不仅要检查阴道，还要检查整个生殖器官。引起性交痛的主要因素是：阴道的特定部位如阴道口、阴蒂、阴道感染，阴道的敏感反应，以及老年人阴道壁缺乏弹性，不够润滑等；内生殖器官的各种炎症及其他病变；盆腔各种软组织撕裂；性交过程中有害物质的刺激，如避孕药具等引起的过敏反应。

导致性交痛的因素包括各种各样的主观和客观因素，这些因素引起患者心理和生理的双重痛苦。女性性交痛有生理的原因，也有心理的原因。对于这一疾病的诊断，首先要确定是不是由生理因素如各种妇科疾病引起的。如果生理上没有毛病，则应从患者主观上找原因。

许多男性也可能有性交痛，但是却很容易为人们所忽略。男性性交痛的存在，应当引起治疗者的足够重视。

老年性功能缺失 导致老年人性兴趣和性行为频率下降的潜在因素有很多，包括生理变化、医源性疾病、药物及精神因素。

年龄的增长使男性性反应周期发生了一系列变化，但是这方面的知识还不太为人们所了解。由于很多人不了解年龄老化带来的性功能模式的自然变化，逐渐丧失了性功能，发展为继发性阳痿。而很多专业人员在考虑50岁以上群体的性功能障碍时，很多也并不区分性的自然发展过程与疾病导致的障碍。无论是专业人员还是普通公众都武断地认为，这一年龄群的男性性功能会降低，阳痿是年龄老化过程的一个自然的组成部分。这种观念挫伤了男性的信心，使其精神负担加重，导致阳痿。

老年男性最重要的心理生理变化就是射精欲不如年轻时强烈。他们认为自己老了，性功能不行了，却不知道其实这是一个自然的过程。老年男性虽然射精控制力提高，但是射精欲降低。例如，60岁的男性一周勃起两到三次，可是每两次或三次才射精一次就满足了，虽然从生理上他是可以每次射精的。也就是说，其主观射精要求跟不上生理能力可能达到的频率。老年男性减少射精是老年人口性功能有效延长的基础，如果性交不射精，则他在前次勃起消失后可以很快达到勃起状态并容易保持勃起。只要身体健康，夫妻都有兴趣，男性按照他自己的需要掌握射精频率，那么这种性能力将很好地持续到 80 岁。

对于绝经期及绝经后的女性，通常有这样一种谬见：她们不但没有兴趣也没有能力进行积极的性表达。其实不然。老年女性（50—70 岁）的性反应周期与 20—40 岁年龄组的女性相比虽然发生了很大变化，但仍然具有性能力。从性反应周期的几个阶段看：兴奋期，老年女性阴道润滑的时间变慢，阴道的扩张速度和程度下降。平台期，子宫的扩张度降低，大小阴唇也由于肌肉组织失去弹性不能膨胀。高潮期，老年女性的高潮期变短。消退期，高潮期后会很快进入不应期。

大多数性功能障碍并不是由于心理和生理的疾病造成，而是源于错误的性观念和无知。这也是所有治疗技术的一个基本前提。性治疗师把存在性功能障碍的婚姻关系本身当作治疗对象，认为治疗的关键在于夫妻间有效的交流和合作。治疗的一个基本思想就是采用各种手段消除对性的压抑感、恐惧感以及各种错误观念，使性回到其自然的背景中，恢复性生活的和谐。

马斯特斯和约翰逊的工作推动了性治疗在美国的普及。在《人类性功能障碍》一书出版后的两年里，性治疗诊所开始在美国大量出现。有些诊所就是由该机构所培训的治疗师开办的，其他的则提供不同的治疗。性治疗师关于性功能障碍的研究建立在严格的实验室实验和临床实践基础上，他们有关性治疗的理论和方法，已成为新型性治疗方法的基础。（本节引自《西方性学名著提要》第 49—64 页）

2.3.3 性病治疗

性器官疾病有多种形式，同身体其他系统一样，生殖系统也有相同类型的疾病；此外，它还有诸如生殖功能失调和性机能障碍之类的特殊疾病，尤其是那些通过性接触传染的所谓“性行为传播的疾病”或简称“性病”。

性病是影响公众健康的最严重的问题之一，主要包括淋病、梅毒、疱疹、非特异性尿道炎和阴道炎等。20 世纪 80 年代发现的“获得性免疫缺陷综合征”（艾滋病）对人类构成的威胁，是半个世纪以来世界所面临的最严峻的挑战。艾滋病与经典流行病在模式上的差别在于，它并不是传染度很高的，它比较集中于某些有高危行为的群体。肛交、共用针头、异性性交、输血、母婴、事故传染都是艾滋病传播的重要渠道。

艾滋病治疗的药物主要分为两种：一种是抗病毒物质，用以阻遏艾滋病毒的繁殖；另一种是免疫系统刺激物质，以图重建被损坏的免疫系统。但至今艾滋病仍是无法治愈的，而避免参与危险性行为和使用安全性交法仍是唯一可靠的对付艾滋病的策略。

3. 社会层面

在社会层面，性与爱情、婚姻、生育、文化习俗以及道德观念有着密切的关系。威克斯曾将与性有关的社会关系概括为五类：第一类是把一个人与另一个人结成纽带关系的亲属和家庭体系；第二类是塑造社会关系、地位和阶级划分的性生活组织；第三类是社会控制和组织模式，包括正式和非正式的、法律和道德的、自发和职业的、宗教和世俗的、非预期的和有规划的；第四类是政治利益和关注形式，以及权力和政策；最后一类是导致了对抗的亚文化及社会和性运动的各种抵抗文化。（威克斯，168）总之，性虽然首先属于个人的、生理的范畴，但是也同时属于社会的范畴。

如果用高度概括的方式来为性学研究分类，则可以分为两大类，即个人的（包括生理的和心理的）与社会的两大类。所有关于性的研究都涉及这两大类之一，或者两者都有。这就是人类性活动的两种存在方式：个人的、生理的、心理的性和社会的、文化的、历史的性。

3.1 性与爱情

性与爱情的关系是一个光谱样的谱系：在有些时代和社会中，性与爱毫无关系；在有些时空条件下，性与爱有着某种不同程度的关系；而在另一些时空条件当中，性与爱极其紧密地联系在一起，完全不可分。换言之，对于某时某地的人来说，爱情的对象是或不是性交的对象。对某些人来说，两者不可分割；对另一些人来说，两者毫不相干。爱与性的关系取决于不同的社会态度和价值观。由于爱与性有着如此重要的关系，爱也就成为性学的一个研究领域。

在不同的时空条件下，感情与性的关系有三种规范：第一种是有性无情的规范；第二种是有情无性的规范；第三种是感情与性共存的规范。

人类学家的研究发现，在相当大比例的部落社会中根本就没有浪漫爱情这种东西，那里人们的性规范和性观念是有性无情的："性活动实际上与情感不相干，它是一种快乐和娱乐的经历，而且就像食物和水一样必不可少，它正如食物和水一样，谁给你的无所谓，只要你得到它就行，尽管你自然而然地感激给予你的那人。"（转引自金赛，1990，186）然而另一些人类学调查又得出了不同的结论。例如在一项对166个部落社会的调查中发现，其中147个存在浪漫的爱情，在另外19个不存在浪漫爱情的社会中，原因也可能在于研究方法的缺陷，而并不是真的不存在爱情。（克鲁克斯等，183）无论如何，完全不牵涉感情的性行为是存在的，并且在一些文化中成为标准的行为规范。

第二种性观念和行为规范源于古希腊，后来在基督教的禁欲主义中得到了进一步的发扬光大。苏格拉底曾公开谴责肉体之爱；柏拉图也只赞赏心灵之爱，不赞赏肉体之爱。柏拉图曾说："任何一种快乐都不如肉体的爱来得更巨大、更强烈，但再没有什么比这更缺乏理性了。"（转引自凯查杜里安，582）

在性与爱的关系中，只要精神之爱、回避肉体之爱的"柏拉图式的爱情"知名度相当高，但人们想当然尔，以为柏拉图所指的是男女之爱，却未曾想到过，他谈论的是成年男性与少年之爱。福柯说："我们确实发现，在柏拉图的言论中有这样一个论题：应该爱男孩的灵魂，而不是爱他们的肉体。"（福柯，1989，411）既然如此，精神之爱为什么被称为"柏拉图式的爱情"呢？根据福柯的分析："使柏拉图的观点与众不同的，不是他把灵与肉一分为二，而是他用以证明肉体的爱逊色于灵魂的爱的方法。……此外，柏拉图没有在堕落的肉体之爱与高尚的灵魂之爱之间划出一条清晰、确定、不可逾越的界线。尽管同追求美相比，肉体的满足地位低下、不足挂齿，尽管肉体的欲望有时会具有很大的危险性，因为它会妨碍或阻止对美的追求，但肉体的欲望并不总是被排斥或被诅咒的。"（福柯，1989，41）灵魂之爱高于肉体之爱，但这两种爱之间并无不可逾越的界线，性爱与真理及智慧传授的关系，正是这些观点造就了柏拉图式的爱情，它们才是柏拉图式的爱情的真正内涵。

在欧洲的中世纪，浪漫的爱成为人们普遍承认的爱的方式，但是浪漫的爱的本质在于把爱的对象视为一种极难得到而且十分珍贵的东西，因此，人们需要付出极大的努力去赢得所爱的对象的爱。由于中世纪的道德认为人的本能是腐败和原罪的产物，一切性交都是不纯洁的。因此，爱若要具有美的成分，就必须是柏拉图式的，是不包括性的成分的。由于教会对于性是持禁欲主义的反对态度的，所以一个高尚的人、道德完美的人应当是有情无性的人。

比较激进的有情无性的立场甚至会认为情与性是相互伤害、相互对立的。持这种立场的人们有两种相辅相成的症候，即适用于男性的“圣母娼妓综合征”和适用于女性的“圣徒罪人综合征”。前者是男人把妻子和情人视为圣母，纯洁无瑕，不可用自己的性行为玷污她，而只能同娼妓或放荡的女人发生性行为；后者则是女人把丈夫和自己所爱的男人视为圣徒，不可玷污，只能同坏男人发生性行为。二者有异曲同工之妙，都将性视为肮脏之事，都持情与性不能兼容的观点。有古希腊雄辩家狄摩西尼（Demosthenes）的话为证：“我们拥有妓女为我们提供快乐，拥有侍妾以满足我们的日常需要，而我们的妻子则能够为我们生育合法的子嗣，并且料理家务。”持这种观点的人认为，在生育之外，绝不应当用性活动来玷污自己的妻子。

持有情无性观念的人甚至认为，任何一位要求两性结合的丈夫，除了获得子嗣之目的外，都是在使其妻子变成为私人娼妓。（转引自坦娜希尔，106、382）日本一位反对肉体之爱的思想家仓田百三则说：“我坚信性交在任何情况下，不管是夫妻之间还是相爱的人之间都是绝对的恶。我屡屡听到‘不想进行没有爱的性交’这样的话。然而，即使有爱也不应该性交。……也许有人要说那样做将不能生儿育女，人类将要灭亡。然而，即使人类灭亡，恶仍然是恶。其道理正如人如果不杀其他生物，人类就要灭亡，但杀生是恶一样。”（转引自安田一郎，4）

有人并不认为性就是恶，是与爱截然对立的，但仍认为，性与爱处于一种此长彼消的关系中，性多了，爱就贬值；性欲被禁，爱情反而会增加。弗洛伊德就曾表达过这样的观点：当我们毫无阻碍地便可获得性满足时，例如在古文明的衰落时期，爱便变得毫无价值，生命也呈现一片空虚。……事实上，基督教的禁欲趋势曾创造了爱的心灵价值。（转引自罗洛·梅，115）这就是说，性的满足会损伤爱；而性的禁制才有利于爱的产生。罗洛·梅（Rollo May）也认为，心理及精神上的裸露所产生的亲切感，远比性交时肌肤相亲所产生的亲切感更能令人回味无穷。他抱怨现代人有性无爱的倾向：维多利亚时代的人希望拥有爱而避免肌肤上的交欢，而现代人则希冀肌肤上的交欢而避免陷入恋爱。（罗洛·梅，56、59）

性与爱关系的第三种行为规范出现于文艺复兴时期，由于人文主义对人的肉体的肯定，爱变得不再是柏拉图式的了。浪漫之爱第一次把爱和自由联系在一起。浪漫之爱直接把自我嵌入自由和自我实现的关系纽带之中，尽管在浪漫之爱中，崇高的爱是凌驾于性欲之上的。在近代，自法国革命以来，出现了一种思想，即婚姻应当建立在浪漫爱情的基础之上，其中当然也包括性。

现代性学给浪漫爱情所下的定义是这样的：任何强烈的吸引，包括对对方的理想化，在性欲的语境中，带有持久到将来某一个时刻的期望。（克鲁克斯等，183）爱是发生在两个人之间的一种强烈的相互吸引的情感，其中或有或没有性的吸引。在没有性的吸引的情况下，它是一种纯粹的精神之爱。如果完全否认无性之爱的存在，就无法解释柏拉图式的精神恋爱。当然，在现代人的观念中，在大多数情况下，爱情中是包含着性的相互吸引的。

正因为在大多数情况下，爱情当中包含着性的欲望，现代人往往会把性的吸引当作产生爱情的必要条件，甚至是唯一的原因。其实对于当事人双方来说，性只是爱的一部分，其他部分还包括精神上的融洽和愉悦、孤独感的消除、人种的繁衍（这一动机在爱情的发生中只是潜在的）等。爱情是两人之间灵与肉、心理与生理的交流和结合，它丰富和美化人类生活的内容，使这种人与人的关系升华为一种艺术的享受，同时也成为人类社会发展到更高阶段的动力。

斯宾塞（Herbert Spencer）将爱情中所包含的因素概括为九个：一是生理上的性冲动；二是美的感觉；三是亲密感；四是钦佩与尊敬；五是喜欢受人称许的心理；六是自尊；七是占有的感觉；八是因人我间隔阂的消除而取得的一种扩大的行动的自由；九是情绪高涨与兴奋。

罗素也主张感情与性的和谐共存。他曾这样谈论过有爱的性行为与无爱的性行为之间的区别："爱情使我们整个的生命更新，正如大旱之后的甘霖对于植物一样。没有爱的性行为，却全无这等力量。一刹欢娱过后，剩下的是疲倦、厌恶，以及生命空虚之感。爱是自然生活之一部，没有爱的性行为可不是的。"（转引自孙珉，85）

弗洛姆（Erich Fromm）则认为，性要求同每一种强烈的感情混杂在一起，并因此加剧，所以爱情也会加强这一要求。大多数人认为，性要求是同爱情联系在一起的，所以他们很容易得出具有迷惑性的结论，即如果两个人愿意互相占有对方的身体，他们也就是互爱了。爱情毫无疑问会引起性结合的要求，在有爱情的情况下，这种生理关系就不会带有占有或被占有的野心和欲望，而是充满了温柔的感觉。如果生理上结合的要求不是以爱情为基础的，那么只会造成一种纯生理的暂时的结合。性的吸引力虽然在一刹那间会造成两者结合的幻觉，但是如果没有爱情，在这次结合后留下来的只有陌生的感觉，他们之间的距离没有缩小，他们仍是一对陌生人，结果他们不是觉得羞愧就是相互憎恨。

吉登斯将爱情划分为浪漫之爱与融合之爱两类。融合之爱是积极的、不确定的爱，和浪漫之爱的“永存”“独一无二”的性质极不和谐。浪漫之爱在两性之间总是不均衡的，但一直就存在着平等主义的张力，它在权力上更是完全不对等的；而融合之爱假定的是情感予取上的平等性，而越是这样越接近理想的纯粹关系。浪漫之爱是性爱，但是它却排除了性爱艺术；而融合之爱第一次在夫妇关系中引入了性爱艺术，使双方是否能够获得性快感成为决定这种关系是持续还是解体的关键因素。融合之爱不像浪漫之爱那样仅限于一夫一妻中，性的排他性只有在卷入其中的人认为这是必要的或者值得的情况下才能存在。

在西方的性革命之后，出现了一种将性与爱分开的思潮。尽管无论古今中外，有性无情的立场总是得到负面的评价，但是这一思潮却借着性革命的声势渐渐大行其道。例如，福柯就在他那些著名的“极限体验”中盛赞过“同一个陌生人性交”的体验，他说：“你在那里与人会面时，彼此都只是一具肉体，一具供相互结合、产生快感的肉体。你不再被囚禁在你自己的面目、自己的过去、自己的身份里了。”（转引自米勒，451）在这个艾滋病时代，同陌生人性交简直相当于自杀，虽然在道德方面，新的性观念不会反对所谓“一夜情”类的行为，认为即使是同一个完全陌生的人性交也是人的权利，道德上也没什么问题，但是，它确实是非常危险的行为，为这种行为付出的代价也许不只是得病，而且是死亡。这一点与人的权利并不矛盾——谁说人没有选择死亡和自杀的权利呢？

3.2 性与婚姻

婚姻制度是一个具有绵长历史的对人类性活动的控制机制。性的控制机制一般包括三个方面：第一，允许、鼓励或强迫人们在某些习俗关系中发展亲密的性关系，如在求婚、纳妾和婚姻关系中；第二，不鼓励所有其他情况下的性关系，例如某人不是一个适合结婚的人选或者已经与他人建立了亲密关系；第三，严禁在违规的情况下发生性关系，如乱伦禁忌。（K. Davis，1937）许多文化都有类似的规定，规定婚姻之内的性是人类性欲唯一合法的宣泄途径，这就使婚姻成为规范人类性活动的一个最主要的制度。

3.2.1 婚姻性关系

在影响性活动的各种社会因素当中，婚姻状况的作用是重要的。它既影响性活动频率，又影响性释放途径的种类和多少，因此一向是性学研究的重点。婚姻关系内的性关系是各种性关系之中最重要的一种关系；性的关系也是婚姻关系的一个重要组成部分。性与婚姻的关系问题首先是夫妻在身心两方面的融洽程度，因此，不仅夫妻的感情对婚姻关系的维系至关重要，夫妻间的性和谐程度对婚姻是否幸福也是至关重要的。

到近代为止，单婚制或一夫一妻制的婚姻一直是某些文明尤其是西方文明唯一认可的婚姻方式。但是在其他一些文明中，单婚制的合法性并不是不言而喻的。比如伊斯兰文明就允许一夫多妻制；中国传统社会中也允许纳妾。在同一种文化和社会中，婚姻的制度也是在不断改变的。比如我国自 20 世纪 50 年代开始就改变为严格的一夫一妻制了。

在传统社会中，婚姻被视为宗教或世俗意义上的神圣结合，必须保持终生，不可以离婚。中国的婚姻传统中，离婚十分少见；一些基督教国家（例如爱尔兰）也是直到近几年才允许离婚自由的。此外，婚姻中性的成分也应该越少越好。婚姻被视为一种神圣的责任，或者是人生必须要尽的义务，而不是男女两性爱情与性的结合。近代的社会和文化变迁使人们对婚姻的看法有了很大的改变。婚姻关系在现代人眼中是一种需要不断营造的关系，其中性的作用已经变得不容忽视。

对大多数人来说，婚姻提供了性活动的基本条件。在有些社会的行为规范中，婚姻是性的唯一合法渠道，婚姻之外的性一概受到排斥或谴责。一个典型的例子就是 20 世纪 50 年代至 70 年代的中国，在这 30 年间，婚姻之外的性行为几乎完全绝迹，结婚状态被视为性宣泄的唯一合法形式。当然，通奸和卖淫虽然在严厉打击和各种行政措施的压制之下，已经减少到人类所能想象的最低限度，但是并没有完全绝迹，人们身边时有发生的对所谓“作风问题”的行政处罚就是此类行为依然存在的证据。

除了这样的特例，在大多数社会和大多数时代，性交虽然是已婚者主要的性发泄渠道，但不是唯一的。在金赛的样本中，已婚男性的性发泄婚内性交占了 85%，剩下的 15%靠婚外性交、同性接触、手淫、梦遗来满足。

既然性生活的质量对婚姻关系有如此重要的影响，人们会很自然地以为婚内性关系必定是既频繁又快乐的，然而性学调查所得到的结果并非如此。年轻夫妻的性关系频率约为每周三次，这一频率会随年龄增加而减少，导致许多人对婚内性关系不满。婚内性关系虽然是合法的，但仍然有个协商问题，双方的协商成功与否，经常会影响到性生活的质量和频率。子女的存在也会限制夫妻间的亲密行为。此外，性的快乐与婚姻的幸福似乎并不是完全同步的，仅仅获得性的快感本并不能保证拥有幸福的婚姻关系。

3.2.2 非婚性关系

非婚的性关系包括这样几种形式：单身人的性、婚前的性和婚外的性。非婚性关系一向都是受到社会规范否定和限制的性行为。按照大多数社会的性行为规范，性都应当只停留在婚姻关系之内，所有的非婚性关系都得到或多或少的负面评价甚至是惩罚。在特别禁欲和反性的时代和社会当中，社会性行为规范不给未婚者、离婚者和丧偶者任何性释放的机会，也不容许同性性行为和自慰。在西方社会中，法律一度禁止任何非婚性活动，有些法庭还限制自慰的个人权利，官方教会甚至强烈反对避孕和人工流产。

这样的对性加以限定的文明延续了2000年以后，人们当然有理由设想，那些处于非婚状态的人的性释放频率应该远远低于在婚者。的确，在婚者的总体性释放频率一般高于单身者，但实际上，绝大多数单身者都有着规律的性行为。社会用婚姻制度来限定人们的性活动并不成功。以美国为例，独身成年人从1970年的1090万增长到1997年的2500万，占美国所有家庭的25%。未婚同居从1980年的158.9万对，增加至1997年的400万对。（克鲁克斯等，432）在非婚人群占到社会人群中不可忽视的一个比例之后，再禁止或惩罚所有的非婚性行为就越来越不现实了。

在当今世界，越来越多的人选择晚婚，这种现象已经从发达国家向发展中国家蔓延。因而年轻未婚者的性活动也逐渐引起社会的关注。单身者会按年龄和结婚意愿分出层次，他们当中的大多数人是希望结婚的，但年龄的增长使婚姻前景不尽如人意。单身者活动场所成为他们性活动的一个主要场所。在那里有各种社交活动、择偶活动、交友活动，也经常会包括性活动在内。当然，许多单身者并不进入这些场所，而是在私人场所以各种方式获得性的宣泄。

在现代社会中，单身人群不仅包括从未结过婚的人，还包括曾婚者即离婚者或丧偶者。在现代离婚率普遍攀升（在美国离婚率已达到50%，中国也达到14%）的情况下，每年都有大批的离婚者加入单身者行列。一般说来，在所有异性性交的总频率和总发生率中，曾婚者比单身者高，又比在婚者低。但人们一旦经历了婚姻所带来的异性性交，它就会成为他们终生性释放的主要途径，尽管失去配偶，也照旧如此。唯有年龄才能最终降低这些个人的性交频率。从长远来看，生理因素在决定人类性行为模式中的作用比任何人为的规则更强大。

年轻人在进入青春期之后，需要学习如何以新的方式与同性异性交往，并且要在大量的交往实践中形成他们的性脚本。但是成年人却并不希望年轻人立即成熟起来，而会用努力保守性秘密的方法来控制他们的婚前性行为。家长通常采取保守和尽量拖延的态度，家长的这种态度阻碍了像学校这样的正规机构对青少年进行高质量的性教育，于是互联网和伙伴群成为青少年习得性行为的主要条件和途径。

青春期的一个中心问题就是年轻人要在同性社交中了解性，并将这一经验运用于与异性建立关系的过程中。在青春期，在年轻人学习异性恋的过程中，会有关于性和爱的少量尝试，这在一定程度上实践了他们已经通过各种渠道习得的部分性知识。在与异性的恋爱和性试验过程中，爱抚、接吻及其他非性交行为是感情的一种重要表达方式，也是婚前性行为的一种重要形式。

在世界各国现代化和都市化的过程中，婚前性行为的规范及观念全都经历过巨大的改变。一个规律性的现象是，与传统社会相比，婚前性行为在各国都有所增加。这一变化不是突然发生的，而是在各国走向现代化的过程中首先在西方社会开始出现的。婚前性行为是反映社会性观念变化的一个敏感指标。近20年来，在中国人的各类性行为当中，变化最大的也许就是婚前性行为的大量增加和婚前性行为规范的大幅度改变了。

对20世纪美国社会的观察表明，青少年婚前性行为规范的变化十分明显。根据金赛的调查数据，在过去，有婚前性行为的人比例较低，而且婚前性行为往往会导致婚姻。1900年以前出生的女性中只有8%在20岁时有过婚前性行为；出生于1910至1919年间的女性在20岁时有过婚前性行为的比例就已经增加至23%，是过去的3倍。《花花公子》杂志在20世纪70年代初的一项以已婚女性为对象的调查表明，55岁以上年龄组中只有

31% 有过婚前性交，最年轻的年龄组中有过婚前性交的比例却高达 81%。美国《今日心理学》杂志的调查声称，该杂志女读者中有 78% 有过婚前性交行为。根据 1974 年美国全国成年人调查数据，到 25 岁为止，已有 97% 的男性和 81% 的女性有过婚前性行为。法国 1972 年的调查表明，到 29 岁，有 75% 的男性和 55% 的女性有过性行为。最极端的数字来自瑞典，男女两性中有过婚前性行为的比例均高达 99%。在瑞典这个拥有高度性自由和男女平等的国度，99% 的女性与男性一样，在建立永久的结合之前，已经有过性经验，童贞的观念在那里已经毫无踪迹可寻。

我在 1989 年所做的一项北京市随机抽样调查表明，无论两人确定关系与否，有过婚前性关系的占样本的 15.5%。而根据随后的调查资料，婚前性行为在举办婚礼前为 27%；在婚礼后登记前为 73%。（潘绥铭等，118）根据 2011 年的一项调查，在全国范围内，年轻人群中婚前性行为的发生率达到 71%。这个比例直追西方性革命之后的婚前性活动水平。在那些婚前性行为已成大多数人的行为的国家，很难认为这种行为还是违反社会性规范的行为。因为所谓规范就是大多数人的行为准则。某种行为一旦成为大多数人的实践，就不应当被认为仍是违反社会行为规范的行为了。

生活在中国的人们都能感觉到，近 20 年来，婚前性行为的规范宽松了许多，自己经历过或亲朋好友里有过婚前性行为的人所占比例明显增加，这在上世纪 50 年代、60 年代、尤其是“文革”时期是不能想象的。尽管如此，还是有不少人对这种行为有负罪感，或坚决不肯“越轨”。可以说，在婚前性行为规范上，我们的社会正日益形成多元的价值——人们按照自己认为可以的方式行事。如果某人认为不可以做这件事，那只是因为他将传统文化或生长环境的行为规范内化的结果。换言之，与过去几十年相比，这种约束较多来自内心的约束，较少来自外部的约束。

如果同中国传统的性道德相比，婚前性行为规范的变化显得更加明显：传统的性道德不仅完全禁止婚前性行为，就连拉手、接吻和拥抱都是不允许的，新婚的男女最好在婚前完全没有接触，甚至完全不认识。在这个意义上，真正具有革命性意义的也许不是婚前性关系比例的上升，而是婚前的一般肉体接触（拉手、接吻、拥抱和爱抚等）。因为这才是过去完全没有、现在几乎人人都会有的行为；这才是过去完全不允许、现在已经完全允许甚至得到赞赏的行为。真正的婚前性规范的变迁在这里发生。这是真正的革命性的变革。

概括地说，对于婚前性活动有三种规范：第一种是传统的性规范，它以生殖为性的主要目的，因此坚决反对婚前性行为；第二种是浪漫主义的性规范，它主张，爱应当成为性的主要目的，因此它反对随意的性行为，但是如果当事人双方发生了爱情，婚前性行为就是可以接受的；第三种是自由主义的性规范，它认为，性是人的权利，人可以随自身的意志处置自己的身体，因此只要当事人双方自愿，就可以有婚前性行为。从中国目前的发展趋势看，我们正在从第一种规范，经由第二种规范，向第三种规范发展。换言之，笃信和实行传统性规范的人越来越少；选择浪漫主义性规范的人越来越多；事态最终会发展到自由主义的性行为规范上面去。

近些年，一些美国的青少年发起了一个在婚前保持童贞的签名运动，据说已经有不少人参加了这个签名运动。无独有偶，中国四川的几位女大学生也发表了一个宣誓保持童贞的宣言，据说原因是她们当中的一个为男友奉献了童贞，结果却被抛弃，她的朋友们为她感到委屈和不平。这两个事件的区别在于，在中国，只是女生参与了这个活动；而在美国，参加者既有女生，也有男生。遗憾的是，在当今中国，婚前保持童贞已经是少数人的观点了；在西方国家，这一道德规范更是只属于极少数人。

随着大多数人婚前性行为方式的改变，人们结婚时对童贞的要求也不得不随之改变。在美国，对 18 项择偶标准的统计表明，在 20 世纪 30 年代，童贞的重要性被列在第 10 位；到 1977 年，女性将其列为第 17 位（倒数第 2 位），男性列为第 18 位（倒数第 1 位）。另据对 33 个国家约 10000 人的调查，最看重童贞的有中国、印度、印尼、伊朗、以色列；最不看重童贞的有瑞典、挪威、芬兰、荷兰、德国和法国。美国也不太看重童贞，但其程度不如北欧国家高。另有调查表明，看重伴侣童贞的有亚洲人、墨西哥人、中东人和南美洲人；相对宽容的有美国人、比利时人、法国人和斯堪的纳维亚人。有些人甚至会认为伴侣的童贞是缺点，原因或者是证明对方不吸引人，或者是担心对方过于缺少性经验。

对婚前性行为持肯定态度的人们认为，婚前性行为的有益之处包括：在人是性的存在的意义上，它无论在生理上还是心理上都是有利于健康的，因为人的迫切需要不可以被拖延至成年期，人从进入青春期到成年期还有大约 10 年的时间。有些人结婚更晚，甚至不结婚，很难要求他们保持童贞。目前在美国和法国，保持单身的人群都要占到该社会中全部家庭数的约四分之一，如果要求这些人保持童贞是完全不现实的。无论社会对婚前性活动的规范有多么严厉，随着参加这一实践的人数日益增多，规范将不得不加以改变，过去被认为违反社会性行为规范的婚前性行为将逐步为社会规范所接纳，虽然在很多社会中，这种接纳仍然是很不情愿的。

罗素在婚前性行为规范上的观点是：所有不会导致生育的性关系都应被视为是私人的事情。如果男女同居而没有孩子，那这完全是他们自己的事情，而不是其他人的事情。无论男女，都不应该在从未有过性经历的情况下，就想进入以生养孩子为目的的庄重的婚姻。如果要求人们在不知道他们在性的方面是否和谐的情况下就进入一种终身的关系，那是荒唐的。这就像一个人要买房子，但不能获许在成交之前看到房子一样荒唐。

婚前性行为的一个特殊形式是同性性行为和同居关系。吉登斯在提出他著名的“纯粹关系”概念时，特别讨论了女性同性恋中的纯粹关系，他所依据的文献是《海蒂性学报告》。海蒂报告表明，大部分女性同性恋都可能保持长期的性关系，但是很难获得一种安全感。根据海蒂的调查，纯粹关系中存在着一种以承诺为核心的结构性矛盾：如果要长相厮守，就必须把自己托付给对方；但是任何一方都可以在某个时刻根据自己的意愿终止关系，又是纯粹关系的一个基本特征。因此，许多卷入纯粹关系中的人都有一种不安全感。但大部分女性发现，同其他女性的性关系比和男性的更加亲密而且平等。同性恋关系为新的爱与性的模式提供了另一种可能性。

在婚前同居和婚前性行为之外，非婚性行为中还包括婚外恋性质的性行为。非婚性行为有许多形式，婚外恋的性行为是最受关注也是得到最多负面评价的一种形式。“外遇”是人们用来形容婚外性行为时使用频率很高的一个词。“外遇”有时指有感情卷入并且持续时间很长的婚外性关系，但通常都是所谓的“旅行模式”或“突发模式”，它们是短暂的，有时只是性的宣泄，并无感情卷入。因为婚外性行为是受到社会环境制约的，按照各种社会责任构建起来的日常生活通常并不允许这种行为，于是这种情况大多发生在偶尔的“开放空间”或“开放时间”中。

异性婚外关系通常有这样三种情形：已婚男性与已婚女性，在这类关系中，双方均较为克制；已婚男性与单身女性，这种关系通常不会稳定，因为女方常常想使关系升级，男方无法做到，只得中断关系；单身男性与已婚女性，这种情况虽然少见，但男性通常会认为这种关系是有益的。此外，还有同性恋类的婚外性关系，或者是丈夫在妻子之外另有男性性伴侣；或者是妻子在丈夫之外另有女性性伴侣。这种情况在中国比其他社会中更为多见，因为中国同性恋者与异性结婚的比例远远超过其他社会。

在 20 世纪 80 年代末的一项北京市随机抽样调查中，我发现婚外恋的比例并不太高（6.4%）。但是，对这一调查结果加以年龄组分析发现，年轻组的婚外恋比例大大超过年长组，说明婚外恋有增长趋势。

金赛调查表明，在 20 世纪 40 年代，美国有 50% 的男性和 26% 的女性至少经历过一次婚外性行为。这个比例在不断上升。有较新的研究表明，有三分之二的男性和二分之一的女性曾经经历过一次以上的婚外性行为。男性婚外性关系的三分之一和女性婚外性关系的二分之一属于有感情色彩的婚外性关系。

在对待婚外恋的态度上，大多数人持有相当严厉的否定态度，根据笔者在 1989 年的调查，北京市随机样本中，有 82.4% 的人不赞成婚外恋情；更有 93.1% 的人反对婚外性关系。对女性的婚外恋比对男性的婚外恋态度更为严厉。不少中国人以为西方人对婚外恋满不在乎，其实不然。美国的一项调查表明，75% 的人明确认为婚外性关系是错误的；91% 的人认为婚姻的忠贞是重要或极为重要的，不能容忍对方的婚外性行为，一旦发现，就意味着婚姻的终止。

性态度的变迁（%）

国家	调查年份					
	1983	1984	1985	1986	1987	1989
对婚前性关系持否定态度的比例						
美国	36	—	36	36	—	—
英国	28	27	23	—	25	22
对婚外性关系持否定态度的比例						
美国	—	87	87	—	89	—
英国	83	85	82	—	88	84
对同性性关系持否定态度的比例						
美国	—	75	77	—	78	—
英国	62	67	69	—	74	68

（Evans，83）

从上表可以看出，虽然人们对婚前性关系的态度已经变得相当宽容，但是对于婚外性关系，还是有八九成的人表示反对，而且看不出这种严厉的否定态度有改变的趋势。

马林诺夫斯基对部落民性规范的调查表明，即使在原始社会，婚外性关系也是一个严重的问题，嫉妒和通奸是造成部落婚姻生活紧张的两个重要因素。任何违背婚姻忠诚的行为都会受到严厉的指责。然而，这个道德规范经常会轻易地被破坏，而此类行为又通常容易得到宽恕。

人们由于各种不同的原因寻找婚外性伴侣，第一类原因是补偿性的：长时间分别、疾病、对配偶无兴趣等。第二类情况是婚内性交不能满足需求。婚外性关系通常是激动人心的，尤其是在开始阶段。在这种情形下，双方一般会非常激动，而时间又是有限的，于是在这一过程中，双方都会只看对方最美好的地方，再加上犯罪感，使得婚外性行为令人兴奋异常。由于婚外性关系具有一种不必同一个人永远生活在一起的性质，因而增加了这一关系的新鲜感，这也是婚外性关系激动人心的原因之一。

但是，婚外性关系毕竟是受到社会制约的，因此经常会面临败露的危险。败露通常有两种形式：一是偶然被发现，一是自己坦白。无论是哪种形式，通常都会影响到婚姻的维系，或者以离婚结束，或者会给未来的日子蒙上一层阴影。婚外性关系的败露还有一种严重的后果，就是无错的一方对犯错的一方产生强烈的怨恨，并有可能产生报复心理。而在整个过程中，负罪感会纠缠许多犯错的人，使他们感到巨大的心理压力。虽然婚外恋一般来说是为了寻求性的多样化或者更好的性行为，但是其后果常常是负面的。婚外恋是一种违反婚约的不忠诚行为，对于很多当事人来说它都是一种充满内疚的活动。

由于婚外恋主要涉及的是夫妻的感情问题，所以尽管它对夫妻关系绝对是一种伤害，但毕竟同有伤害对象的犯罪如肉体伤害、偷盗抢劫一类不同，好像双方都有一些责任：搞婚外恋的一方固然难脱罪责，被伤害的一方也并非完全无辜——没有能够吸引住对方的全部感情。这样说似乎对受伤害的一方有欠公允，但是在感情的问题上，情况就是如此复杂，感情的归属不像财产的归属那样确定无疑，对感情伤害的规范与处罚因此也不能像对财产伤害一样。有些被婚外恋伤害过的女性甚至会持有对男方的婚外恋“可以理解，只要感情到了那一步”这样的观点，就是证明。

婚外性关系能带来如此强烈的反应和伤害，很大程度上来源于性妒忌，这是一种你的配偶或情人把本应给你的感情给了别人的感觉。这和财产所有权有类似的地方。婚外性关系威胁到婚姻中一方的“情感所有权”，甚至可能夺走这种所有权。除婚外性关系外，婚姻中还会遇到许多问题，夫妻双方通常会在协商或相互默许的情况下对婚姻契约进行修正。有些人发明了换偶活动以克服婚姻的嫉妒心理。交换性伴侣可以说是一种改变婚姻契约的极端形式，它使得婚外性行为正常化了，与此同时，使得婚姻变得非常规化。此类活动在西方性革命的年代出现，并形成了一个小高潮，直到如今还可以在媒体中见到换偶活动的广告。在中国，换偶活动也日趋活跃。近年在西方蓬勃兴起的多边恋是从婚外恋衍生出来的一种新的婚姻关系模式，那是一种三人、四人或更多的个人之间公开的、坦诚的多边性爱关系，这种关系已经对单偶制的形式和价值造成了巨大的冲击，并且具有形成潮流的趋势。

3.2.3 生育

在社会层面，性学关注的一个与性有关的领域是生育。人们之所以要生孩子，除了生育儿女所包括的性快乐之外，还存在许多强制性的因素，其中既有社会经济方面的原因，也有个人心理方面的原因。在传统的乡村社会生活中，生育子女是对养老资源的一种终生投资，人在晚年丧失劳动力和生活自理能力之后，其生活来源全靠子女，物质和精神上的照料也全靠子女。费孝通将这种父母抚养子女换来子女赡养父母的关系称为反哺关系。因此在传统的乡土社会中，生育对于婚姻具有绝对的价值。

在现代工业社会中，反哺关系转变为接力关系——父母养育子女，子女却不必赡养父母。像中国这样的乡土社会在经历了现代化和都市化过程之后，也同样会遇到亲子关系性质的这一转变。在这一转变过程中，生育的价值发生了动摇。这就是当代西方许多人选择不生育的原因，也是在中国这样的处于现代化过程中的国家也开始出现自愿不育人群的原因。

在传统社会中，婚姻最主要的功能就是生育，如今婚姻和生育之间的紧密关系已不复存在。形成这一态势的原因，除了现代化和都市化所引起的社会变迁之外，一个重要的因素就是避孕技术的长足发展。避孕技术的发明和不断改善以及避孕实践的大规模展开，不仅是人们性观念和生育观念变化的产物，它也反转过来影响了人们的性观念和性行为。尤其在全世界遭遇人口爆炸的局面时，避孕实践更加引起性学研究的关注。当代避孕实践的一个鲜明特征就是高效率地、合理地、安全地将性与生育区分开来，并将避孕行为变成世界上几乎所有国家的普遍实践。

早在性学创建之初，生育控制就是性学的关注点之一。性学所提出的一个基本问题是：做父母这件事应当是计划好的，还是单凭偶然？生育节制的必要到现在已经得到一般人的公认，不但是不想生育的人承认这一点，即使是想生育的人也已大都有此认识。实施计划生育的包括三种人：只保持短期关系的男女想避免生育；年轻夫妻想拉大孩子生育间隔或不生育；多年夫妻不想再要孩子。在中国这样的以计划生育为重大国策的国家，避孕已成为全体国民的义务。

避孕有很多理由，如男女双方的关系不融洽是许多人不愿做父母的理由。虽然有时女性会选择做单身母亲，但大多数女性还是会选择婚后或者二人关系稳定后才怀孕。避孕的另一理由是，现代家庭发展的趋势是趋于小型化，很少有人愿意选择多子女家庭，在中国这样实行一孩化或两孩化的国家，家庭的小型化已经不是自愿选择的结果，而是政策使然。在现代化都市生活中抚养孩子费用昂贵，构成了人们避孕和减少生育的又一个原因。此外，人口迅速增长对国家和社会发展带来的负面影响，也是人们普遍接受避孕实践的一个重要原因。马尔萨斯的追随者所倡导的人口控制运动在 20 世纪 60 年代达到了一个小高潮，我国则是从 70 年代起才认识到人口问题的严重性，开始实施计划生育措施的。

避孕方法包括激素方法、障碍法、杀精子剂、体外排精法以及安全期避孕。此外，还有许多可致流产的药物以及多种永久性绝育措施。除年龄因素外，人们所采用的避孕方式和普遍性与社会经济状况、种族、宗教信仰及其他因素有关。年轻未婚女性较多采用避孕药片，较少采用宫内节育器。许多女性偏爱男性避孕法或体外排精法。在中国，避孕方式的采用主要与城乡差别和阶层差别有关：在农村多采用女性绝育手术；在城市工人阶层，多采用女用宫内节育器；而在干部知识分子阶层，避孕套的使用频率更高。

妨碍生育控制措施有效实施的因素，一般是无知、缺乏避孕工具和药物以及多种心理和社会因素。医学上，流产意味着终止妊娠，此时胎儿尚未获得自己存活的能力。流产既可是“自然的”也可是“人工的”，后者包括选择性流产和治疗性流产。治疗性流产是因母亲的健康原因采取的医学治疗手段；选择性流产则是因其他各种原因所做的流产。虽然流产具有一定的危险性，但合法流产的死亡率极低，特别是怀孕早期的流产。

有一种反对避孕的观点认为，生育是女性性活动的唯一合法功能。女性的生育年龄是从 14 岁到 50 岁，如果将生育限制在 2—3 个孩子上，那便意味着这几十年的性生活中，女性根本没有正规地履行女性的功能，而仅仅是为她的男人服务，服务于他的性欲望。这是对女性的非人待遇。(Bland 等，158) 这一观点有明显的错误：首先，女性的功能绝不仅仅是生育，也应当包括对性快乐的享用。其次，不以生育为目的的性也不一定只能是女性为男性服务的，女性的性活动也完全可以以快感本身为目的，而不以生育为目的。最后，女性的堕胎权是人权的一项内容，做不做母亲应当是女性自由选择的结果，她们应当有生育与否的决定权。

许多国家的现行法律与公共舆论都认为，女性有权对自己的妊娠做出决定，因为胎儿是母亲身体的一部分，所以她可以行使决定权。但这种论点对父亲来说有点不公平，因为他毕竟与胎儿有血缘关系。因此，计划生育、避孕和流产的权利严格地说应当属于包括男性在内的一般人权，而不仅是女性的权利。

3.3 性与法律

3.3.1 涉性法律

人类社会对于与性有关的犯罪做过各种各样的规定，这些规定随时代和文化的不同而异。比如，强奸在各国的法律中都是受到严厉惩罚的犯罪行为，可是卖淫或者堕胎在某些国家合法，在另一些国家非法。在同一个国家，性的法律也会有变化，比如在美国，堕胎从非法变为合法；在英国，卖淫和同性恋从非法变为合法。

据说在法国，《拿破仑法典》是没有任何与性有关的规定和惩罚的，但是世界上大多数社会的法律，全都会有关于性的越轨与惩罚的规定。关于性犯罪的法律规定的社会背景往往是某个社会中的人们公认的性脚本和性规范的内容，各类性法律据此做出了有关的规定。在性别、年龄、血缘、婚姻方面的规则，规定了性行为的对象选择必须在超过法定最低年龄、没有血缘关系的已婚异性之间；而在技巧、接触方式、隐私、卖淫方面的规则则规定了性行为可以被允许的范围。

几乎所有的社会都曾经和继续将性行为区分为合法与非法的两大类，并对违反规定的性行为予以处罚，这种做法的起源来自三个方面：首先，它来自社会责任，即夫妻抚养子女的责任，在一些文化中一度还有男性抚养配偶的责任；第二，它来自控制人口的需求，即在人口短缺的社会和时代处罚不能生育的性活动，或在人口过剩的社会和时代处罚违反计划生育规定的性活动；第三，它来自私有财产的合法继承人问题，因此，许多社会曾有过丈夫可以有外遇而妻子不可以有外遇的规定。在英国，历史上有过妻子有外遇要坐牢的法律，这一法律并不仅仅源于男女的道德双重标准，而且源于财产和爵位的继承问题。

在各种文化中，曾经涉及法律惩罚的性行为包括如下三大类：

第一类是伤害个人人身权利的犯罪，其中包括强奸、强迫肛交、与儿童发生性行为等。

第二类是侵犯他人隐私权的犯罪，其中包括多种发生于公共场所的性行为：露阴，窥阴，抚摩，发生在公园、剧场、公共汽车上和私人汽车上的性行为。

第三类是无受害者的犯罪，其中包括手淫、相互手淫、肛交（有的国家会判 25—60 年徒刑）、通奸（当事人未婚一方所受惩罚比已婚的一方要轻）、淫荡（勾搭异性）等。在中国和其他一些国家的法律中，无受害者的性犯罪还包括卖淫、传播淫秽品和聚众淫乱。

另一种概括方法将性侵犯划分为四种类型：

类型一是根据自愿原则定罪，所惩罚的行为是强奸。

类型二是根据年龄原则定罪，所惩罚的是成年人与青少年之间的性关系，有的还包括青少年之间的性关系。

类型三是根据隐私权原则定罪，所惩罚的行为是露阴、窥阴和淫秽品。

类型四是根据宗教原则定罪，所惩罚的行为是通奸、同性恋、兽交、恋尸、口交和肛交。

在中国，刑法中被规定为违法的性行为随着刑法的变动有些改变，但变动不大。在 1997 年 3 月 14 日第八届全国人民代表大会第五次会议修定的新版刑法通过和颁布之前，刑法中与性有关的条文有三大类，第一类是强奸罪和奸淫幼女罪；第二类是流氓罪（其中涉及性的有侮辱妇女罪和其他流氓活动罪）；第三类是妨害社会风尚的犯罪（包括强迫、引诱、容留妇女卖淫罪和制作、贩卖淫书、淫画罪）。

在 1997 年重新修定公布的刑法中，与性有关的刑法条文改动最大的一处是取消了“流氓罪”而将其内容分散到其他条文中，例如，原流氓罪中“强制猥亵、侮辱妇女罪”被收入“侵犯公民人身权利、民主权利罪”一章中；“聚众淫乱罪”被收入“妨害社会管理秩序罪”一章中。有关卖淫和淫秽品的条文仍保留为单独的两节。

如果按照有无受害人来划分，强奸、奸淫少女和侮辱妇女这三项罪名是有受害者的性犯罪；聚众淫乱、卖淫和淫秽品三项是无受害者的性犯罪。我国有关性犯罪的法律中，关于有受害者的犯罪的法律条文问题较小，而关于无受害者的犯罪的条文问题较大。

3.3.2 有受害者的性犯罪

对强奸犯罪的重判可以说是中国妇女地位提高的一个标志，在革命胜利以前，下层妇女受到性侵犯的情况极为严重，这一状况在革命成功后已有了根本的改变。

根据霍尼格（Emily Honig）的调查，在20世纪30年代，上海纱厂的女包身工经常受到性侵犯，她访问的一位女工被工头强奸多次，调查对象说，这种事非常普遍。有些女工因为拒绝了工头的性要求遭到打骂。如果女工屈从了工头的要求，就可以得到好活、轻活，如果不从，就会得到重活、脏活，还会丢掉工作。（Honig，108、113、121、144、262）

贺萧（Gail Hershatter）对1900—1949年天津女工生活的调查也发现，女工遭受性侵犯的现象十分普遍，对于那些漂亮的女工尤其如此。因此，当时女工存在找婆家难（结婚难）的问题。即使结了婚也会被婆家人看不起，受害者会为其所受之害而受责备。当时有民间俗语说“好男不当兵，好女不做工”，如果哪家的人娶了工厂女工，他们家就会被别人看不起。女工在工厂受到工头的性侵犯，在上下班路上还会受到男工的骚扰。工头有时把性侵犯当作惩罚手段来使用，如果女工在工作中犯错、偷窃或有病歇班，也会受到性侵犯作为惩罚。（Hershatter，63、160、161、195）

工人的遭遇是这样，农民的情形也相似。在农村，有些恶霸地主随意对农民妇女进行性侵犯。地主常侵犯佃户的妻子和女儿。国民党的军队也有强奸民女的事情。此外，农村还有另一类完全被人们忽略的侵犯妇女人身权利的情况：在打土豪分田地运动中，一些富裕农民阶层的女人被贫苦农民强奸。（Stacey，96—127）

在当今中国，强奸是一项严重的犯罪行为，它的受害者不再具有以前那样明显的阶层特征。犯罪者和受害者的身份都是个人。关于强奸罪的观念也从将其视为对私人财产的侵犯改变为对人身的侵犯。

目前世界各国都有关于强奸罪的法律规定（但历史上并非全有）。对强奸罪的处罚有轻重的差异。从跨文化的比较看，我国的量刑是比较重的，在西方国家，虽然有的国家有长达 30 年的刑期，但是单纯的强奸罪（没有造成死亡的），少有判死刑的。中国本来死刑人数就多（每年执行死刑的人数占全世界死刑人数的比例超过中国人口在世界人口中所占比例），对与性有关的犯罪量刑过重似无绝对必要。

福柯曾提出过一个惊世骇俗的论点：强奸罪应当被视同于伤害罪，而不是性的犯罪。他说：“人可以制造这样一种理论话语，即：在任何情况下性都不应当以任何理由成为惩罚的对象。当我们惩罚强奸时，一个人应当仅仅因人身暴力受惩罚，而不是因为其他原因受惩罚。因此可以说，它仅仅是攻击行为而已：从原则上讲，在用拳头打一个人的脸或用阴茎插入一个人的生殖器之间没有什么区别。”（Foucault，200）他认为把强奸作为一种性犯罪来加以处罚是“有问题的，因为我们等于在说：性在身体中占有更重要的地位，性器官同手、头发或鼻子的重要性不一样。因此在任何情况下立法都必须对它加以保护，围绕着它，关注着它，不可将它等同于身体的其他部位”。（Foucault，202）

如果我们把强奸视同于伤害，福柯的想法就可以成立。这个问题的关键在于性器官是否比身体的其他器官具有更重大的意义。如果性器官和头部一样重要，并不比头部更重要，侵犯性器官和侵犯头部就可视为同罪；如果性器官比头部重要，对侵犯性器官行为的处置就应比对头部的处置重。如果说对头部的侵害要判处 3 年徒刑，我们似乎真的看不出为什么对性器官的侵害要判 30 年徒刑或者死刑。

认真思索福柯的论点，我们的确拿不出性器官比头部或其他身体器官更重要的证据，对性器官的特殊对待和对侵犯性器官的特殊处罚应当被视为一种文化积淀。在这种文化积淀的影响下，我们在人体的各个器官中特别看重性器官，为它赋予了特殊的重要意义。人们对福柯的思想感到的惊骇和意外，完全是来自这种传统的思维方式，是受传统的性话语影响的结果。

近年来，在一些西方国家，儿童受到性虐待的问题越来越引起人们的关注，特别是乱伦的案件，不断被传媒热炒（如美国著名电影导演伍迪·艾伦与养女的关系等），还被大量搬上影视作品。此类案件中多数是侵犯女童，但男童受侵犯的情况也占有相当大的一个比例。

在世界各国对奸淫幼女罪的规定中，一个重要的因素是关于“自愿年龄线”（age of consent）的规定，即儿童被法律认为有决定自己行为的能力的年龄，低于这个年龄，即使儿童自己承认是自愿的行为，法律也不认为它是出于儿童的意愿，因为低于这一年龄线的儿童被法律认定为尚无决定自己行为的能力。与低于自愿年龄线的少儿发生的性关系，无论当事人是否自愿，都视为“奸淫”。这个自愿年龄线各国不同，有的16岁，有的21岁，我国的自愿年龄线是比较低的：14岁。这也许只是历史和文化因素造成的，但是它似乎也表明，我国的法律更尊重儿童作为性主体的权利，而不是把他们仅仅当作随时会陷入危险境地的潜在受害者。这一点很重要，在立法思想上比许多西方国家更先进，是值得我们骄傲的。

目前在西方，出现了关于是否应当废除自愿年龄线规定的讨论。这一提议的理论依据是：承认儿童是有独立意志的性行为主体，而不仅仅是性行为的客体或受害者。提出这一观点的学者认为，近年来对虐待儿童的恐慌使人们在承认儿童是性行为者而不仅仅是性受害者这一点上有所倒退。如果儿童了解到，他们的身体和性是属于他们自己的，应当由他们自己来控制，性不是受禁止的或肮脏的，那么当他们想要接受他们希望的行为和拒绝他们不希望的行为时就会更加自信。在真正受侵犯和受虐待的情况下，那些没有被告知性是羞耻的儿童会更容易揭发此类行为，以利于此类问题的解决。

根据自愿年龄线的法律，一位少女（或少年）无论是否自愿，都没有自愿与成年人发生性关系的权利。主张废除自愿年龄线的人们认为，关于自愿年龄线的法律不仅不能保护儿童，而且会起到相反的作用。因为尽管设立了这一法律，虐待儿童的事还是在发生，结果自愿年龄法的基本作用反倒成了惩罚那些真正出于儿童自愿的行为。比如，西方某国同性恋性行为的自愿年龄线是 21 岁，根据这一法律，一位 21 岁的男青年因为交了一个还有几个月不到 21 岁的同性情人就应当入狱，而这种做法竟然是借着保护儿童免受虐待的名义加以实施的。

16 岁是英国法定的自愿年龄线。在 1991 年，英国家庭计划协会发现，有 35% 的女孩和 46% 的男孩说，他们在 16 岁前有过性交。这一高比例还不包括同性关系和非性交类性活动。根据这一统计资料，的确不可能再认为，不到 16 岁的青少年对性必定是无知的和不感兴趣的。因此有的学者提出：自愿年龄法不承认儿童可以成为性行为主体，因而是错误的。儿童的性表达方式诚然可能会与成年人不同，但他们有时确实有性的需要，无论有没有社会的批准，他们还是会发现他们自己的表达方式。法律试图限制这一行为究竟想达到什么目的呢？我们可能会使他们感到有罪，会影响他们有效地避孕和预防性病，却不能服务于他们的需要。

福柯也是主张废除自愿年龄法的，他认为，自愿年龄法的前提是：必须保护儿童不受自身欲望的侵害，甚至当他的欲望是指向成人时也如此。他指出："在任何情况下，由法律规定年龄界线是无用的。当儿童说他是或不是遭到暴力侵害时，应当相信他所说的话。……确实有 10 岁的儿童主动投入成人怀抱的情况，确实有些儿童是自愿的，他们喜欢这样做，难道没有这种情况？……我想这样说：从儿童不再拒绝的一刻开始，就没有理由

去惩罚任何行为了。”（Foucault，204、277、284）

福柯对于涉及儿童的性行为的观点与他的基本原则相一致，即在任何情况下性都不应当以任何理由成为法律惩罚的对象。如果性以强奸的形式出现，它就不再是性，而是暴力；如果性以违背儿童意愿的形式出现，它也不再是性，而是暴力。它应当以暴力伤害的名义受到惩罚，而不应当以性的名义受惩罚。一切非暴力的、非强迫的、双方自愿的性关系都应当得到理解，都应当被接受。这就是福柯所主张的。

在应不应当废除自愿年龄法的问题上，最重要的原则是要尊重儿童作为性主体的权利。仅仅废除自愿年龄法还不能保证儿童的安全和自由。为达到这一目标，儿童还需要社会和经济力量，以及在生活的各个领域对他们的需要和欲望的尊重。应当尽早教育儿童，他们的观点是重要的，他们的行为是有效的，他们的身体属于他们自己，因此他们可以在心理、经济和肉体虐待发生时保护他们自己。与把儿童性行为的自愿年龄线定在 16 岁、18 岁甚至 21 岁的国家相比，我们国家的法律比较尊重儿童的人身权利和性权利，但是我们的立法思想还远未达到取消自愿年龄法的高度，这是我们的法律有待改良的地方。

3.3.3 无受害者的性犯罪

没有受害者的违法性行为目前在我国有三大类，第一类是制造、贩卖、传播淫秽物品罪；第二类是组织、强迫、引诱、容留、介绍卖淫罪；第三类是聚众淫乱罪。在这三类行为中，前两类即淫秽品业和卖淫业在西方社会一般被视为商业化的性活动，或被称为性工业，而其中的从业人员被称为性工作者。

同西方国家在开放与禁制淫秽品问题上长期争论不休的情况不同，禁制淫秽品的法律在中国从来是“没有争论”的，而且被认为是最“得民心”的。如果说权力对人的禁制在别的问题上不免有点心虚气短，在禁毁淫秽品问题上却一向是理直气壮的。人们根本没有注意到，我国现行刑法中关于制造、贩卖、传播淫秽品的条文与宪法中关于出版自由的条文有矛盾。这种情况同西方反淫秽派与反审查制度派所面临的情况有近似之处。在西方，反审查制度派对主张禁毁淫秽品一派所提出的主要批评就是，他们这样做是违反宪法中关于言论自由的条文的。既然宪法给予公民出版自由和言论自由的权利，就应当真正做到保护公民的这一自由权利，如果宪法与刑法有矛盾，就应当或者修改刑法，或者修改宪法。如果不加修改，就是把法律当儿戏，让人可以有法不依。

这个世界上有很多人和很多事是令人厌恶的，比如说照裸体像，还要去卖给别人；比如说那些淫秽的录像带和淫秽的扑克牌。这些事很不体面，层次很低，为稍微趣味高尚一点的人们所不齿。但是厌恶不可以成为法律的依据。趣味和道德不关法律的事。有人愿意过趣味高尚的生活，听高雅的音乐，看高雅的绘画，读高雅的书，他们当然有权利这样做；有人愿意过趣味低下的生活，听淫秽的音乐，看淫秽的图画，读淫秽的书，他们也有权利这样做。所谓自由就是选择的自由。人有选择高雅的权利，也有选择淫秽的权利。如果不给人选择的权利，就没有自由可言。

事实上，如果你来到中国的某个小城小镇，淫秽品随处可见，淫秽书刊录像比比皆是。这证明了两件事：第一，选择不高雅、不体面的生活的人很多。第二，关于禁止制造、传播淫秽品的刑法条例在那里并没有实行。但是，淫秽品的泛滥并不能证明宪法关于出版自由的条款起了作用，因为每当“扫黄”一来，这些淫秽品还是要被藏起来，等到风声一过，再偷偷摸摸地摆在柜台底下卖。中国人不知道，按照中国宪法的条文，自己也像丹麦公民一样，可以在一家书店光明正大地买一本淫秽杂志，买一盘淫秽录像带。

引诱和容留卖淫都是没有受害者的行为。引诱和容留者、被引诱和被容留者都是自愿的行为者。卖淫和嫖娼的双方就更是自愿行为者了。直到世纪之交，我国将淫媒判死刑的案例还时有发生。由于双方自愿的没有受害者的行为而被处以死刑的情况在当今世界是十分罕见的。如果说一个公民的行为没有侵犯任何他人的人身权利和利益，也就是说，这是一桩没有“苦主”的行为，法律究竟出于什么原因要去惩罚它呢？只能是出于道德的原因：他们的行为虽然是双方自愿的，但是违反了社会的道德。法律在这里又在管道德的事。一个成年人，一个公民难道没有权利选择自己的道德准则吗？如果有人选择去做不道德的事，社会就有权利判他死刑吗？这样的法律只能被认为是野蛮的，不人道的。它绝对不是一个现代社会应有的法律。

中国现行的关于卖淫活动的法律中并没有规定卖淫行为本身是非法的。只有卖淫活动当事人双方之外的第三方，也就是二者的媒介（强迫、引诱、容留他人卖淫者）会受到法律的制裁。但是在刑法之外的“规定”中，卖淫行为要依照《治安管理处罚条例》第 30 条的规定处罚。在研究我国有关性的法律的过程中，我才意外地发现，原来卖淫在我国是不违反刑法的，只能算是一种违反治安管理规定的行为。因此，对性工作者一般不采用判处自由刑的办法，惩罚办法只采用了劳动教养、行政拘留和罚款三种。

根据阮芳赋的观点，中国反对卖淫的原因有三个：其一是为防止性病传播；其二是意识形态原因；其三是政治原因。性压抑是控制一般人生活的策略。无论改革派还是保守派都不敢攻击其他自由权利，但都攻击性自由和性权利，其中就包括商业性的性活动。在所有的自由权利中，性自由和性权利在中国是最脆弱、最容易受到攻击的。其他自由权利不管有还是没有，总没有人敢公开说，它是不该有的。但是性自由权利却是人们敢于公开宣称“不该有”的一种权利。

卖淫问题的确涉及人的自由权利问题，但是中国人从来不会从这个角度提出问题，人们在“有权利”和“没权利”这两种看法中，总是习惯于首先接受“没权利”的看法。这是因为我们从一出生，就生长在一个很多事都没有权利的环境中，所以习以为常，不会再按照“有权利”的思路去想问题。不信你问一个人“人有没有权利按自己的意愿处置自己的身体”，大多数中国人的第一反应准是“没有”。所以在中国才不会有关于妓女权利的讨论，才不会有关于卖淫问题的讨论。人们甚至都没有注意到，卖淫行为本身是不违反中国刑法的。

如果说淫秽品和卖淫两项虽然没有受害者，但却属于商业化的性活动，那么“聚众淫乱”就不仅是无受害者的性活动，而且没有商业性，只不过是一些个人违反社会道德的私下行为。所谓“群奸群宿、聚众淫乱”不过是西方社会正常生活中屡见不鲜的“性聚会”（sex orgy）而已，其中有些与西方 20 世纪 70 年代兴起的一种换偶活动（swing）有相似之处。在西方报刊的广告栏中，经常可以看到希望进行换偶活动的人寻找伴侣的广告，有时是两对夫妇相聚换偶娱乐，有时是多对夫妇进行此类活动。如果他们知道在中国，这类活动的举办者一度要被判死刑，一定会大惊失色。

在此类活动的参与者全部是自愿参与的这一前提之下，法律绝不应当认定为有罪。因为公民对自己的身体拥有所有权，他拥有按自己的意愿使用、处置自己身体的权利。如果有人愿意在私人场所穿着衣服打扑克，他有这样做的权利；如果有人愿意在私人场所不穿衣服打扑克，他也有这样做的权利。不管在场的有几个人。国家法律干涉这种私人场所的活动，就好像当事人的身体不归当事人自己所有，而是归国家所有。如果当事人脱去衣服，损害的不是当事人自己的尊严，而是损害了国家的尊严。这种立法思想本身就是错的，错误就出在个人身体的所有权归属的问题上。在此类案件的判决中，我们应当检讨有关法律的立法思想的对错，使法律成为保护公民权利的工具，而不是伤害公民权利的工具。

聚众淫乱罪的惩罚范围很广，其中甚至包括“女性勾引男性多人，与之搞两性关系”这样荒唐的案例。法律在这里惩罚的实际上是婚姻关系之外的性行为。正如福柯所言，我们生活于其中的社会，人际关系的形式少得可怜。为什么只有一夫一妻制才是合法的？为什么只有在婚姻关系之内发生的性活动才是准许的？按照这两个案例的逻辑，只要性行为发生在没有婚姻关系的人们之间就要受到刑事惩罚。如果严格执行这一法律，大多数公民都应受惩罚——根据不同国家、不同时代的调查统计，婚外性行为一般约为40%。加上不在婚而有性活动（婚前性活动和单身人群的性活动）的人群，当超过人口半数。目前，在我们的社会中，婚前性活动和同居者越来越多，任何严格执行只要不结婚就不能有性关系的原则的企图，都是极为不现实的。在北欧一些国家，婚前性行为能够达到人口的99%，中国虽然没有这么高的比例，这一比例越来越高已成不可阻挡之势。因此，用刑法来惩治婚姻关系之外的性行为的做法会显得越来越荒唐。

此类法律不仅从个人有权利处置自己身体的人权角度看是错误的，而且从女权角度也是不可容忍的。如果说导致某女性入罪的罪名是“勾引多名男性与其乱搞两性关系”，那就引发了如下问题：首先，怎么能够确切知道是女性勾引了男性，而不是男性勾引了女性？在两性的非婚性行为中，双方负有同等的责任，为什么要单方面判女方的罪？如果说这样判决的理由在于这个女人是一个人同多个男性发生性关系，从而获罪，那么又有什么证据证明和她发生性关系的那些男性全都是只有她一个性伴？如果其中的男性有除她之外的性伴，是否也应当按同罪处理？其次，一个女性有没有权利同“多名男子”发生两性关系？这是一个女性的基本权利问题。女性自愿与男性发生性关系的权利应当受到法律的保护，而不是惩罚。

3.3.4 性立法思想

迄今为止，在性法律的立法思想中，最为激进的一种观点就是福柯关于性在任何情况下都不应当受到任何法律的制裁的观点。根据福柯的考证，法国拿破仑三世的法典上根本没有任何关于性犯罪的条文，直到20世纪60年代，法国的性法律才开始转向压抑的方向。福柯指出：“在1787—1788年，革命法实际上删除了所有的性犯罪条文。我确实认为，拿破仑时期的社会虽然在某些方面相当严厉，其实是相当宽容的。”“1810年的刑法极少涉及性，好像性不关法律的事。只是在19世纪，尤其是20世纪，性立法才变得越来越压抑。”（Foucault，206、271—272）

在提出“性不关法律的事”这一性立法思想时，福柯认为只有两个方面有些问题，那就是强奸和涉及儿童的性。但是，如果将强奸视为与伤害身体其他部位相同的伤害罪，如果将违反儿童意愿的强奸也视为伤害，将不违反儿童意愿的性关系视为正常性行为，也就解除了福柯有关性的立法原则的最后两个顾虑。换言之，福柯关于性在任何情况下都不应当成为任何立法的惩罚对象的立论就可以成立。对于传统法律中所惩罚的有受害者的性犯罪条文尚且可以这样来看，对于没有受害者的所谓“性犯罪”行为就更可以作如是观了。

福柯的观点虽然看上去过于激进，过于惊世骇俗，但仔细想想，是完全可以自圆其说的。它就像萨德（Marquis de Sade）的小说一样，有一种振聋发聩的力量，使人为其中所包含的自由精神所震惊。它使我们感到惊愕，正是因为我们一向按照传统的规范来看问题，想不到越过这些规范，原来对事情还可以有另一种看法。萨德认为，没有任何一种性行为方式是不可以的，是错误的，或者是病态的。按照福柯的思想，任何一种行为，如果它在性的范畴中，它就不是犯罪，不是伤害；如果它是犯罪，是伤害，是强迫，是暴力，那它就不再属于性的范畴。因此，性的一切方式都是应当允许的，性的一切方式都不应当成为法律惩罚的对象。

长期以来，人们已经习惯于针对性行为的惩罚性法律，认为它是天经地义的。由此，我们可以看到，习俗和话语是在如何塑造人们自以为“自然而然”的观点和看法，它们是如何控制了人们的思维和分辨是非的能力，它们又是如何压抑了人们的自由思想的。这种思维的定式使我们不敢相信历史上还有过不同的做法，更不敢想象在将来对这样的事情的处置方法有其他的可能性。

福柯所反复论述的权力在我们每个人身上的运作过程，在如何处置性犯罪的问题上可以看得再清楚不过。我们甚至都不会觉得在这个问题上是权力让我们这样想的，而误以为这完全是自己经过独立思考得出的看法。福柯的深刻之处就在于此，是他告诉我们：不是别人剥夺了我们的自由，是我们自愿被剥夺了自由思想的权利，权力就是这样来建构我们的主体的。如果我们要想证明自己还是有独立思考能力的，就让我们在习俗的思路之外自由地思考一下：福柯关于性在任何情况下都不应当成为任何立法的惩罚对象的观点有没有一点道理?

与福柯的设想相比，中国的性法律实在是过于严厉，道德惩诫的性质也过于明显了——一群少男少女的游戏或一群成年男女出于自愿的性聚会既不伤害社会、他人，也不伤害他们自身，社会干涉这类行为的理由显得极不充分。这种干涉的唯一后果是使法律变成某种道德的工具，从而伤害法律的形象本身，也伤害社会生活的轻松气氛，特别是伤害这些案件当事人的自由权利：难道在 21 世纪的今天，他们还像中世纪的人那样没有处置自己身体的权利?难道作为一个成年人，他们还没有自主决定自己性行为方式的权利?

福柯在批判当代性立法思想时指出："新的刑法和立法体系的功能不是去惩罚与尊严有关的犯罪，而是去保护那种被视为特别脆弱的人口或人口的一部分。换言之，立法者不是以下列说法作为评判的标准，即：人类的普遍尊严必须加以保护；而是说：对于一些人来说，另一些人的性成为永存的危险。……我们将拥有一个危险的社会，其中一方是面临危险的人，另一方是危险的人。……性将成为对所有社会关系的威胁，在所有不同年龄群的关系中，在所有个人的关系中。"（Foucault，276—281）法律的目标应当是保护人类的尊严，而不是伤害人的尊严。当一些人在强奸行为中成为受害者时，法律以保护受伤害者的身份出来说话，惩罚强奸者的伤害他人身体罪。强奸是违背他人意愿的伤害，它不是性。按照这一逻辑，除了我们过去以为算作性行为的强奸行为之外，人类的一切性活动应当不关法律的事。如果我们的社会能够接受这样一种性立法思想，对我们的社会只有好处，没有坏处。

目前，世界各国不仅都有制裁"性犯罪"的法律，而且有些国家对性犯罪的惩罚比对其他类型的犯罪的惩罚要重。将对性与非性犯罪法律量刑的轻重两相比较，我们可以得到各国性与非性犯罪量刑的比重如下：

各国性与非性犯罪法量刑标准最长刑期比较（年）

罪名＼国家	英国	法国	意大利	日本	瑞典	德国	美国
强奸	30	20	10	15	6	15	18
奸淫幼女	16	10	10	15	4	10	16

乱伦	7	20	6.5	无	2	3	10
纵火	30	30	7	15	8	10	14
抢劫	30	30	10	15	6	15	14
盗窃	10	10	3	10	2	5	8
比重（性 / 非性）	0.76	0.71	1.33	1.13	0.75	0.93	1.41

（Posner，75、77）

从上表看，美国、意大利和日本依次是对性犯罪量刑比非性犯罪量刑要重的国家；其余四个国家性犯罪量刑比非性犯罪量刑要轻，我们一点也不意外地发现：法国是性犯罪量刑相对于非性犯罪量刑最轻的国家，其次是瑞典、英国和德国，虽然从刑期的绝对长度看，英国和法国是最重的。用同样的方法将中国的情况与国际社会加以比较会得出怎样的结论？

中国性与非性犯罪量刑标准比较

罪名	刑罚
强奸	一般：3 年以上 10 年以下；特殊：10 年以上，无期徒刑，死刑
奸淫幼女	一般：3 年以上 10 年以下；特殊：10 年以上，无期徒刑，死刑
乱伦	无专门条文，视同奸淫少女罪
纵火	一般：3 年以上 10 年以下；特殊：10 年以上，无期徒刑，死刑
抢劫	一般：3 年以上 10 年以下；特殊：10 年以上，无期徒刑，死刑
盗窃	一般：3 年以上 10 年以下；特殊：10 年以上，无期徒刑，死刑
比重（性 / 非性）	1.00

从上表可以看出，第一，中国的性犯罪量刑与非性犯罪量刑没有区别；第二，中国各类犯罪的量刑全都比前面提到的国家要重；第三，中国对同一罪名的量刑轻重幅度大于西方各国。

分析我国性与非性犯罪的量刑的现状可以看出，中国人并不觉得性犯罪比非性犯罪更严重或者更不严重，对二者一视同仁。但是法律中关于性犯罪的条文，尤其是关于无直接受害者的行为的规定，有许多明显的弊病，应当加以改良。中国的法律比西方量刑严厉得多。一个国家实行严刑酷法的利弊在这本关于性学的书里不便加以评论。但是如果我们关于性的立法思想能够稍微考虑一下福柯的立论，就会感到一种强烈的反差：在福柯那里完全不关法律的事的性，在我们这里有时要判死刑、无期徒刑或 3 至 10 年的徒刑，比如说一群成年人自愿聚在一起性交这样的行为。

有西方学者将性道德的变化分为三个阶段：在第一阶段，人类的性活动处于自由散漫的状态，卖淫、通奸和同性恋都不算不道德行为。在第二阶段（从纪元到 20 世纪中期），只有婚内的性活动才是道德的。在第三阶段，人享有完全的性自由。第一、三两阶段的区别在于，第一阶段只有男性享有自由，第三阶段女性也享有自由。（Posner，173—174）

按照这个三阶段划分法，第二阶段的代表性人物和性法律是 19 世纪下半叶的美国人康斯托克（Anthony Comstock）及其所创之法，人称康斯托克法（Comstock laws）。这是一部对性持严厉态度的法律。康斯托克生于 1844 年，在 1873 年竭力促成了美国的反淫秽法案的通过。法律禁止在美国邮寄淫秽色情出版物，禁止淫秽广告，禁止传播避孕信息。他在美国邮政总署任职，以推行他的康斯托克法。他工作热情极高，在任期间，共监禁了

3600 个违反公共体面的罪犯。他不仅反对淫秽色情品，还反对堕胎，反对彩票，反对夜总会，反对艺术家画裸体模特儿，反对自由恋爱。一言以蔽之，他反对他那个时代所有与众不同的观念。他反对妇女解放运动，迫害女权主义者，曾试图禁演萧伯纳描写卖淫的戏剧《华伦夫人的职业》，作为对他的报偿，萧伯纳创造了康斯托克主义（Comstockery）一词。康斯托克死于 1915 年，以一个试图通过法律手段提升人的道德的象征性人物的形象载入史册。康斯托克主义在美国一直阴魂不散，直到 20 世纪 80 年代还掀起了一次大回潮。他是政治组织“道德大多数”（Moral Majority）的先师圣贤。（Hyde，634）以康斯托克主义为鉴，我们应当检讨我国的性立法思想，避免落入以法律提升人的道德的陷阱。

在人类的立法思想史上，有道德论者（moralists）和因果论者（causalists）的两种思路：对于道德论者来说，某种活动只要按传统观念看是错误的、不道德的或邪恶的，就有足够的理由禁止这一活动，比如同性恋活动或堕胎行为。法律的目标，比如关于离婚、堕胎或私生子女的法律的目标，就是为了区分有罪与无罪的行为，惩罚有罪，保护无罪；惩罚邪恶，奖赏美德。因果论者则主张，如果对某种行为的法律禁止比起允许这种行为会造成更有害的后果，那么就应当允许这种行为，即使这种行为是错误的或不道德的。道德论者的目标在于根据道德标准奖惩当事人（如在离婚案中）；因果论者的目标则是最大限度地减少当事人所受的伤害，无论他们的道德状况如何，他们的行为是什么样的。从我国与性有关的现行法律来看，道德论的立法思想的味道过重，而较少考虑如何减少当事人所受的损害，较少考虑法律处罚对当事人所造成的后果。

因果论方面的一个典型代表就是英国1957年的沃尔芬登报告（Wolfenden report）。在西方近几十年的法律改革实践中，英国的沃尔芬登报告产生了重大而深远的影响。沃尔芬登报告的一个主要思想就是法律不应当管道德领域的事，相信成年人有自己做出道德选择的能力。沃尔芬登报告提出了一个基本的立法原则：道德问题不应当属于法律制裁的范畴。它的一个基本思想是：成年人有选择和规范自己的道德的能力。

在沃尔芬登报告的影响下，许多性行为在世界上许多国家和社会中实现了非罪化。在美国，有19个州改变了性法律，使成年人之间自愿的私下性活动不再成为法律关注的对象。一些州通过了禁止歧视同性恋的立法，而在这一法律变更之前，同性恋在这些州还属于重罪。口对生殖器接触一度被放在鸡奸罪（sodomy）范畴内，现已被美国最高法院列为法律不得干涉的性隐私行为。（Gebhard，转引自Armytage等，53）在英国，同性恋和卖淫非罪化的法律改革已经完成，香港跟随英国法律也实行了同性恋和卖淫的非罪化。

在金赛报告之前，人们主要是从医生和犯罪学者那里得到有关性犯罪的信息的，这也成为当时人们关于性的信息的主要来源。当时的性学研究者也经常以性罪犯与正常人的差异为题做研究。金赛报告的发表导致了性罪犯概念的巨大改变，许多性行为被正常化了，法律开始受到修正，开始区分有受害者和无受害者的性犯罪。

影响到各国性法律改良和现状的因素是多方面的，其中最重要的几项是：女性解放运动，它强调女性性权利和女性性快感；

同性恋解放运动，它为同性恋者争取平等的公民权；性治疗师的工作，例如治疗时所使用的色情影视材料对淫秽品法的改良起到促进作用；性替代者的工作，如性治疗中的示范者严格讲与聚众淫乱法有冲突，因此会促发相应法律的改革；性教育教师的工作，如性教育与淫荡法规发生冲突，从而促进性法律改革；淫秽品的普及；堕胎合法化。目前，世界各国都在经历性法律从传统原则到现代原则的改良过程，一些新的法律更凸显了保护性少数派的趋势，例如西方各国近年来陆续批准了关于同性恋的反歧视法律以及同性婚姻法案。对性活动的其他严刑峻法也有柔化的趋势。这应当说是社会文明程度提高和性压抑程度降低的表现。

在当今世界，各国都在探索改革有关性的法律的途径。一些法律学家建议，关于性的法律只应包括三项内容：其一是禁止暴力行为（包括采用强迫、胁迫或欺诈手段的行为）；其二是禁止成年人对儿童的性剥削；其三是制止扰乱公共秩序的性行为。（Gebhard，转引自 Armytage 等，54）在我心目中，性法律改革的最高境界就是福柯所反复论述过的：任何形式的性行为都不应当受到任何法律的惩罚。强奸和对儿童的性侵犯可以视同于伤害罪加以处置。性不关法律的事。它或者属于道德的范畴，或者属于人们可以自由选择的生活方式的范畴。而法律不应当干涉道德范畴之内的事，更无权干涉人们自由选择的生活方式。

3.4 性与文化

人类的性动机可以被高度概括为三种：生育——繁衍后代；关系——建立与另一人的亲密伴侣关系；娱乐——享受身心的快

乐。在不同的文化中，这三种动机被置于不同的地位，给予不同的评价，赋予不同的价值。

对性生活模式的比较分析表明，某个社会的性道德、性习俗实际上是非常巩固的。我们现今的性模式绝不是可以任由我们自己创造或改造的，在任何一种文化中，它都深深地植根于历史中，植根于某些深层的思想观念中。中国人现代的性观念就带有古代性文化的印记，例如阴阳和合的观念。在中国古代的男女关系观念中，阴阳和合是一个最重要的思想，它是性，是爱，也是生育的源泉。在阴阳的结合中，新的生命被孕育。中国的性文化认为，阴阳两极的原则在自然界不仅存在于动植物之中，也存在于所有的对立力量之中，存在于天与地、夜与昼、灵与肉之中。英美现今的性态度则来源于旧约圣经时代或更古老的时代，来源于那时人们所信奉的宗教哲学。过去几十年间所发生的变化，只涉及对于性行为的态度和道德观念的一些细节，某一文化中人的性行为模式和基本观念并没有真正改变。

从性文化的一些细节中，可以看到这种文化所造成的差异。例如，对于接吻和性交的关系，不同文化就有着不同的观念。对190 个社会进行的调查表明，只有 21 个社会认为口唇接吻是性前戏，只有 13 个社会把接吻和性交结合起来。口交在南太平洋岛国社会、亚洲工业化国家及西方社会是常用的性唤起手段，而在非洲（除北非地区）却被看作是一种不自然的怪异行为。（克鲁克斯等，147）

割礼习俗也因文化不同而异。早在公元前 2040 年，就有画作描绘过割礼。在很多西方国家，实行割礼习俗的动机最初是为了防止手淫。在 20 世纪，有些西方国家对青少年实行的割礼竟能够达到 100%。由于大规模的反割礼运动的出现和普及，美国实施割礼的比例下降至 59.5%，西部各州下降至 35.5%。（Money，1997，54）

除了与民族国家联系在一起的文化环境之外，在一些封闭的环境中，会形成一时性的性亚文化。例如，在 1913 年，一位医生提出：一种特殊的性行为形式常见于少年犯罪管理所的女孩当中，那就是在白种女孩和有色人种女孩之间发生的性行为。这种特殊形式的同性恋关系的特点是，性别区分在这个特殊环境中被皮肤颜色的区分所取代。（Bland 等，223）

在性学的研究中，人类学家和社会学家对人类丰富多彩的性文化做过大量的观察与研究。以下是其中比较著名的几个文化个案研究。

3.4.1 特罗布里恩德文化个案

马林诺夫斯基调查过特罗布里恩德群岛文化中的性观念和性习俗，这是坐落在新几内亚东北部的一组珊瑚群岛，岛上土著属于巴布亚－美拉尼西亚人。在那里，人们过着只知其母不知其父的生活。女性在部落生活中占据重要地位，甚至在经济、礼仪巫术活动中也起主导作用。继嗣、亲属关系和每种社会关系，都只通过母亲合法推算。当地法律制度的最重要因素是认为，唯有母亲造就子女身体，而男性与此无关。该文化中的亲子观念认为，子女只与母亲有血缘关系，与父亲并没有生理上的关联。

特罗布里恩德人在他们的两性关系中毫无拘束。人们在很小的时候就与性有了接触。这些早年发生的性行为发展到成年时期就变成了多少有些稳定的私通关系，最后则发展成永久性的私通关系。

这一文化中的性道德和性风俗有如下特征：

土著人认为，性行为如果是在私下进行的，就都不应该受到指责。限制性自由的规范以及对违反规范的人进行的惩罚可以分为两类：一般性禁忌，它把某些性行为的形式列为不得实行的；特殊性禁忌，它禁止某些个人和团体进行性接触。

一般性禁忌包括下列内容：

（1）性冲动的偏差和性变态，包括同性恋、兽交、裸露癖、口交和肛交。在土著人看来，用这些行为代替性冲动的正当满足是有失体统的，而且是卑鄙可耻的。通过所谓心理的约束，土著人全然与上述行为绝缘。性变态遭到讥笑，成为人们抨击和戏谑的对象。由于人们采取这种态度，性变态不仅被认为大逆不道，而且实际上难以实行。

（2）性问题上的公开性及有失检点的行为。公开进行性行为和性挑逗在部落生活中极为罕见。不注意避开公众、为满足好奇心理暗中窥视他人做爱的任何企图都是见不得人的勾当。

（3）性放纵。对男女两性来说，性贪婪的表露或者是不顾廉耻地寻求异性都被视为下流无耻的行为。

（4）缺乏兴趣。土著人认为，没有任何人能够或愿意同面目丑陋、令人反感的人做爱。同一个身体令人生厌的人进行任何身体接触都是一件糟糕、可鄙的事。

（5）各种细微的禁忌。比如在战争、海上探险、园艺以及巫术仪式中，禁止性交，禁止与异性接触。在怀孕期以及哺乳期，男性是不准接近女性的。

（6）外婚制。在崇拜同一图腾的氏族里，性交和婚姻是不允许的。不论是氏族的、亚氏族的或被证明有血缘关系的，都受到外婚制的限制。

（7）家族和家庭内的禁忌。父亲不是其子女的男性亲属。父亲和女儿间的性关系是遭到绝对禁止的，同自己亲生母亲以及亲妹妹的乱伦比同自己的堂姐妹的乱伦引起更大的义愤。

（8）通奸的禁忌。

（9）法律上亲属关系的禁忌。一个男性同其岳母进行性交是完全错误的行为。男性也不应该同他妻子的姐妹或同他兄弟的妻子有性爱关系。妻子去世，同她的姐妹再婚虽然不受禁止，却也遭人冷眼。

（10）维护酋长特权的规定。禁止与已经同首领结婚的女性通奸。

（11）等级的障碍。一个基本原则是，高等级的人不能与平民百姓相匹配。在婚姻问题上，这条规定只在贱民的社会中得到严格遵守。他们不得不在族内通婚，因为其他村庄没有任何男性和女性愿意同这些居民中的任何一个人缔结永久的婚姻。一个高等级的女性会深以同低等级的人通奸为耻。

（12）对通奸行为的几种限制。通奸者如果被当场抓获，就有被杀之虞。这将在法律上被确认为罪有应得。在对付一个有通奸嫌疑但却未被当场捉到的男性时，巫术被派上用场。但是，同其他性冒犯不同，人们不会因为通奸和情场得意而感到耻辱或违反道德。恰恰相反，他们招人羡慕，这就为道德上的罪人罩上了一个近乎悲壮而荣耀的光环。

在这一文化中受到责难的性变态倾向包括兽交、同性恋、恋物、露阴、手淫和鸡奸等。被视为性变态的不同类型包括：

（1）同性恋。这种性冲动的倾向如果确实存在于特罗布里恩德人中，也只能在它的比较精神化的表现中发现，即在情感和精神的友谊中发现。对男孩来说，与同性朋友互相拥抱、睡在同一张床上、搭肩膀走路是习俗中所允许也经常出现的现象。在这些土著人用身体接触自然表达出来的个人友谊中，显示出强烈的偏爱。如果把同性恋定义为通过有规律地与同性进行身体接触达到泄欲的目的，则特罗布里恩德岛人中的男性友谊就不是同性恋了，这种同性恋在岛上也没有广泛的实践。在白人统治下，许多土著人被关在监狱、传教点和种植园棚屋内。两性被分开使正常的交流成为不可能，这就创造了一种有利于同性恋的条件。土著人直言不讳地承认，同性恋从前就发生过，但总是坚持只有理智不健全的人才干那种事。

（2）兽交。这种行为被嘲笑为不洁和不得人心的权宜之计，比同性恋还要荒谬好笑。很明显，在一个有图腾的民族中——那些宣称与野兽有姻亲的人，把猪作为家庭中的一员对待——兽交被认为是一种肮脏和不自然的行为。土著人一致认为狗比猪讨厌，它是不洁的动物。

（3）虐待狂和受虐狂。对于那些残忍的爱抚方式，如抓、咬、刺，男性在很大程度上必须比女性更能忍受。这些性行为的要素在土著人的调情中是不可缺少的。另一方面，鞭打作为一种性爱实践还不为人们所知，主动施暴或被动受虐本身可以导致快乐、泄欲的观点，不但令土著人费解，而且被认为是荒唐的。

（4）口交。这种行为可能存在于调情的亲密气氛中。

（5）手淫。土著人认为，这只是那些不能讨女性欢心的男性才干的事。因此，这种实践被认为是有损尊严和男性不屑干的行为，但人们以一种完全宽容的方式谈起它。对女性手淫也采取这种态度。

（6）露阴癖被认为是最可笑、最讨厌的行为，这种兴奋和欲望只须对性器官的窥视和暴露就能满足。土著人的性欲比现代人要弱，他们的性想象力是迟钝的。他们认为，性高潮的满足需要强烈的身体接触和性温存。（本节引自《西方性学名著提要》第251—275页）

3.4.2 萨摩亚文化个案

米德著名的萨摩亚文化调查表明，孩子的生养在那里是毫无秘密的，人们可以随便观看孕妇分娩的过程。萨摩亚人十分重视孩子的出生，甚至举行专门的仪式予以庆祝，但出生之后便不再引起兴趣。孩子的实际年龄可能谁也记不住，但相对年龄却事关重大，因为在社会等级取代长幼顺序之前，年长者总是具有支配年幼者的权力。

在萨摩亚，刑法中没有涉及女性的条例，通奸中的男方会遭到严厉的刑罚，而女方则至多受到象征性的惩罚。这和现代社会对待女性的态度形成鲜明对比。在社会交往中，男性占有主导地位，但在大多数日常事务中，女性和男性起着同样的作用，尤其是最为年长的女性前辈，拥有多种权力。尽管女性在家庭狭小的天地里和亲属群体中消磨了一生，但是当她们参与社会事务时，人们仍然按照各种礼仪对待她们。在女性被赋予了同样机会的社会领域中，她们体现了和男性相同的能力，发挥着积极作用。

在婚前的两性关系中，萨摩亚人遵守着做爱的习惯，但是却不相信浪漫痴情的爱情故事，他们坚信新的爱情会很快消除以前的痛苦。在萨摩亚，一夫一妻制、排他性、嫉妒和忠贞纯属子虚乌有，他们将婚姻视为社会、经济的安排，重要的是财富、等级、丈夫及妻子的技能。由于萨摩亚的婚姻都是基于利益关系，不存在两性感情的复杂情况，这就使得婚姻幸福成为一件很简单的事情，合适和便利成了决定的因素。就连通奸这样的事，也可以用一张精美的草席和简单的赔罪来化解。如果夫妻的一方对另一方感到厌倦，离婚是一桩极为简易而不正规的事情，只需一方回到自己的家中，他们的婚姻关系就自动解除了。这是一种非常脆弱的一夫一妻制，经常有第三者插入，而分手比第三者插入更为经常。女性在自家的土地上也有占有权，这就使她同丈夫一样独立。因此，无论婚姻长短，双方都不会感到真正的不快。只要有一点口角发生，女方就回到自己家，如果丈夫不想抚慰她，那么，双方尽可另觅新欢。

萨摩亚儿童对性也颇有见识。由于人们在住所里仅用蚊帐遮挡已婚夫妻，青年恋人经常在夜晚的棕榈树下幽会，孩子们不可避免地常常目睹成人的性交，在棕榈丛中搜索情侣则成为公认的一种娱乐方式。在萨摩亚，人们由于衣着稀少，洗澡和排泄也不具备真正的隐秘性，孩子们对人体的各部分及其功能了如指掌。他们对性的本质也有生动的理解，手淫和同性恋是司空见惯的现象，文化对此并不加以严格的禁忌。但是成年人一旦开始与异性的性活动，手淫和同性恋就基本绝迹了。成年人对性生活细节的态度可用一句话表达，即它不登大雅之堂，但并非错误。

在萨摩亚没有私生活，没有羞耻感，孩子们津津有味地使用所有在礼貌用语中予以禁止的词汇。虽然儿童对性知识颇为熟悉，但在青春期的青少年中却没有任何异性性活动经验，也很少存在模仿或替代异性性活动的同性性行为。这是因为少男少女之间一直存在着强烈的性别敌对情绪，以及严禁其性交的禁令。

宗教权威人士极为否定婚前性行为，但教会学校严格监视的结果，只不过把性体验向后推迟了两三年而已。到二十二三岁还未婚嫁的姑娘，其言行举止都会有所收敛，不像以前那样放任。她们在从事着繁重的劳动的同时，也会对自己的婚姻大事焦虑不堪。

对于新婚夫妇而言，不需另立门户，可以随便在双方户中居住。人们不把夫妻当成一个整体来看待。第一个孩子出生以后，孩子们接踵而至，人们不再给予过多的关注。二十到三十岁的年轻已婚女性，除了日常劳动之外，再也没有更重要的事情了。如果丈夫逝世，她们也许会再嫁，但后夫的等级只能比前夫低。

萨摩亚的性关系十分随便，并不带有深厚的感情，出于经济利益和社会地位考虑的婚姻易结易解，绝不会缠缠绵绵，难分难舍。虽然萨摩亚姑娘从未体验过浪漫的爱情，但也不会饱尝老姑娘的痛楚，同时她们也不会因为婚姻没有如愿以偿而心灰意懒。而在英国和美国，到处是带着失望表情的不育不婚女性。

在萨摩亚，性本身成为一种目的，而不是一种手段，性的价值就在于性行为本身，任何用性来把一个人与另一个人束缚在一起的企图都为人们所鄙视。人们对性、对性的各种情形与因果一清二楚，因而他们能根据性的真正价值来判断性行为。人们对手淫、同性恋以及异常行为既不鼓励，也不取缔，多种多样的性生活形式，使他们不至于产生任何纠缠不清的犯罪感。而正是这种犯罪感，常常成为现代社会中许多人适应不良的原因之一。萨摩亚人提供了这样一种文化氛围：性感缺乏以及由于心理紧张造成的阳萎都是不存在的，这使他们总能在婚姻中建立一种能够令人满足的性生活。（本节引自《西方性学名著提要》第 276—297 页）

3.4.3 中国文化个案

荷兰学者高罗佩的《中国古代房内考》一书考察了古代中国性文化的诸多特征。据他的考察，女性在中国社会中占据着统治地位，古老的神话传说认为女性有着特殊的神力。而更重要的是，中国的房中书把女性描绘成房中术的掌守人和一切性知识的所在。所有论述性关系的书都把女性当作伟大的传授者，而把男性当作无知弟子。这种思想深深影响了中国人对性问题的思考，即认为女性是伟大的母亲，她们不仅养育自己的后代，而且也恩泽其配偶，使中国人在性行为中仰赖女性无穷的供给而延年益寿。道教文献中的神秘术语如“谷神”和“玄牝”，在道家讲房事和方术的书中原意恰为“子宫”和“阴门”。“女性－子宫－地－创造力”之联想比“男性－男性生殖器－天－创造力”之联想要更古老。

古代中国人广泛使用带插图的房中书，这些书教男性怎样与女性保持和谐的性关系而长寿多福，宜其子孙。中国古代的房中书中常提到三位女性：素女、玄女和采女。这是传说中的三位传授房中秘术的女性。素女是黄帝时代的女神，擅长音乐，黄帝听她弹奏瑟，就感到心旌摇荡。玄女是黄帝之师，黄帝灭蚩尤，她曾为其作神鼓。据此，中国文献常把性交说成是“战斗”，将性交过程讲得如战场上军事行动般绘声绘色。“采女”这个名称在汉代指一种下等宫女，后世也把她说成是黄帝时代的女神。根据对汉代房中书的考察，汉代曾有许多以黄帝与他的女老师问答的形式写成的房中书，这些书皆附有表现各种性交姿势的插图。这些书非常出名，书中的方法被夫妇双方（它们是新娘嫁妆的一部分）和与舞女交往的男性广泛实行。这些书不仅教男女如何在性关系中始终做到相互满足，而且也教男性如何通过性交抑制达到强身健体、益寿延年的目标。

在中国古代的性生活中，两性隔离的原则远没有后来儒家道德实行得那么严格，已婚女性享有很大自由，而未婚女性自由度最小，处女的贞操是将来作为妻子的必要条件。当春天来临，农家都从冬季住所迁至田野，村社组织春节的庆祝。届时少男少女乃一起跳舞、轮唱、踏歌。所有这些歌几乎千篇一律都与生殖崇拜有关，并常常带有不加掩饰的色情性质。每个青年男性都挑选姑娘，向她们求爱，并与她们交媾。男欢女爱持续于整个夏季和秋季，并且在这些家庭搬回冬季住地之前，被人们（也许是村中长者）以某种手续使之合法化。合法的标准恐怕是看姑娘是否怀孕。姑娘可以接受或拒绝求婚者，也可以接受之后又改变主意，而男青年也有同样的自由，遂使平民女性通常比高等级的女性享有更充分的性生活。

在古代中国人的生活中，有一本经常被引用的、非常重要的书——《易经》。由《易经》发展而来的理论对中国性观念的发展有着决定性影响，它只是用阴阳两字就把古已有之但又表达不清的两性关系归结得清晰明了。《易经》强调，性交是一切生命的基础，它是阴、阳两种宇宙作用力的体现，书中所谓“一阴”“一阳”指的就是一女和一男。《易经》认为，古代占筮中第六十三卦象征性交，这一卦阴阳交错，排列有序，生动表现了男女相成相益的高度和谐，而这种和谐是保证性生活健康的基础。《易经》是用阴阳对立的思想表现性交，这种象征手法取代了古老的以自然现象表现性交的方式，如“云雨”，它是指天地在暴风雨中交媾，而这种说法直到今天仍然是性交的标准文言表达。

最初，古代中国人对女性生殖器的生理功能并没有明确概念，他们不懂受精是男性的精子和女性的卵子相结合，他们把卵子和所有子宫、阴道分泌物当作阴气，且是取之不竭的，而男性的精液数量有限，所以，为了使阳气充沛，男性应经常和不同的女性同居而并不射精，而女性用阴气来补充他的阳气。

人们认为，性交有双重目的。首先，是为了受孕生子，绵延种族。其次，是为了让男性采阴以壮阳，而同时激发女性的阴气而达到强身健体的目的。男性应在女性最可能受孕时行房射精，古代中国人认为这一时间是月经之后的第五天，而在其他日子里，男性应设法使女性达到性高潮而自己却并不射精。

古代中国人认为，男性的手淫是不允许的，因为这意味着会使元气尽失，而女性手淫因为其阴气被认为是取之不竭的，因而人们对此持宽容态度。同样，人们对女性同性恋也非常宽容，而男性同性恋在汉以前却很少见。对于性交的预备和辅助活动，古代中国人也认为是必不可少的，并在各种房中书中为男性提供详尽的指导。这种指导是严肃的，而非娱乐式的。嫖妓被认为是男性的合法消遣，妓女是得到社会承认的合法职业，与妓女交往是单身男性和已婚男性都有权进行的娱乐。另外，古代房中书和医书非常强调优生，包括细致入微地讨论产前产后护理。

中国人认为性行为是自然秩序的一部分，性交是每个男性和女性的神圣职责，所以性行为从来和罪恶感及道德败坏不相干。

中国古代性生活从总体上讲是一种健康的性生活，显然没有其他许多伟大的古老文化那样充满罪恶感和堕落感的心理变态。

儒家学者们非常强调两性隔离的古老原则，认为行为放荡会对家庭稳定和嗣统绵延构成严重威胁。其总的原则是夫妻之间的肉体接触应严格限制在婚床之上，一旦离开婚床，就应该避免一切直接或间接的接触。然而，尽管如此，儒家并没有像中世纪的基督教会那样，“憎恶肉欲”“憎恶女性”，反而，他们认为女性自有女性的权利，其中之一就是满足其性欲的权利。在床上丈夫必须关心他的女人，在性问题上如果有任何一个疏忽都是大错。

道家的性修炼是中国性文化的一种颇具特色的做法。儒家强调优生和得子，而道家强调以性修炼来延年益寿和获取长生不老之药。道家认为，人可以通过各种修炼达到寿命的延长，性修炼即是其中之一。他们把女性视为炼丹鼎，把卵子视为朱砂，把精子视为铅，把性交视同朱砂、铅、硫磺等不同成分的混合，把性交技术视如火候。人们性交就如同炼制长生不老丹一样，是为了追求生命的延长。同时，道家还认为性交对男女都具有神奇的力量，男女靠此增强元气，双方分享性修炼带来的益处，这种观念在许多不同时期对中国人极有煽动力，以致成为许多全国范围的宗教运动和政治叛乱的根源。有些鼓吹以群交方式进行性修炼的道教派别使参加者陷入一种神秘的狂热，竟然相信自己在战斗中会刀枪不入、战无不胜。以道家性修炼为基础的全国性的宗教运动黄巾起义是最早的一例，它对推翻东汉王朝起过重要作用。

在中国古代，普通百姓中反常和变态的现象较为少见，性交中男性施痛苦于女性的情况在房中书中丝毫未见，在色情文学中也很少碰到，但女性对女性施行性虐待的情况则经常提到。另外，女性同性恋相当普遍，并被人们容忍，人们认为女性同性恋关系是闺阁中必然存在的习俗，甚至当它导致为了爱情的自我牺牲时，还受到人们的赞扬。

古代中国房中书都是属于指导正常夫妻性关系的书，其对不断更换性伙伴的提倡，也是出于对健康的考察。房中书中所强调的总的原则是和谐一致，双方满意，这一点现代医学也是同意的。从古代到明代，中国人的性生活尚未受到过明显的压抑。高罗佩认为，明朝是中国性观念的最后标本，随着明帝国的崩溃，这些情男欲女的寻欢作乐便销声匿迹，性已日益成为一种负担，而不是欢乐。人们把凡与性关系有关的东西和闺阁中事都当成严格的禁忌，这种心理随之成了中国人在此之后400年里性观念的特点。

清朝末年，大批西方人进入中国。在他们眼中，中国人的性是不健康的，中国人对性讳莫如深，女性居藏深闺，男女授受不亲。可是当高罗佩的《中国古代房内考》面世后，西方人齐声惊叹中国古代性文化的发达。当中世纪西方人将性视为罪恶时，中国的房中术将它视为“天下至道”；当西方人将女性视为生育工具时，房中术却充分注意到男女的性和谐。这些既是中华民族智慧的表现，也是华夏文明源远流长的明证。（本节引自《西方性学名著提要》第298—322页）

3.5 性与道德

世界上不同的文化和不同的时代有不同的性道德，高度概括起来却只有两大家：反性的道德观与褒性的道德观。

3.5.1 反性道德观

反性道德观的渊源在于禁欲主义。禁欲主义的源头可以追溯到古希腊人芝诺（Zeno of Citium）。他在公元前 4 世纪创立的斯多葛学派认为：通过压抑情绪波动，不计较个人享乐与痛苦，用忍耐所获得的贞洁是最高的善行，最完美的事业。基督教的禁欲主义思想家认为：肉体是内心罪恶的证据；女人的全身和男人的腰部以下都是魔鬼的杰作；性欲的满足是“俯身试毒”；婚姻则是“生命的玷污和腐蚀”；性交是令人作呕的，是污秽而堕落的，是不体面的，是不洁的，是可耻的，是一种玷污。（坦娜希尔，155—156）

在基督教、佛教的教义中也都可以找到禁欲主义的反性的成分。在基督教未产生以前，人们并不特别反性。在原始宗教中，原有褒性的成分，例如生殖器崇拜等信仰。后来，由于基督教和佛教的流行，反性的成分战胜了褒性的成分，禁欲主义成为宗教的主流。基督教，尤其是圣保罗的思想，为人们灌输了一种新的婚姻观，即婚姻的存在并不是为了生儿育女，而是为了防止私通之罪。性交只能是为了生殖目的发生在婚姻之内的一种行为。他认为一切性交都是罪恶的，就连婚姻内的性交也不例外。即使是婚姻内的性交也是一件阻碍人得救的勾当，是一桩人类为了传宗接代不得不为之的罪恶，私通则更是该入地狱的重罪。那些结了婚的人或许还是可以得救的，而那些不肯悔悟的私通者却注定无法得救。他强调克服肉欲，把精神和禁欲联系在一起，把独身看得高于婚姻。圣保罗的观念得到了古代教会的重视，独身主义、禁欲主义被认为是圣洁的，并由此建构出一种反性的氛围。

罗马天主教并不像圣保罗那样认为一切性交都是罪恶的。在罗马天主教的教义中，婚姻有两个目的：一是防止私通之罪，另一个是生儿育女。在这里，至少以生育为动机的性得到了容忍，不再被视为一桩罪恶。与罗马天主教相比，新教的婚姻观又有些不同，新教停止了对独身主义的赞扬，而且在一定条件下允许离婚。但对于私通，新教废除了罗马天主教有关认罪和赦罪的规定，私通者将受到比罗马天主教更为严厉的道德谴责。

宗教改革时期，马丁·路德摒弃了天主教把婚姻看成圣礼的观点，认为婚姻是上帝为人们规定的义务和权利，强调性在婚姻中的地位，性欲是上帝造物的一部分，没有理由也不可能拒绝它，相反，还必须利用它并用好它。尽管路德和其他新教改革者把婚姻中性的作用神圣化而使反性的程度大大降低，但他们还是明确地反对婚姻之外的任何其他形式的性关系。

综观基督教的性道德，无论是罗马天主教或是新教，其基调都是禁欲的、反性的。宗教信仰对人的性观念和性活动有着巨大的影响。在西方社会中，宗教更对人们的性行为模式发挥着巨大的影响，它影响着当地的性习俗、性法律和个人的性行为。基督教会禁锢性活动的教会法，建立了一种异常牢固的性模式，12—15 世纪英国习惯法法庭所运用的性法律，就是从这个模式中派生出来的。直到今日，美国刑事法庭的判决也仍基于这种习惯法。

反性的宗教在人的心中制造了“性焦虑”，这种焦虑成为每一种宗教道德的核心。人压抑自己的性活力，逐渐失去了追求幸福的能力，以及为解决生活困难所必需的攻击性。人变得越是无能为力，越是相信那些支持和庇护他的超自然力量。他于是“渐入佳境”，有了一种视死如归的消极“超脱”。（赖希，135—

136）中世纪的法规下隐藏着这样一个信念，即性快乐是一种原罪，因此性行为只是作为种族繁衍的必要手段勉强得到认可，除此之外所有的性欲感受和表达方式都遭到严厉的禁止。

禁欲主义的流行有时间、地域和文化的区别：在拉丁欧洲，性自由并没有像盎格鲁－撒克逊国家那样遭到无情地排斥扼杀。因此，精神分析学家对英国人的精神状态特别感兴趣，称之为“盎格鲁－撒克逊神经症”。英国人之所以在一切人中首先激起精神分析学家的好奇心，这既是因为他们的保守主义，又是因为他们的同质性。在英国人中，可以看到高度发展的端庄，或不如说是假装正经，这一点似乎在维多利亚时代的人那里达到了顶点。此外，还有人认为，北美社会的清教传统和反性政策可能比旧世界的盎格鲁－撒克逊人更僵硬。（居伊昂，221）禁欲主义社会氛围的后果是造就了一大批性冷淡的女人和一大批道貌岸然的男人。

在英国的维多利亚时代，女性被划分为两大阵营：一个是受人尊重并准备结婚的淑女的阵营；另一个是“坏女人”的阵营，由女仆和工人阶级女性组成。第一个阵营是贞洁而非性的；第二个阵营有性而不贞洁。在那个时代，对女性的生理特征有极多的言语禁忌。一些游记中有这样的记载：在当时，为了避免引起淫秽的联想，甚至连某些钢琴的腿也用粗布遮盖了起来；吃鸡时不能说“腿”或“胸”，只能说“黑肉”或“白肉”；怀孕要说是“处于一种有趣的状态”；女病人在医生的诊室里不能脱衣就诊，只能在医生准备好的一个人体模型上指出她们感到疼痛的部位。

金赛调查考察了清教、天主教和犹太教三大宗教群体。在每一个宗教群体中，又分出两组：一组是该宗教中的积极虔诚者；

另一组是不那么虔诚和比较消极的人。资料表明，无论在哪个年龄段和哪种教育水平上，性的总体释放频率最低的都是正统犹太教徒、虔诚的天主教徒和积极的清教徒。各种宗教都极其强调性道德，其间的程度差异很小。它们都信奉只为生殖的性道德观，都把不可能导致生殖的性活动视为道德错误；都禁止自慰；都把婚前贞操的价值提到极为重要的高度。虔诚的天主教徒狂热地奉行这些戒律。他们不但限制自己的总体性释放，也拒不接受释放途径的任何变化和多样化。清教教会对性的禁忌处于不松也不严的中间状态，因此清教徒群体的性活动水平也就不高不低。正统犹太教徒在性方面很消极。这种性消极，无疑是犹太教法典和犹太性哲学强大压制的产物。没有哪一个社会阶层原封不动地全盘接受原始的犹太教－基督教戒律，但是每一个阶层的禁忌都取自该宗教的基本性道德观。

相比之下，伊斯兰文化发展出一种带有抒情色彩的性观点，试图将宗教与性融为一体。西方基督教传统往往把性看作道德痛苦和冲突的焦点，在灵与肉之间，在精神和肉体之间制造了永恒的两重性。它创造了一种既否认肉体又无比迷恋肉体的文化。

有些狂热的禁欲主义者竟然反对预防梅毒，或对有效地治疗这种疾病的前景感到忧虑，因为他们担心这样做会造成更大的性自由。就像现在有人以为艾滋病是对同性恋的惩罚那样，过去也有人相信梅毒是对性自由的惩罚。其实，一种疾病就是一种疾病，它肯定不会是上帝对某些人的刻意惩罚。如果是那样的，上帝就要为人类的许多痛苦和死亡负责。上帝是不会乐意负这个责任的。人几乎是世界上绝无仅有的能够做自杀性选择的动物。即使某些事有百害而无一利，还是有人会去做。有人愿意得梅毒，有人愿意有很多性伴，有人愿意自杀。与其徒劳无功地絮叨某种疾病是对某种人的惩罚，不如让那些想得病的人得病；给那些愿治病的人治病。

除了宗教右派之外，女性主义的一个流派也持反性态度，但它不是像宗教那样从道德角度反性，而是从两性关系角度反性，其代表人物是德沃金（Andrea Dworkin）。她提出：性是表达统治、仇恨和愤怒的，而不是表达感情的。（Devine 等，90）这种观点认为男女两性之间的异性恋关系本身就是一种压迫的关系，应当予以抵制。

在东方国家，还有一种世俗的禁欲主义。在西方人的心目中，禁欲主义只是基督教文化的传统，而东方文化对性能采取一种较为自然的态度。例如，在古埃及，性被看成快乐之源，社会上的性禁忌很少，人们对性安之若素，毫无惊恐之感。印度《爱经》产生于公元 3—5 世纪。古代近东文明都很能欣赏人类的性活动。在东方的日本和中国，也有大量坦率描绘性活动的书籍绘画，人们对性较少罪恶感。东方人在西方人看来是一些“正常而又幸福的人”。道教认为性不仅有益于生殖，还有益于获得精神上的成长与和谐。

这种情况在近现代看来已有了很大变化，转变的方向相反：西方向性解放的方向转变；而中国这样的东方国家却向禁欲主义的方向转变。当然，中国的禁欲主义并无宗教色彩，而是一种世俗的出于意识形态纯洁化意图的禁欲主义。

在西方国家，有史家以 20 世纪 20 年代划线，认为在此前后人们的性态度发生了戏剧性的转变。在第一次世界大战之后的一段时间内，人们从对性的绝口不谈突然转变为对性的迷狂。

自从古罗马时代以来，他们比以往任何社会都更强调性的重要性。有些学者甚至相信，此时的西方人比历史上任何时代的人都注重性方面的问题。他们对性方面的问题已不再持着“三缄其口”的态度了。事实上，倘若有火星人降临时代广场的话，双方除了谈谈性问题之外，似乎再也找不到其他彼此沟通的话题了。英国也有人在说：“从主教一直到生物学家，每个人都在讨论这件事。”“维多利亚时代的人往往不愿意别人知道她是否有性感觉；而我们这个时代的人，则深恐别人不知道我们有性感觉。在 1920 年以前，倘若你说一个女人‘性感’的话，她便会觉得自己受了侮辱；而在今天，她不仅珍视这种恭维话，而且还会朝你频送秋波。当今西方社会中性障碍者所表现出来的问题，大部分是性冷感及性无能。但令人不解的是，他们却拼命地在掩饰自己的性冷感。维多利亚时代的名媛、绅士，因自己的性感觉而感到罪咎；而我们这时代的人，则因自己没有性感觉而感到罪咎。”（罗洛·梅，48—49）

中国的情况仅从表面现象上看，就同上述情况有很大差别：性的意象确实在一段时间里从文学、影视、戏剧、歌曲、美术甚至诗歌中被扫荡一空，性的研究和教育亦付阙如。作为这个时期社会氛围的典型事例可以看样板戏《红灯记》。在这个“样板”中，就连以为是一家人的三代人最后都发现没有血缘关系，只有革命的同志关系和抚育战友遗孤的关系。编剧的潜意识当中大约有防止人从血缘关系联想到生育、从生育联想到性从而败坏革命者形象的意图。这种氛围反映在社会生活的各个方面，甚至反映在当时的服饰上。正如一位西方观察家在 1974 年访问中国时得到的印象：“中国与性别有关的穿着打扮的特点就是故意不渲染男女之间的区别。……在中华人民共和国，人类的性行为是一个禁忌的问题。极端拘谨的清朝传统被结合进了革命的学说里，但不包括那种与官方的清朝清教相悖的放荡的亚文化部分。卖淫不复再见，而性病已得到有力的控制；同性恋和手淫不公开讨论；青春期和青年期性关系不受鼓励，但这种关系的发生也时有所闻。”（莫尼等，521—523）

20 世纪 50 年代、60 年代和 70 年代这 30 年在中国历史上是最为独特的。它既不同于传统社会的性氛围，也不同于现代的性环境。高度概括地说，这一时期的社会氛围是以禁欲主义为其主要特征的。它的根源应追溯到宋明理学和 20 世纪中国式的革命意识形态。

3.5.2 褒性道德观

人类社会的性道德一般会经历三个发展阶段。第一个阶段是通过法律来肯定一些性行为，惩罚另一些性行为。例如某些国家用法定的一夫一妻制或一夫多妻制来保护婚姻之内的性行为，惩罚婚姻之外的性行为。第二个阶段是通过舆论而不是通过法律来规范人的性行为。例如许多国家并没有同性恋非法的规定，但是社会舆论却反对同性恋类的性行为。最后一个阶段是性的新道德阶段，在处于这一阶段的社会中，性是完全个性化的、多元化的，允许人们做出各种各样的个人选择，不轻易做出否定性的评判。在新的褒性的道德之下，除了伤害他人的性行为之外，没有哪一种性行为被社会视为不道德和不允许。

这种对性的肯定态度在西方始于文艺复兴时代。文艺复兴时期社会的世俗化趋势，使得人们对性道德的看法发生了变化。一度盛行于古代社会的各种各样的性行为，在经历了中世纪的长期冬眠后，又重新出现在文艺复兴时期人们的社会生活中。

新的性道德认为，在人类生存的各种价值中，性占有重要的地位。性和饮食一样是人类的一种自然需要。旧道德的错误在于对性的过分压制，而性的欲望和饮食的欲望一样，会因禁止而极大地增加，越是压制就越是强烈，满足则可使它得到暂时的缓解。新道德区别于传统道德的主要原则是：相信本能应当引导而不是压制。对性进行自制是有必要的，但自制不应当成为目的。新道德总是将对自制的需要压缩到最低限度。使用自制的目的与其说是限制个人的自由，不如说是不要干涉他人的自由；与其禁止配偶的私通行为，不如控制自己的嫉妒之心。

这种褒性的道德观认为，反性的道德观在儿童的心中留下了一种对性的犯罪感和恐怖感，甚至造成性的病态心理。在进入青春期之后，反性的道德观与人的生理冲动产生重大的冲突，造成了更多的心理问题。人的正常生理需求不应当与高尚的道德对立起来，人的性关系应当是肉体和精神的完美结合。

进入近代后，基督教的性道德不再像以前那样深入人心，一个技术上的原因就是避孕法的应用使得性交和生育可以分离开来——只要女性的婚外性行为不导致生育，就没有财产旁落的危险。将性完全限制在婚姻之内的最主要原因已经不存在了，这就导致了不生育的非婚性关系大量增加。在人类性实践这一改变的基础之上，性道德发生改变是不可避免的。

褒性的道德观特别反对性的唯生殖目的论和反性的禁欲主义。性的目的是为生殖还是为快乐，这是一个争论的焦点，也是性观念变迁的一个重大转折点。在古代，生殖即使不是性的全部意义，也是它最重要的意义。而性在现代不再是仅仅为了生殖，甚至不再是主要为生殖这一目的了。这个变化的主要标志是计划生育在世界各国的普遍实行。此外，有相当大比例的性宣泄以口交的形式完成，其主要动机也是为了避免生育。从某种意义上说，口交是作为计划生育的形式出现的。

新道德认为，人类性活动的合法理由绝不应当仅限于生殖和繁衍种族。在这个世界上所有的生物中，只有人具有生殖目的之外的性活动，人不仅喜欢性活动，而且将其变为宗教仪式，变为一种持续的体育运动，甚至是一种职业。除生育外，性还是情感的交流工具：它既可以表达正面的情感，如爱、亲密、兴奋和快乐；也可以表达负面的情感，如统治、攻击、愤怒、仇恨和羞辱。性是人与人关系中最紧密、最亲热的方式。

威克斯提出：到了20世纪60年代，“宽容度”已经成为一种政治上进步的标志；而审查制度则成为一个肮脏的名词。在审查制度的控制实践中，最容易遭到审查或者说最容易遭到压制的事情就是与性有关的事情。你只要说一句它在道德上使你感到厌恶、烦躁、窘迫，马上就会有一大帮人支持你。(Evans，78—80）而新道德派所倡导的是宽容、多元的精神以及对性的肯定态度。赖希也认为，应当以直接的方式解释性满足的权利，应当“消除对生殖器的否定，肯定青少年的性活动”，应当建立健康的而不是神经质的自信，消除“性快乐焦虑”和“性高潮无能”。(赖希，117)

褒性的新道德观对性的看法是基本肯定的、宽容的，它提倡一种对性的肯定、多元和自由的态度。它承认婚姻是性关系最理想的形式，但是没有那么多的限制；它重视生育，但是不反对避孕；它仍然将性与爱联系在一起，但是宽容无爱之性，承认人们自由地选择任何合理的方式来达到性快乐的权利。

褒性的新道德观重新界定了性的内容。虽然大多数人倾向于一套固定的性行为模式，但是并不是所有的人都有必要用这一模式来限定自己。例如，没有理由认为，男女两性的肉体关系必须由爱抚、性交和男人的性高潮组成；也没有理由认为，性交必须是异性之间性行为的一个组成部分。性活动是人获得快乐、与另一个人分享快乐（或者只是独自享受快乐）的肉体接触。性行为既可以以达到性高潮为目的，也可以不以达到性高潮为目的；既可以是生殖器官的性行为，也可以是身体其他部位的亲密接触。无论是什么样的方式、对象，只要人觉得合适就没有什么不可以。唯一的限制是不伤害他人。

褒性的新道德把性看作人类的宝贵财富，而不是健康的负担或对道德的威胁。避孕知识的增加以及都市化过程所造成的比乡村生活匿名性更高的生活，进一步开阔了人类性行为的空间。它预言，性将远远超出性交的范畴，成为给人类身心带来愉悦的一种充满正面意义的活动。从人权角度看，性是每一个人应当受到保护的权利，而不是应当受到歧视、迫害或惩罚的对象；从褒性的新道德的角度看，性也是一种符合社会道德的人类行为，而不是堕落、罪恶或者丑恶的行为。

4. 政治层面

无论在西方还是在今日中国，对人类性活动领域的探讨和论争都达到了一个空前的程度。与性有关的许多问题已经成为政治的角斗场。一个又一个新出现的性问题不断成为政治斗争的焦点问题，有关性问题的争论已经日益走向整个现代社会权力运行的中心。

4.1 人口与优生学问题

人口与优生学问题是性在政治领域最早受到广泛关注的问题。这两个问题之所以成为政治问题，原因在于它们已经不仅仅是个人的行为，无数个人的分散的行为已经造成了社会性的后果，成了关系到国计民生的政治问题。

4.1.1 人口问题

社会对性的关注与人口繁衍有关。在历史上，人们曾使用过各种限制人口的方法。其中最简单的方法就是杀婴。到了现代，由于人工流产和避孕等控制生育的方法被人们普遍采用，人口出生率下降幅度相当大，尤其在发达国家。随着人类对生育知识的掌握，通过政府的正确法令去控制人口增长已经成为世界各国负责任的政府的一项重要职责。

最早的与人口问题有关的理论是由马尔萨斯提出的两个公理与两个级数理论。马尔萨斯的两个公理是：第一，食物为人类所必需；第二，两性间的情欲是必然的，且几乎会保持现状。根据这两个前设公理，可得出两个法则：人口在无所妨碍时以几何级数增加；而生活资料则只以算术级数增加。（马尔萨斯，5）这两个法则俗称“两个级数”。按照马尔萨斯的看法，这两个级数也同样存在于动物界与植物界。动物的生殖与植物的育种在开始时数量都很大，但成活率却很低，这是自然环境的种种限制造成的，也就是说，自然界的物质资源不能满足这些物种无限的增长，从而必须将其数量限制在一定范围之内。人类虽有理性的努力，但也不能阻止这种现象的发生。不过，对人类社会来说，这种限制在表现方式上是多种多样的，最常见的是贫穷与罪恶。

为了解释西欧某些国家人口增长的迟缓，马尔萨斯又提出了“两种妨碍”的理论假设，又称“两种抑制”。马尔萨斯认为，人口增加缓慢是由于在人口增加方面存在着很多妨碍。其中有两种妨碍比较突出：预防的妨碍与积极的妨碍。（马尔萨斯，19）

所谓预防的妨碍，又称“道德抑制”，就是人们预见到抚养家庭的困难，从而预先防止人口的过度生育。在马尔萨斯的时代，预防的妨碍在英国的一切阶级阶层都有所体现。一些上等阶级的人，想到他们结婚成立家庭后就要节省费用，从而失去很多快乐，于是就选择不结婚；一些受过高等教育的绅士阶级男性担心结婚后有可能与下等的农民及商人为伍，导致社会地位的丧失，甚至使自己所爱的女性受苦，就会考虑不结婚或者不生育；商人与农民的子女如果在商业或农业上寻得固定职业之前结婚，就会落入抚养家庭的困境，他们为了适应激烈的生存竞争，获得固定的职业，也不得不推迟结婚；生活在绅士家庭的仆人享用的物品与主人一样，如果结婚就要冒着失去这种舒适生活的危险。因此，预防的妨碍以不同的强度对社会的各个阶层都产生了影响。

所谓积极的妨碍，又称“积极抑制”，就是人口增加以后才发生抑制消减的妨碍。这种妨碍主要发生在下层阶级身上。马尔萨斯认为，观察死亡统计表就可以发现当时儿童死因的特征。在城市中，由于身处下层阶级的父母不能给子女提供充足的生活资料，致使他们生活在极端的贫困当中，衣食住行得不到应有的保障，而且还要做一些艰苦的工作，从而导致夭折率大增。在农村，儿童的死亡率也绝不低于城市，虽然农村有田园般的生活，但子女众多必然带来生活的贫困，而且他们要过早地下地劳作，在得病时又难以得到恰当的卫生看护。由于这种积极的妨碍在道德上破坏了社会的和谐，使得富裕阶层中的个人和政府不得不常常去救助穷人，在英国就设立了济贫法制度。但马尔萨斯认为济贫法并没有达到消除贫困的目的，恰恰相反，它还会种下助长贫困的恶果。因为它使抑制人口增长的积极妨碍机制不能很好地发挥作用，造成人口增长和贫困加剧的恶性循环，破坏了自然减员的机制。

4.1.2 优生学问题

如果说人口学关注的主要是人口的数量问题，那么优生学更关注的则是人口的质量问题。在 19 世纪 60 年代，高尔顿

(Francis Galton) 创造了优生学 (eugenics) 一词，目的是为了控制人的生育行为。他认为，资源会越来越少，因此应当使弱者 (不能为孩子提供良好的生长环境的人) 少生孩子，而整个社会多生健全的孩子。优生学分为积极和消极两种。前者的目的在于增加优良人种，后者的目的在于减少不良人种。优生学是通过精确细致的方法去改良人种生理特点的一种尝试，其所依据的思想是达尔文主义。

高尔顿的后继者皮尔逊 (Karl Pearson) 自称社会主义者，在伦敦大学学院成立了高尔顿优生学实验室，致力于将人口划分为不同的肉体与精神类型，将子女的质量与父母的遗传联系起来，反对人类生育行为上的不干预政策，主张政府应进入私人领域，其中包括性、家庭和婚姻领域。这批优生学者在 1907 年成立了优生学教育学会，1924 年该会更名为优生学学会。该学会的主要宗旨可以被分成正面和负面两类：正面目标是鼓励那些社会地位高的、健康的人们生育更多的孩子；负面目标是通过生育控制、绝育手术、隔离、法律禁止婚姻、人工流产等手段，限制有遗传缺陷的人生育，降低平均水平以下的人的生育率，隔离精神病人，使之不能生育，禁止精神病人结婚，以期减少遗传疾病、种族混合等问题。

一提优生学，人们就容易联想到纳粹种族灭绝的残酷实践。但是，优生学学会其实是与纳粹保持了一定的距离的。1933 年开始实行的希特勒的“优生学绝育法”是针对犹太人和“外族人”的，纳粹关注的是德国人口的数量和质量。数量方面是鼓励生育，质量方面是不让犹太人生育。而优生学者虽然主张绝育和计划生育，主张禁止一部分人的婚姻和堕胎，但是他们是反对阶级和种族歧视的。

由于避孕法使性交和生育区分开来，优生学观念对性道德的改变造成了一定的影响。其影响表现在两个方面：一方面，它传播了这样一种观念，即不会导致生育的性爱应当是自由的，不受限制的；另一方面，在对待生育的问题上，要考虑新生儿的质量，寻找那些具有最佳遗传基因的人充当父母。

这种优生学的观念起初只是少数科学家的个人道德观，并不为广大社会人群所接受，尤其是它的理论前提与民主社会的平等理念有冲突。因为优生学所依据的假定是，人是不平等的，而这恰恰与民主主义的假设相反。尽管如此，优生学的一些观念已经正在逐渐推广普及。与传统思想和宗教相比，优生学毕竟属于科学的范畴，它会减少新生儿疾病，从而提高人口质量，减少人类的苦难。

与优生学不无关联的还有种族问题。早在19世纪埃利斯就说过："性问题以及建筑其上的种族问题，是未来一代人所面临的最主要的问题。"（转引自 Bland 等，201）在埃利斯的时代，种族问题其实包括不同的地理、宗教、阶级或肤色的群体，表现为反黑人行动、反犹行动。种族一词是将人按生理而不是按国家分类的观念。在德国、美国和英国的性学家那里，原始种族指的是非洲人、犹太人和亚洲人。达尔文有过这样一个思想：在物竞天择的过程中，人类的性别差异会变得越来越明显，而上述三种人与白种人相比，性别差异不甚明显，因此属于进化不好的人种。用这个标准衡量，同性恋、妓女、罪犯和有色人种都是退化的过程，不是进化的过程。

纳粹荒谬的种族理论是其对犹太人和异族实施政治迫害的

依据。法西斯主义的种族理论可以被简单概括如下：每一种动物只能和同类婚配，这是“铁的规律”；不同种族之间的杂交就是“乱伦”，等同于猫和狗之间的违反自然的杂交；血统混杂和由之而来的种族水平衰落，是古老的文化奄奄待毙的唯一原因；血缘罪恶和种族亵渎是现世的原罪；雅利安民族是高等的民族，犹太民族是最低劣的民族，是世界的瘟疫；德国精神生活的犹太化正毒害高等种族的子孙后代，因此要从肉体和精神上消灭犹太人；雅利安人绝不可以和其他种族的人性交或婚配，因为他们都是低等的；违反者就是严重违反法律，就是严重地犯罪。（赖希，67—74）

赖希指出，法西斯主义将自身追溯到“希腊灵魂”的根源，并且用简单的二分法，把灵魂同种族联系起来：“北欧人的性欲渴望是光明的、尊贵的、天堂的、非性的、纯洁的；而‘近东人的’欲望则是本能的、恶魔的、性的、狂喜的、性高潮的。”（赖希，79）按照这一逻辑，法西斯主义者把性连同堕落、肮脏、庸俗的文化标签强加给别人，而自己选择了好听的、非性的方面。法西斯主义鼓吹种族主义的目的在于限制种族之间的性交与融合，用以防止对种族主义、权威主义统治秩序的破坏。它与优生学的主旨是大异其趣的。

4.2 性别政治

性与性别既是两个不同的研究领域，又有着密切的关系。比如说，跨性别倾向（transgender）就和易装、易性、同性恋、异性恋问题联系在一起。在我们解构二元结构时，既要解构同性恋与异性恋的二元结构，又要解构男性与女性的二元结构。这样性问题就与性别问题联系在一起了。

从女性主义角度来看，性的问题的重要性首先表现在性与男女两性权力结构之间的关系。女性主义对性的关注集中在以下领域和问题上：一是探索女性的性的真正形式，探索一套更符合女性身体欲望的性话语；二是将某些女性的性方式理解为对男性统治的抵抗，或反对异性恋霸权的激进的越轨行动；三是将某些性形式理解成为男性对女性的社会压迫，是男性针对女性的暴力的潜在和系统的方式；四是将性概念扩展到一种包括但不限于生殖器中心的活动；五是将性理解为社会建构的，而不是与生俱来的，性具有性别、种族、阶级和生殖实践的社会分层的意义，提出主观能动性、抵抗与权力的概念；六是将性建构成一个准独立的社会领域，允许他种解释、规范和价值的探索；七是搞清性身份及与其相关的性别形成的概念。(Jaggar 等，308)

4.2.1 性别权力关系

在性与性别的关系中有一个引起长期争议的命题，那就是：男尊女卑的社会不平等是由女性的性状态造成的。这种说法将女性在男权社会中处于劣势的原因归咎于女性的性状态。在西方传统社会中，人们对女性与性的关系有一种特别的看法，例如 1903 年，英国名人魏宁格（Otto Weininger）说，性兴奋状态是女性生活中的颠峰时刻，女性全身心地投入性事，投入快感与生殖的领域。同丈夫与孩子的关系是女性全部的生活内容，而男性则除性之外还有另外的生活。(Bland 等，253)

从性推演到情，男权社会将女性的生活领域圈定在性与爱的范围内。这种传统观念认为，爱情在异性恋关系中有着重要的地位，女性除了比男性更看重性之外，也比男性更看重爱情。性与爱对于男性只是生活的一项内容，但是对于女性却是生活的全部内容。19 世纪的性学家埃利斯认为，男女社会角色的区别有生理学基础，有一些品质与女性的生育能力相关，如羞怯、易受感动性、同情心、母性本能、献身精神、情感接受性。他将女性的特征概括为以下五种：体力弱、性冲动的选择性、家内活动、卖淫和母性。（Bland 等，17）他使用的一个最具毁灭性的词语是，女性的大脑“在某种意义上是在她们的子宫里”。当他将怀孕说成是女性的命运时，他说：女性“被抬高到了超越普通人的地位，成了放置一个价值连城的珠宝的首饰盒”。（转引自威克斯，56）这正是那个时代和社会对女性与性的关系的传统看法。

可是在当今世界上，在女性普遍参加社会劳动的现代社会中，女性绝不会不关心性爱之外的事情，男性也并不像持这种观念的人所认为的那样不喜欢性爱。对于属于私领域的性和爱情，男性的关注和投入并不比女性稍差。性和爱仅仅是女性的领域这样的看法也不再适用，社会劳动和各种创造性人类活动绝不再仅仅是男性的领域。

在前辈社会学家当中，西美尔是对性爱做过专题研究的。他的性别观念虽然还没有超越那种虚构的男女有别的思想藩篱，但是他对双方的评价对女性更有利，这种观点出现在一个男权的社会中是难能可贵的。他认为，男性迷恋女性纯粹的性感，同时又追求超越欲望的、精神的、绝对的形式。与此相反，女性保持着自我满足，她的世界指向自身的中心。就这一点而言，西美尔认为，女性可以被称为真正的人类（authentic human being），男性则是一半野兽、一半天使（half animal half angel）。

西美尔认为，女性是一个自身中心化的存在，她的冲动和思想紧紧地集中于一个点或几个点，并能被这些点直接地刺激。男性与此不同。男性更加分化，他的兴趣和活动更加客观。劳动分工使男性从人格的全部和内部分化出来。在现代社会，男性是分化的，而女性缺少分化。缺少分化并不意味着缺陷和低下。相反，它是女性积极的存在方式，并和男性的分化状态一样拥有合法性。

西美尔认为，在拥有对方的欲望中，女性是爱的客体，男性是爱的主体。客体倾向于刺激主体产生快乐。调情的主要特征是女性对男性既追求又拒绝的态度。它在一定程度上表达了调情中女性对男性的权力和自由。也就是说，虽然男性是调情中的主体，但是女性也不是完全被动的客体。西美尔的调情理论虽然也像传统观念一样将女性放置于客体地位，放置于私领域之中，但是他对女性地位的评价比传统观念要高，即女性并不会因为留在私领域而变得不如男性完美，她甚至会因此变得比男性更完美，更回归自我。正是在这一点上西美尔的理论引起了当代女性主义的重新关注和评论。

在性的关系中，男女两性谁是主体、谁是客体、谁主动、谁被动是性别权力关系的反映。布尔迪厄（Pierre Bourdieu）认为，性的弱势群体有一个性别维度，即女性相对于男性的弱势地位。倘若性关系表现为一种社会关系，这是因为性关系是通过主动的男性与被动的女性之间的基本区分原则形成的，而且这个原则建立、组成、表达和支配欲望。其中男性的欲望是占有的欲望，是色情化的统治；女性的欲望是被男性统治的欲望，是色情化的服

从；或者，严格来讲，是对统治的色情化认可。(布尔迪厄，25)

激进女性主义的观点与布尔迪厄的“客观描述”有相似之处，只是更加激烈，对现状带有更强烈的批判性。它将性活动和异性恋性关系本身视为男性权力的表现。

激进女性主义将男女两性在性方面的权力不平等状况概括为以下八个方面：

一是否定女性自身的性，通过阴蒂切除术；贞操带；惩罚女性通奸，其中包括死刑；惩罚女同性恋，其中包括死刑；贬低阴蒂的心理分析理论；限制手淫；否定为母者和停经女性的性生活；莫须有的女性歇斯底里；媒体和文学中的准女同性恋形象；对女同性恋的存在采用关闭档案和毁灭文献的做法。

二是将男性的性强加于女性，通过强奸（包括婚内强奸）和殴打妻子；父女乱伦和兄妹乱伦；在女性的社会化过程中使她们相信男性的性“动力”等于他们的性权利；在文学、艺术、媒体、广告中将异性恋情感理想化；儿童婚姻；包办婚姻；卖淫；纳妾；关于性冷感和阴道快感的心理分析观点；关于女性对性暴力和性羞辱做出享受回应的色情描写（传递一种理念：即使是虐待狂式的异性恋也比女性之间的情感更“正常”）。

三是剥削女性的劳动，控制她们的产品，通过将婚姻制度和母性作为无报酬的生产制度；在有酬劳动中将女性限制在底层；女性的升迁陷阱；堕胎、避孕和生育的男性控制；强迫绝育；淫媒；杀害女婴，其后果是伤害了母亲和女儿，从整体上贬低了女性的价值。

四是控制或抢劫女性的孩子，通过父亲权力和“合法绑架”；强迫绝育；有性别偏差的系统化的杀婴；通过法庭抢夺女同性恋母亲的孩子；男性妇科学的不当治疗；在对女性实施阴部环切术或给女儿缠足（以及束缚她们的心灵）以使她们进入婚姻的过程中用母亲作为“象征性虐待者”。

五是在肉体上限制女性，限制她们的活动空间，通过作为恐怖主义的强奸使女性不敢上街；深闺制度；缠足；使女性的体育能力萎缩；女式时装设计，“女气的”着装规则；面纱；街道上的性骚扰；将女性劳动置于底层；“全职母亲”的传统习俗；妻子对丈夫的强迫性的经济依赖。

六是在男性交易中以女性为交易对象，将女性用作“礼物”；结婚彩礼；淫媒；包办婚姻；在男性交易中以女性作为娱乐辅助工具，例如用妻子招待客人，穿着暴露以挑逗男性性欲的鸡尾酒会女招待，应召女郎，“兔女郎”，艺伎，歌舞伎，女秘书。

七是约束女性的创造性，迫害女巫实际上是一个迫害接生婆和女医生的运动，是一个迫害独立不羁的“难以同化”的女性的运动；在所有的文化中将男性事务和男性职业定义得比女性事务和女性职业更有价值，导致文化价值观建构在男性主体之上；将女性的自我实现限制在结婚和生育当中；男性艺术家和教师对女性的性剥削；对女性创造激情的社会和经济限制；删除和毁弃女性的传统。

八是限制女性接触大量社会知识与文化成就，通过女性的失学（世界上的文盲有 60% 是女性）；对女性尤其是女同性恋者在历史和文化中的存在保持沉默；性别角色的刻板印象化导致女性偏离科学技术以及其他“男性”职业；排斥女性的男性社会与专业圈子；在专业领域歧视女性。

激进女性主义者对于 20 世纪 60 年代的性解放运动并不是全

盘肯定的，她们当中有这样一种观点，即 60 年代对女性性规范的宽松是将由男性界定的性解放“强加”在女性身上的反映，性解放并不等同于女性的解放。

在女性主义内部，在性问题上长久以来就存在着自由派与保守派的激烈交锋。19 世纪早期的女性主义对女性的性就抱着矛盾的态度，强调性的危险性，认为应当加以控制。当时她们提出的口号是“妇女投票，男人贞洁”。换言之，她们并不希望让女性的性与男性看齐；而希望让男性的性与女性看齐。而性自由和开放论者则强调女性的性权利和性自由。女性主义内部在性问题上的分野和论争一直延续到今天，并且有愈演愈烈之势。

4.2.2 女性的性权利

在性别领域，性学最为关注的另一个问题是女性的性权利。对于女性享受性快乐的权利，男权制的意识形态一直是持否定态度的。法国学者伊里加雷（Luce Irigaray）是女性主义中最早关注性问题的学者之一，她说，女性性欲的特殊性还从未被承认过。两性的性都是从阴茎中心主义的角度被理解的，都是追求快感的。而其实女性的性欲是多重的、非中心的、弥散的。女性有多种性感受器官，因此有多重性快感，不仅仅是单一的生殖器性高潮。(Jaggar 等 , 323)

波伏瓦指出：即使在我们的时代，女性对性快感的要求也仍会让男性感到愤怒。一位男性学者在论述女性性高潮的文章中竟然这样说：一个正常的、有生育能力的女性没有性高潮。性感受区是人为的、非自然的，它们是堕落的标志，它们的产生是无益于健康的、愚蠢的，因为女性会因此变成贪婪的、和以前不一样

的怪物，有了犯罪的能力。（波伏瓦，499）

在传统的男权制意识形态看来，就连女性的性器官都是讨厌的、肮脏的、可耻的。一位中世纪的法国医生说："非常有理想和判断力的、我们称之为男性的这种有灵性的动物，怎么会被女性那个让体液玷污的、可耻的、位于躯体最下部的、污秽不堪的阴部所吸引？"（转引自波伏瓦，196）在解剖学意义上功能完全相同而只有外形不同的男性生殖器为什么就不是"让体液玷污的、可耻的、位于躯体下部的、污秽不堪的"，而是很值得珍重的、很干净、很高尚甚至是很美的呢？每当遇到这样赤裸裸的不平等、不公正的说法和想法，我就会想起在美国加州大学伯克利分校图书馆看到的一位女性主义画家的画册，厚厚的一本画册中从头到尾都是形态各异的女阴的描绘，多数有着花朵的形状，色泽艳丽，使人在"文化震撼"之余认识到：人们关于什么是美、什么是丑的观念和感觉其实也是经文化塑造出来的，而且是完全可以改变的。

而事实上，阴蒂是人类唯一对性欲和性快感有特殊意义的器官，而阴茎反倒除了性快感之外还具有排泄和生育这些其他功能。在人类男女两性身体的全部器官当中，阴蒂是一个奇迹——其他的器官尽管可以有性功能，但是全都还有其他功能。只有阴蒂，除了为人带来快感之外，全无其他功能。这可真是人类身体进化中一个妙不可言的谜语——造物主当初为什么要为女性设置这样一个身体器官？如果你硬要说，它是用来诱惑女性多做性事以便多多受孕从而达到保种的目的也无不可，但是阴蒂除给人带来快感之外全无其他功能却是一个解剖学上的奇特事实。

然而，许多女性对于自身的性欲如果不是过于无知，便是过于窘迫。仅仅谈性便很窘迫，更不要说做了。根据一项近期的调查，中国女性中竟然有 26% 不知道性高潮是怎么回事，近 80% 不知道阴蒂在哪里。这真是令人大跌眼镜。与西方女性中只有 10% 从未经历过性高潮的情形相比，地域与文化的差异竟然能够造成如此巨大的差异，真不可思议。

在革命胜利之初，苏联为了增加人口，把母亲角色作为一种社会义务强加给并不情愿的女性，否认性可以不必与生育联系起来。这种做法的后果是导致苏联女性对性的厌恶感和羞耻感大增。这种厌恶感和羞耻感是如此巨大，以致 1932 年基辅党代会可以宣称：60%—70% 的苏联女性没有能力体验出性的快乐。(米利特，264)

在否定女性性欲的同时，男性的性欲却被肯定。弗洛伊德的力比多虽未表明性别，实际上却具有男性的属性，它被定义为“男性或女性身上一种有规律的、合法的男性属性”。这一定义将性冲动假设为男性专有的，反映了弗洛伊德本人对性的性别主义观念。后来他又将力比多改变为非性的概念，将其视为一种蕴涵着巨大文化和创造潜力的男性功能，一种生命力，一种几乎仅仅体现在男性身上的特征。女性只被赋予了十分微弱的性本能，无法对文明做出贡献：由于具有充分的力比多，并从而对文明承担了义务，男性必须躲过女性向他们发出的引诱，一如既往地追求崇高的目标。(米利特，295—296)

这种观念反映在现实生活中，就表现为女性的性仅仅是为了服务于男性，而不是双方共同享受性的快乐；还表现为女性只是被动地接受男性的性活动，而不会主动地寻求性活动。

按性别分类夫妻性生活状况（%）

状况 \ 频度 \ 性别		总是如此	经常如此	有时如此	很少如此	从未有过	无回答
只是为了满足对方	女	4.2	17.8	39.5	25.7	12.0	0.9
	男	2.6	8.8	35.7	34.0	18.0	0.7
主动向对方表示性要求	女	0.8	5.0	33.1	39.6	20.7	0.8
	男	5.4	28.5	39.5	18.7	7.2	0.7

（陶春芳等，231）

中国的这项调查结果证实，女性认为性只是为了满足对方的人数大大多于男性；而女性主动向对方表示性要求的人数则大大少于男性。波伏瓦指出：至今人们仍然同意做爱是为男性提供的一种服务。他获得快感，所以他应付给她一定的报酬。女性的身体是他购置的某种物品；而对于她，他是资本，她有权利用。她有权接受赡养，传统道德甚至也鼓励她这样做。性的性别政治则倡导一种相反的理念，即女性与男性有同等的性权利，她的性活动绝不是仅仅为了服务于男性的，她也是享受性快乐的主体。

在女性的性权利问题上，性学关注女性的片面贞操问题。男权制社会对女性有两个基本要求：女性的性应当由男性来控制；女性的劳动也应当由男性来占有。这两个要求有过一个完美的表达，那就是纳粹思想家对婚前贞洁的观点，他们说：犹太人通过鼓吹性的民主偷走了我们的女性。我们，年轻人，必须勇敢地站出来杀掉这条毒龙，从而我们可能让世界上最神圣的物件复归原主，即：作为处女和仆人的女性。（转引自米利特，250）

由于大多数社会和大多数时代都存在着对于男女两性在性行

为规范上的双重标准，以致男女两性在性行为和性观念上都有了很大的差异。在20世纪70年代，美国佛罗里达州立大学的学生做了一个尝试与陌生人交友并邀请对方上床的试验。50%的男女同意交朋友；70%的男性同意上床；而同意上床的女性为0。即使在米德所调查的男女性别角色相反的社会中，女性的性行为规范还是比男性的性行为规范要严格。（Eckes等，37）外遇对于女性是罪，对于男性却不是。

根据马尔萨斯的分析，各个社会在贞操问题上都是对女性的要求比对男性的严格得多的原因在于：在传统男主外女主内的家庭中，社会将养家的责任压到男性身上，使他们承受烦恼与劳苦，因此女性的失贞会受到更严厉的惩罚。在许多传统社会中，女性不忠几乎会被逐出社会，而男性犯错却可以免罪，表面上看来似乎是对自然正义的侵犯，其实有其独特的产生起因，但这起因后来被人们遗忘了。

恩格斯对于贞操观念有一种合理的解释，并鼓吹一种脱离以往的经济考虑、建立在个人性爱基础之上的、有期限的两性结合方式。为了两性的权利平等，恩格斯所选择的是一种回避婚姻制度的做法，他尖锐地批判了传统一夫一妻制婚姻，因为它是以对婚姻的不忠行为作为补充的。从他自己的同居而不结婚的实践来看，他反对传统男权制的片面贞操，即女性的一夫一妻制和男性的一夫多妻制。恩格斯指出：在极大的程度上，只有女性才有义务实行一夫一妻制，因为男性在传统上就通过双重标准为自己保留了某些一夫多妻的特权。在贞操是成文的规定以及通奸的女方遭受严厉惩罚的条件下，婚姻就仅仅对女性是一夫一妻制，对男性则不是。（转引自米利特，184—185）女性主义据此认为，既然社会从未想过要惩罚男性的婚外性关系，所以也应停止为此惩罚女性。

在占多数的强调女性贞操或片面贞操的文化之外，也有一些例外的情况。马可·波罗在谈到藏人时说："他们没有一个人希望娶一个身为处女的姑娘为妻。"因为男性不愿意要一个还不曾引起男性欲望的妻子。斯拉夫人也是这样，若一个男性结婚时发现妻子是一个处女，就会对她说：要是你有一点儿可取之处，男性就会向你求爱，你的处女贞操就会被人夺走。于是他把她赶出家门，将她遗弃。（波伏瓦，178）不论是因为是处女被赶走，还是因为不是处女被赶走，为什么总是女性被男性赶走，而不是男性被女性赶走？无论是强调女性的婚前贞操，还是把一个到结婚时还是处女的女性赶走，都是男权制的恶劣表现。

这种奇特的婚前贞操观其实却有着它自己的男权制逻辑：只有被男性占有过或占有着的女性身体才是"正常"的，自己独立存在的女性身体是"反常"的；女性身体成为客体是"正常"的，女性身体仅仅作为一个主体的存在却是"反常"的。如波伏瓦所说的那样：许多男性对老处女深感性的厌恶，祸根在于她们的肉体本身。这个肉体是不为任何主体而存在的客体，任何男性的欲望都不曾指向它；虽然它已花开花落，却未在男性世界上找到一席之地。它离开了自身的适当目标，变成了一个怪物，同无法与其沟通思想的疯子一样令人心烦。未被男性征服的处女，以及摆脱男性控制的老妇人，更容易被人视为女巫。因为女性的命运就是受另一个人的奴役，她若是逃避了男性的支配，就要准备接受魔鬼的支配。（波伏瓦，181—182）

此外，根据人类学的调查，在未开化民族中，对于婚前性关系，一般来说是采取责备态度的几乎同采取宽容态度的一样多，这两种态度分不出孰强孰弱。（韦斯特马克，141）由此也可以看出，对于女性的片面贞操的要求，并不是什么“自然的”现象，而是“人为的”现象，是男权制为自己的统治和便利制造出来的一种规范和习俗。

尽管传统习俗和道德如此源远流长，尽管它对男女两性的行为和观念的影响如此深刻，1989年在美国的调查已经表明，过去几十年间“男女关系发生了惊人的比例变化”。（吉登斯，13）这一变化主要表现在贞洁观念的改变，其中女孩的性行为和态度的变化比男孩明显得多。一项调查表明，在美国九年级的学生中，有过性交经历的男生为48.7%；女生为31.9%。在十二年级的学生中，有过性交经历的男生为76.3%；女生为66.6%。（Nadeau，73）

在对中国农村女性的调查中发现，传统的贞操观还是相当盛行的：对于“女性贞操比生命还重要”这一价值观陈述，同意的人竟然占到72.37%的高比例；不同意的仅有27.63%。（沙吉才，128）这就解释了传媒中常常报道的一类新闻：女性被逼卖淫就跳楼自尽以保贞操。从这些跳楼女性的选择、传媒的报道和妇联的慰问褒奖，都可以看到贞操重于生命的潜台词。而正确的观念应当是把人的生命的价值摆在贞操之上的。在当代中国，数以百万计的性工作者的选择已经揭示了传统贞操观念的式微。此外，根据近期的调查，我国婚前性行为的比例在初婚人群中已达六七成，说明传统的贞操观念已经渐渐被年轻一代抛弃。中国的男性如果一定要找处女结婚，他选择配偶的范围已经大大缩小了。

有一种常识式的说法：男性更喜欢性，女性更喜欢情，因此女性天生比男性更加贞洁。爱情的内涵是丰富的，是性脚本的一个重要内容，是亲密关系和性活动的基础。“女性需要爱，男性需要性”这个古老的观念已经不再适用。女性可以公开追寻性快感，并且把它作为自己的生活和关系的基本组成部分；男性也需要爱，而不是仅需要性的满足。在现代社会中继续用这种理由来要求女性的片面贞操，已经成为既不公平也不现实的要求了。

4.2.3 性的性别差异

阴茎嫉妒理论是男女在性方面的区别中一个最重要也是影响最为广泛的理论。它是由心理分析的鼻祖弗洛伊德提出来的。它假定：由于女孩在成长过程中发现自己比男孩少了阴茎，于是就产生了阴茎嫉妒的心理，并且影响到她的自信心。阴茎嫉妒理论实际上是在暗示：女性只有缺失的、萎缩的、衰退的性器官，只有阴茎才是唯一有价值的性器官。在阴茎和阴蒂功能相近的情况下，阴茎的价值似乎大大地超过阴蒂的价值。在计算机中文字库中，阴茎是一个现成的词语，而阴蒂却不是。这是上述价值观的一个佐证。

根据弗洛伊德的理论假设，阴蒂快感不可能是成熟女性的自然的行为方式，要想达到成熟境界，必须从阴蒂快感过渡到阴道快感。而这在生理上不可能做到的，因为两种快感被科学观察证明为是同一种快感，这就导致了女性的挫折感和沮丧感。一位女性主义者以讽刺的口吻说：女性的性感带上有一个阴蒂，它远远不能同高贵的阴茎相比，也比不上洞形的管道——它在性交中接纳和抚摩阴茎。阴蒂是一个非法的或男性气质的器官，它转向自

身，自我接纳。(Jackson 等，79)

伊里加雷批判了弗洛伊德和拉康（Jacques Lacan）的心理学，认为他们否定了女性与男性的性差异，压抑了女性的性。由于女性的性总是用男性作为参照物，因此在“男性气质”的阴蒂主动性与“女性气质”的阴道被动性的对立上，弗洛伊德等人总是把阴蒂快感视为性的不成熟阶段或异类，认为它不属于正常的性欲望。阴蒂快感不存在阉割情结，而阴道是因为放置阴茎才有价值，被禁的手必须去寻找一个能够带来快乐的替代品。(Jackson 等，79)

女性主义依据性学关于并无阴道快感与阴蒂快感的区别的科学结论进一步质疑阴道快感的神话：既然女性必须要靠男性插入才能获得快感的神话已经被否定，男性对于女性的性快感还是必不可少的吗？结论是：女性可以选择其他形式的快乐，女性现在在性上可以不依靠男性而独立存在了。

阴茎嫉妒理论的另一个依据是在性活动中男女两性在主动性与被动性上的划分：男性竞争，女性选择。有人据此提出，性活动本身就是男性对女性的统治。男性主动发动攻击，女性被动接受、服从。如有雄性用臀部示意性诱惑便被称为“同性恋”。但是，生物学研究发现了例外的证据，在其中雌性是追求者；雄性是被追求者。例如有一种鱼类，雌性的颜色更亮丽，肉体上也更有攻击性，在性活动中取主动姿态；雄性则个头较小，颜色也不靓，在性方面比雌性害羞。这种鱼类的雄性就像灵长类的雌性，养育后代，用腹腔收缩来生育，使人想起雌性的生育动作。还有很多昆虫也是如此，交尾时雄性是在下的、被动的；雌性是在上的、主动的。(Barash 等，29—31）这些动物学的发现至少表明，男性主动、女性被动并不一定是自然的秩序。

人们有一个一般印象：男性比女性的性欲更强，对性事的兴趣更大，对性伴侣数量的需求也更多。早在19世纪，人们就曾如此概括女性的性欲：在性行为中男女有别，不仅表现为女性的被动，而且表现为无射精；女性的性欲强度弱于男性，表现在女性快感比男性快感的程度要弱；女性性欲的性质与男性也不同，表现在女性性欲较少集中于性器官，而分散于身体的其他部位，比如女性乳头对刺激的感觉比男性乳头的感觉强烈。（Bland等，28—29）

除了一般人的看法之外，这种印象还得到了不少经验研究的证明。试举两例：例证之一是一项对发达社会美国的调查，这项调查是在3500位18岁至59岁的美国人中进行的。调查表明，美国男性一生平均有六位性伴侣，而女性平均只有两位性伴侣。（Nadeau，75）另一例证是20世纪50年代的一项文化人类学调查，这项调查在一个叫作艾尼斯·比格（Inis Beag）的岛上发现，男性比女性更多地自慰，对性也更感兴趣。作为对于这一现象的经典描述，金赛说过这样的话："在世界各地的人们当中，男性比女性更多地需要与不同的伴侣的性关系。"（转引自Barash等，38）

那么，男女之间为什么会有这样的区别呢？不同的社会和文化做出了不同的解释：一种说法是，滥交的后果对于男女两性是不同的。因为女性要考虑在后代生命的头几年里照顾他们，所以她必须挑选最佳配偶，而男性滥交可以增加留下后代的机会。另一种说法是，原因在于在性关系中，男性追求数量，女性追求质量。还有一种说法是，女性的性总是要与情连在一起，男性却可以接受没有情的性。各种各样的说法中要数部落民的说法最有意思：土著人认为，这种区别的原因是男性吃土豆比女性多的缘故。(Eckes 等，35)

对于男女两性性欲差别的评价也是多种多样的：有人据此认为男性是比女性更优越的性别，因为他的生命力比女性要强；有人则做出相反的评价，认为这恰恰说明女性比男性更优越，因为女性的道德比男性要好；也有人看上去不偏不倚，他们说，既然男女的区别是生理决定的，就应该充分满足男女两性各自的需求——他们从这里找到了一夫多妻的依据。

这件事有三个要点：一是事实，二是原因，三是评价。

先看事实。男性果真比女性性欲强吗？仅仅用一生有几个性伴侣是证明不了这一点的，男性“花心”也许就是因为心太花(从某种道德标准看，就是操守不好)，并没有什么生理依据。既然性能带来快乐，有什么证据表明女性相比于男性就不喜欢、不需要这种快乐呢？相反的证据也能找到：女性可以有多重性高潮，而男性高潮之后倒有一个长时间的不应期。如此说来，男性和女性究竟哪一性的性欲更强？这个所谓“生理事实”的确是要存疑的。

再看原因。即使从社会现象上看，男性的确显得比女性性欲强，男性的性伴侣比女性的性伴侣多，也不能只到生理上去找原因。从历史上看，男性在大多数文化中都比女性占有更多的经济资本、社会资本和文化资本，他们据此制造出一种男女的双重道德标准，要求女性更收敛、压抑自己的需要，甚至要对自己的性欲感到羞耻、惭愧，而男性却不必如此。如果一个男性有很多性伴侣，那是成功、性感的标志；而如果一个女性有很多性伴侣，却是无耻、堕落的标志。这个双重道德标准已经足够解释女性的性伴侣少于男性的现象，用不着再去找什么生理原因了。

最后，如何评价这一现象。在当今的大多数社会中，男性比女性有更多的性伴侣，既不说明男性比女性有更强的生命力，也不说明女性天生比男性更贞洁、更有操守，它只是表明，经过几千年男权社会的文化积淀，男女在对待自身性欲望上的态度和行为模式是不平等的：男性能够更自由地表达和实现他们的性欲望，而女性则更习惯于压抑自己。因此我们可以推论：在一个更加合理的社会中，男女两性的欲望都可以得到更加自由的表达和实现，男女两性因此都应当比现在更快乐一些。

4.3 同性恋与身份政治

4.3.1 同性恋政治

在同性恋政治中，一个最重要的共识是："同性恋"这个身份是性学在19世纪末的治疗和话语实践中发明的一个新概念。同性恋在那时被首次诊断为变态性行为、性倒错。在此之前，虽然同性恋现象大量存在，但是同性恋这一身份并不存在。

性倾向可以被定义为性欲的指向。人们以为所有的人的性欲都会指向异性，其实有相当数量的人的性对象并非异性，同性之间的性行为也很常见，在一些历史时代和一些文化当中，它甚至是一种全社会的普遍实践，例如古希腊罗马社会。在19世纪，有这样性倾向的人首次被称为"性倒错者"，他们的性倾向则被称为"性倒错"。当时，性学将这些人划分为以下几种：绝对的性倒错者，即他们的性对象完全是同性的；双性的性倒错者，即心理上的（而不是生理上的）两性人，其性对象可以是同性或异性，不具有排他的特性；第三种是偶然的性倒错者，在特定条件下可以把同性当作自己的性对象。同性恋和双性恋的概念是由性学在 19 世纪创造出来的，其直接后果是同性恋类性行为被列入刑法。1885 年，英国刑法修正法案中的一项条例规定，肛交以及男性之间的一切性活动都是“下流的有伤风化的”行为，最高可被处以两年苦役。

然而，性学定义同性恋的初衷并不是为了惩罚它，虽然有些性学家把它看成是一种心理疾病，认为它需要治疗。在 19 世纪，在对同性恋的看法上，性学界存在着巨大的差异：克拉夫特－埃宾把同性恋看作是一种疾病，而埃利斯则认为同性恋是健康的正常的表现。埃利斯提出：第一，同性恋行为是一个特定的少数群体的特征，是不可治愈的；第二，改革的方向应该是改革法律，以使这一少数群体中的人们能够平静地生活；第三，只有对公众进行长期的教育才能实现这种改革。（威克斯，47）当时有一种观点认为，男女生理区别变得明显是进化的表现，所以男同性恋的女性化、女同性恋的男性化、男女混合被认为是退化的表现。人们传说女同性恋者有巨大的阴蒂，是男性化的女性。女同性恋、有色人种女性和慕男狂被列为一类，她们的性被视为具有原始而非现代的性质。埃利斯反驳了上述看法，他提出：在女性的性倒错和变大的阴蒂之间毫无联系。（Bland 等，2—184）

因此，自性学出现时起，从政治角度看，性学在同性恋问题上就并没有一个明确的立场。性学研究既被用来指责同性恋，又被用来为他们辩护。可以同时既赋权又去权，因为它并没有提供一个单一的意识形态，而只能被视为一个可被所有人使用的工具。

由于性向的分布是色谱样的连续谱系，关于同性恋在人群中所占的比例就很难统计，把所有那些灰色人群剔除，自诉是绝对同性恋者的人群在金赛调查中占男性的 4%，占女性的 3%；劳曼调查的发现是，男性中 2.8% 的人、女性中 1.4% 的人自认为是同性恋者；男性中 5% 的人、女性中 4% 的人与同性发生过性关系；男性中 6% 的人、女性中 5.5% 的人在性上受到同性的吸引。（克鲁克斯等，271）

下表是当代英国人的性取向分布。异性恋占 91%，同性恋双性恋等占 8%（由于统计时舍去了非整数部分，所以总和比百分之百略低）：

当代英国人性取向分布

性取向	总百分比	男性	女性
异性恋	91%	89%	94%
同性恋	3%	5%	2%
双性恋	4%	4%	3%
未分化	1%	1%	1%

（卡尔，44）

同性恋的问题很早就超越了个人行为的范畴，而成为政治斗争的一个舞台。早在 1918 年，英国的一起案件的审判首次引用了性学作为辩护词，这也是女同性恋问题头一次走上法庭。这就是艾伦事件。艾伦（Maud Allan）1873 年出生，在 20 世纪初以跳艳舞为生，还有同性恋的名声，一度与总理夫人有染。艾伦因为同性恋和潜在的施虐狂倾向（其兄为杀人犯）被起诉。当时，王尔德的《莎乐美》被认为有虐恋、恋物和乱伦倾向，被批评为过去 350 年间欧洲最强大的邪恶力量。在艾伦审判中，她本人、《莎乐美》和性学都被玷污。由于性学被当作是德国的产物，克拉夫特－埃宾被当成德国人，其作品被视为淫秽品。同性恋被认为是不爱国的、非英国的性变态者。在英国历史上，从没有一个审判如此引起争议和人们的广泛关注。

在同性恋解放运动发生之前，美国的大部分同性恋者都是通过地下网络或秘密组织进行接触的。同性恋亚文化存在的主要原因是它能为同性恋者提供性活动的机会，但除此之外，还有许多其他复杂的活动和作用，如友谊关系、互相帮助、政治上的休戚相关、娱乐、社交等。

最早的同性恋抵抗运动于 19 世纪末发生在德国。20 世纪 60 年代开始的同性恋解放运动更是使同性恋问题从个人性倾向层面的问题一跃成为西方社会中重大政治斗争的前沿。当时，同性恋解放阵线宣布的原则立场是：

> 1. 同性恋解放阵线的首要目标是保障同性恋群体的切身利益不会受到歧视和社会压迫。
>
> 2. 然而，同性恋受压抑的根源深种于社会之中，其中最重要的是社会化的家庭模式结构和犹太教－基督教文化。虽然反对歧视同性恋的法律改革和教育改革是可能的和必要的，但是并不能最终解决问题。由于既存的社会结构还保留着，社会偏见和公开的压迫就总是会死灰复燃。
>
> 3. 因此，同性恋解放阵线将自身视为旨在废除各种形

式的社会压迫的更加广泛的社会运动的一部分。它将致力于建立与其他受压迫群体的联盟，并同时保留其组织上的独立性。

4. 我们的联盟成员将包括下列群体：

(a) 女性解放运动。女性受压迫的根源在许多方面与我们相似。

(b) 黑人和其他少数民族。这些人所遭受的种族主义歧视与我们所受到的歧视具有相似的结构，只是他们所受到的歧视以种族为依据，而我们所受到的歧视以性差异为依据。他们是我们社会中在社会和经济上最受压抑的群体。

(c) 工人阶级，即所有的产业劳动者、体力劳动者和脑力劳动者。他们的劳动养活了整个社会，但是他们的技术却遭到利润导向经济的误用，他们组织起来保护自身利益的权利以免受到越来越严重的挑战。

(d) 拒绝资产阶级家庭、拒绝这个社会为他们提供的角色和生活方式并尝试培养出一种非剥削性的反文化的年轻人。

(e) 受到帝国主义压迫的人民。他们尚未获得民族、政治和经济的独立地位，而这是一切其他社会变革的前提条件。

5. 我们不相信任何既存的革命理论已经为我们所面临的问题提供了全部的答案。因此，同性恋解放阵线将学习和讨论所有有关社会和个人的批判理论，并用我们自身的实践和历史经验来检验它们。

同性恋解放阵线的要求是：

——结束一切来自法律、来自雇主、来自整个社会的对男女同性恋者的歧视；

——所有被同性吸引的人应当懂得，这种感觉是美好的和自然的；

——学校的性教育应当不再以异性恋为唯一内容；

——精神病医生应当不再将同性恋视为问题或疾病，以免为同性恋者制造负罪感；

——同性恋者应当像异性恋者一样在法律上拥有通过报刊广告、在公共场所以及通过他们愿意的任何方式自由与其他同性恋者建立联系的权利，警察的骚扰应当立即停止；

——雇主不应再以性倾向为由歧视任何雇员；

——同性恋性活动的自愿年龄线应当降低到异性恋性活动的自愿年龄线；

——同性恋者应当像异性恋者一样拥有在公共场所拉手和接吻的权利。

(Evans，115—116)

同性恋解放运动的最初成果是这一特殊性倾向的非病理化。自从 19 世纪同性恋被性学视为疾病以来，性学界对同性恋的看法经过了一个从病理化到非病理化的演变过程。

性学对同性恋的病理化处理首先表现为对同性恋成因的研究。这一研究从 19 世纪起一直延续至今。在关于同性恋成因的一系列研究中，生理学方面最著名的是脑神经专家列维（Simon LeVay）的试验：他采用了6位异性恋女性、16位异性恋男性和19位同性恋男性作为样本。在对其大脑INAH3的分析中发现：异性恋男性的INAH3的大小是同性恋男性和异性恋女性的2倍。由此他得出结论：性倾向是有生理基础的，至少在男性中如此。

在心理学方面，关于同性恋成因研究的最主要成果则是弗洛伊德的恋母情结理论。它认为，男同性恋的形成是由于男孩从孩提时代形成并且成为固置的弑父奸母的倾向，这正是希腊神话中俄狄浦斯的故事，因此，恋母情结又被称为俄狄浦斯情结。弗洛伊德研究过的案例表明，在童年早期，男同性恋者都有过短暂而强烈的恋母情结，在脱离这一阶段后，他们便将自己看作女性，把自己作为性对象，就如同他们的母亲。他们并非完全不受女性诱惑，只是继续把由女性引起的性兴奋转移到男性对象身上。然而，批评的观点认为，恋母情结并不存在，人的欲望是复杂多样的，无法用话语来描述。

同性恋政治当中有一个强烈的看法，即不应当去研究同性恋的成因。这种观点认为，同性恋有先天因素，但不是疾病，因此其形成原因不值得研究——“人们也完全可以像寻找‘同性恋’的病因一样去寻找‘委员会主席’或‘基督复临安息日会员’的病因。”（威克斯，73）研究同性恋的成因，就像研究左撇子的成因一样：为什么人们并不关注左撇子的成因，而一定要关注同性恋的成因呢？就像左撇子不是罪犯，不是道德败坏者，不是病人一样，同性恋也不是罪犯，不是道德败坏者，不是病人。它只是由于某些人类尚无法得知的原因而自然形成的一种与大多数人不同的性取向。许多同性恋者都认为自己的性取向是先天的，要不然为什么社会环境的压力那么大，这些人还一定要选择同性恋生活方式呢？无论是先天还是后天，都不应成为问题，就像左撇子不应成为问题一样。福柯对这个问题也持不屑一顾的态度，当有人问他关于同性恋是先天成因还是后天成因的问题时，福柯说：关于这个问题我绝对无话可说。

关于同性恋的治疗，普通的治疗方法有外科手术、精神治疗等几种。外科手术的方法并不通行，也没有得到专家的公认，外科手术也许会对同性恋者的性交能力有效果，但是否能令他的性观念、性理想以至于性冲动本身改弦更张却无从知晓；而精神分析学家也承认，要用精神治疗的方法把同性恋的倾向扭转过来使其成为异性恋是不可能的。由于 19 世纪性学对同性恋的看法已经过时，目前性学界已不认为同性恋是精神疾病，因此治疗问题已经不复存在了。

麦金托什（Mary Susan McIntosh）在《同性恋角色》一文中首次提出：应当将同性恋看作一种社会角色，可以对它的起源和变化进行历史性研究。她所关注的不是自 19 世纪末以来人们一直在谈论的同性恋的成因问题，而是我们为什么如此固执地认为同性恋是一种有病因的疾病。在解决这个新问题的过程中，她提出了一种观点，这种观点开创了一个新的研究领域：把同性恋者看作“一个社会种类，而不是医学或精神病种类”。（威克斯，70—71）同性恋的行为不应当与同性恋身份简单联系在一起，因为许多有过同性恋行为的人并不认为自己是同性恋者。“就行为而言，我们的社会中异性恋男性和同性恋男性远没有形成两极。”（威克斯，72）

奥康让（Guy Hocquenghem）在《同性恋欲望》一书中特别

提出对“同性恋欲望”这一概念的批判，他描述和分析了现代社会对同性恋的“偏执狂似的”敌意。这种敌意的现代形式是19世纪以来才出现的，其主要表现形式是将同性恋当作一种疾病。他对“同性恋欲望”这一提法提出了质疑，认为这个提法本身就具有误导性。准确地说，“欲望”既非同性恋的也非异性恋的，欲望是整体的、自然发生的。所谓同性恋欲望和异性恋欲望，都是人们对欲望的武断区分，是人为的、僵化的框架，是“想象出来的谬论”，是一种错误的认识。同性恋被人为地与欲望分割开来，当作一个单独的类别。（威克斯，115、127）当代性学的一个共识是：欲望本身在人身体中是不可分的、整体的一团，只不过它所指向的对象有不同：或者是同性，或者是异性，或者两性都有。

同性恋并不成立为一种特殊的独立的欲望形式还有一个证据，那就是跨文化的同性恋有不同的表现，而生理决定论无法解释这种复杂性。例如，米德发现萨摩亚少年全都与成年男性口交，而西方人却认为同性之间的性是“恶心”的，为什么会有如此的不同？这种现象只能用文化差异来解释，而无法用生理差异来解释。“同性恋欲望”或者说那种渴望与某个与自己性别相同的人肉体亲近——偶尔亲近、经常亲近或一生亲近的欲望，可以被视为正常的、自然的、多样化生命体验的一种形式。只有当我们把生殖性的性行为假定为唯一“正常的”“健康的”性行为时，同性恋才是“反常的”。把所有的非生殖性的性行为视为“违反自然的错误”，已经被现代性学视为一种非常狭隘的观点。

不仅人与人之间的性倾向会有差异，在一个人身上，在一个人的一生中，性的偏爱也可能会改变，或者可能改变数次，因此，所谓“同异之分”的界线也不是十分清楚的。正如金赛所解释的那样，并不存在着界线截然分明的两组人群，一组是异性恋人群，一组是同性恋人群。同性恋和异性恋只是位于“丰富、变化和多样的连续统一体”两极的极端类型。

经过同性恋者的长期努力，特别是经过西方发生在 20 世纪 60 年代和 70 年代的同性恋解放运动，同性恋不再被视为犯罪、堕落，甚至不再被视为一种疾病。1973 年，美国《精神障碍诊断与统计手册》将同性恋删除，2002 年，中国做了相同的事，这是人们对待同性恋看法的一个划时代的转变。从此，同性恋者回归社会和人群，不再被视为另类。虽然中国还保留了“那些因自己的同性恋倾向而适应不良者有可能造成心理疾病”的说法，但是这完全是一句废话，因为心理疾病总会是因为在某些方面适应不良，我们完全可以将这一说法中的同性恋一词替换为贫困、疾病，甚至替换为异性恋——难道没有人因为爱一位异性受挫而罹患心理疾病吗？研究表明，大部分同性恋者社会适应良好，同性恋群体中心理疾病的发病率与异性恋群体中的这一概率在统计学上并无显著差异。

同性恋群体对于早期性学将同性恋病理化是持批判态度的，并且认为，自 20 世纪 40 年代以来在欧美各国变得更为流行的将同性恋全面病理化和心理分析化的倾向源于弗洛伊德理论中的缺陷。对于“治疗同性恋”，弗洛伊德是谨慎的、带有疑问的，但其后来者则常常夸耀治疗的成功。弗洛伊德认为人的本性是双性恋的，性欲是无区分的，也就是说，同性恋和异性恋来自同一个源头，同一种性冲动，只不过所指向的对象不同。他将同性恋视为异性恋习得过程的失败。在他那个时代，弗洛伊德对同性恋的态度是相对宽松的，但还是没有摆脱刻板化的预设。他的问题在于，他最终赞同异性恋的行为规范，所以尽管他承认所有人都拥有双性恋的“萌芽”，但健康的发育要求对规范的服从。这正是潜意识理论与欲望政治的冲突之处和精神分析理论的保守性之所在。

同性恋解放运动的成果之一是在法律上设立反歧视法：

美国批准设立禁止歧视同性恋的法律的状况

	1972年	1997年
城市	1	161
州	0	11

（克鲁克斯等，297）

同性恋解放运动的最重要成果当推公众对同性恋态度的改变：

对同性恋者家庭及其公民权利的态度（1997）

提问	回答“是”的百分比（%）
你是否反对同性恋者合法结婚	56
你是否反对同性恋者领养孩子	49
同性恋者是否应当享有平等的住房权利	80
同性恋者是否应当享有平等的就业权利	84

（克鲁克斯等，296）

从上述调查结果看，尽管还有约为半数的人反对同性婚姻和同性恋者领养孩子，但是已经有八成以上的公众对同性恋者的平等住房权利和就业权利采取尊重和不歧视的态度。

尽管同性婚姻已经在西方多个国家成为现实，还有更多的国家有类似同性婚姻性质的家庭伴侣关系制度、合约婚姻制度，但是，在同性恋政治中，同性婚姻还是引起了不小的争议。赞成同性婚姻的人是从权利角度考虑问题的；而反对同性婚姻的人则更多从婚姻制度的弊病和陈旧过时的角度提出问题。他们说：不知道从什么时候开始，婚姻竟然成了解放的途径：我们应当因我们的不同而被社会接受，而不是去加入旧的制度，同性婚姻并不能使激进事业向前迈进一步。（Devine 等，331）

4.3.2 身份政治

近几十年，在同性恋政治的基础上，身份政治在西方社会中成为一个越来越流行的概念。身份政治有三种立场：第一种是本质主义的立场，主张性倾向就是一种实实在在的生理和社会身份；第二种是反本质主义的立场，主张解构由性倾向构成的身份分类；第三种是策略本质主义的立场，主张将承认性倾向身份的存在仅仅当作一个暂时的策略，从性少数族群的长远利益出发，还是应当最终消解按性倾向划分的身份。

第一种立场即本质主义的立场是性倾向问题上最长久也最常见的立场。在 20 世纪 60 至 70 年代，为了使性少数族群的问题从个人领域进入社会领域，使用“性身份”这一概念似乎有着绝对的必要性。

坚持性身份的学者认为，不应当像反本质主义者那样否定性身份的存在，甚至也不应当认为“性身份”这一概念只具有策略本质主义的意义，因为策略本质主义似乎隐含着性少数族群这个类别实际上并不存在的意思。持这一立场的人认为，应该将性少数身份这一概念理解为一个复杂的多元的充满差异的概念。但是相对于异性恋，它还是一个可以成立的概念。

身份政治的活跃分子认为，像同性恋这样的性少数族群的身份认定具有重大的社会意义，由于这一身份在社会中的污名，同性恋者将不得不处理与社会主流观念的各种紧张关系。同性恋者通常会谨慎地隐藏其身份，这使他们脱离正常世界，于是同性恋亚文化就变得对他们意义重大。一个新的力量共同体汇集的政治能量是新的性认同的重要组成部分。现代同性恋觉醒中有三个重要的元素就是围绕认同的斗争、性社区的形成和政治运动的发展。

在身份政治当中，“性少数族群”的理念是极为重要的一个新理念。自由主义民主传统对受压迫和受歧视的少数族群之权利要求的认可（虽然从未实现），使“性少数族群”开始寻求与其他少数族群同样的社会性，甚至是宪法的保护。“性少数族群”成为突出共同性而不是差异性的一种动员口号。

持这一立场的人们认为，问题的关键在于，如果性身份不复存在，怎么会有性少数族群的权利运动？这岂不成了运动的取消主义？他们认为：性少数族群的身份既然已经由社会建构出来，要想改变现状，也只能在社会和文化中对它加以改变。于是，当代的性少数族群运动陷入了一个两难窘境：一方面有建造“性少数族群”身份并赋予它坚实的政治意义的需要；另一方面要打破“性少数族群”这一类别，粉碎它的过于坚实的历史。

易装者、易性者、恋童者、虐恋者、恋物者、双性恋者等每一个群体都以特殊的性倾向为标志，都有自我表达的特殊历史，都在要求自己的存在空间和权利。对于性边缘群体来说，身份认同是一种理想。这种身份并不一定真正存在于现实当中，但是有同样性取向的人们又的确存在着相互认同的愿望。对认同的追求塑造了性少数族群的历史，建立一种广泛的相互联系的感觉和网络，即所谓性社区，是认同的基本条件。

政治化的性认同并不是对生理上的性倾向的自发反应，它的形成需要复杂的社会政治条件。形成性认同社区必须具备的五个条件是：数量众多的相同处境者、地理的相对集中、以对抗性为标志、社会地位不稳定以及有目标共识的理念引领。

有同性恋活动家激烈抨击反本质主义的社会建构论，认为建构论是对他们来之不易的成就以及要求社会承认他们的合法的少数族群地位的挑战。因此他们支持同性恋基因和同性恋脑髓说，不顾这些本质主义的理论有可能导致遗传工程研究从而根除同性恋基因的后果。性少数族群的权利运动强调身份的作用，它认为，“否认身份”就是一种压迫的形式，它可以有三种表现形式：或是迫害，或是歧视，或是宽容。这一运动的矛盾之处在于：社区的建立在增加个人自豪感和社会归属感的同时，也增加了同性恋这一种类与社会的分离感和同性恋群体内部的同一感。（威克斯，109）

身份问题上的第二种立场是反本质主义的立场。这一立场以巴特勒（Judith Butler）的观点最为典型。它是如何解决解构身份认同与现实政治斗争的矛盾的呢？有人认为反本质主义是“寒潮”，使性少数族群不能去寻找任何共性，使他们丧失了身份认同的共同基础。对此，巴特勒在《暂时的基础：女性主义与后现代主义问题》一文中做出了回答："与后现代主义相反的一种努力，则试图加固那些首要前提，即任何政治理论都需要一个主体，需要从一开始就假定它的主体、语言的参照性以及它所提供的体制描述的完整性。因为没有一个基础，没有这些前提，政治简直不可想象。""主张政治需要一个稳定的主体，意味着声明这一主张不能有政治对立面……于是，这种单方面确立政治疆域的行动就像一个独裁阴谋，其目的是使关于主体地位的政治争论立刻得到平息。"（转引自王逢振等，68—69）在巴特勒看来，虽然从政治角度很有必要使用"女同性恋""男同性恋""酷儿""女性"这些词，但是这些术语在我们能够完全理解它们之前就被说了出来。她坚持认为，应当对上述所有身份存疑。

持第二种立场的主要代表人物还有麦金托什。麦金托什反对同性恋运动，认为有些人愿意说自己是病人，并以此作为权利诉求的依据，要求身份合法化，那是他们自己的问题，而同性恋作为一种身份是不应当存在的。

反本质主义立场的思想源头在福柯那里。他提出过这样一个论点：鸡奸者只是一种暂时的心理变态现象，而同性恋则成了一个种类。（转引自威克斯，85）人们往往会以为性身份是自古以来就存在的区分，是固定而永久的。"但是现在清楚了，这些差异是在 19 世纪的最后几年里才以可以辨认的形式形成的。"（威克斯，208）

但是，反本质主义的社会建构论观点引发了新的个人和政治的问题。同性恋究竟是什么？是一种人人都可能有的倾向还是一种固定的身份？是所有人都可能有的潜能还是少数人的经验？同性恋解放运动的一个主要目标就是打破将同性恋定位为一种特殊状态或少数人的经验的看法。在马尔库塞和激进弗洛伊德派的双性恋潜能理论基础上，早期同性恋解放理论家寻求打破性主体之间的社会建构的区分。在作为一种性偏好的同性恋和作为一种政治颠覆性的生活方式的同性恋之间出现了明显的分歧。后者要求打破角色、身份和固定预设，前者则要求为“同性恋少数族群”争取权利和空间的合法化。

争取少数族群地位的斗争有其明显的积极作用，它便于让普通人了解，提供了立法依据，有较大的说服力。但是它也有消极的作用，那就是同性恋者在挑战同性恋身份的自然性与必然性的同时，自己却成为一种同性恋身份和规范的界定者，从而走向新的性保守主义。而且少数族群身份的定位，意味着放弃对同性恋、异性恋两分霸权的挑战，也强化了同性恋妖魔化的氛围。对同性恋身份群体地位的强调可能是同性恋动员的一个必要阶段，但并不是“最终事实”或“最终真理”。

身份政治中的第三种立场将本质主义和反本质主义二者都否定了，认为前者将性少数群体的身份固定化了；后者不能创造有效的理论和政治。它主张将性身份划分只当作暂时的策略。因此，这一方案又被称为“策略本质主义”(strategic essentialism)。这一立场是在战略上采用社会建构论，否定性少数族群的身份；在战术上采用本质主义，争取性少数族群身份的合法化和各种权利。这一立场正在成为性政治的主流。

20 世纪 60 年代以来的性政治是身份认同的政治。性政治中的多数人都赞同以身份认同作为对自我认同的一个必要步骤；但是与此同时他们又认为，认同是暂时性的，永远不稳定的，它会不断受到潜意识力量、变化的社会、个体的意义和历史的偶然性之间不稳定关系的挑战。

身份政治面临着四个悖论。悖论一：性身份既是固定的、统一的，在现实生活中又是不固定、多元和差异的。悖论二：身份既是极度个人化的，又是多元社会归属的。悖论三：性身份既是历史的，又是偶然的。悖论四：性身份既是虚构出来的，又是一个必要的虚构。（Weeks 等，124—126）因此，正确的做法是使这些身份只派策略的短期的用场，而从战略的长期的角度上将其消解掉。

威克斯提出的“必要的虚构”或“必要的杜撰”这一说法非常重要。他认为，性身份这个概念是一个杜撰的概念。但是，这是一个必要的杜撰，因为它在人们不能平等地获得社会资源的环境下提供了建立平等的社会结构的可能性。同样，性社区这个概念或许也是一种杜撰，但它是必要的。它是一个想象的社区，一个给人以力量和权力的杜撰的传统。它为人们说出自己的身份，为表达价值的词汇提供了一种语境。（威克斯，239）

关于性身份的话语强调，性身份是一柄双刃剑，它一方面可以动员和组织性少数族群为维护自己的权益而斗争；另一方面也将这些少数族群固定在既有的身份之内，压抑了他们内部的差异和变化。性主体的话语建构是一个过程，经历了对不断变化的性政治领域的定义的论争。这些对身份的分类和强加的定义没有穷尽也无法穷尽性的实际状况和各种身份。

在理论层面上，后结构主义者和后现代主义者的挑战强调了所有社会身份包括性身份的变化性、历史性、可塑性和不确定性。身份认同不是命定的而是选择的。性激进运动的真正挑战在于，它指出了性是历史建构的，并能够被政治再建构，要求选择的自由，并且认为性是创造生活的一种可能性。威克斯预言了同性恋身份的终结，他说，当“正常”和“不正常”之间的明显差别消失时，同性恋解放运动也就不再需要了。(威克斯，110)

这一立场公开承认性身份的概念仅仅是一种政治干扰、政治介入，目的就是为了争取性少数族群的政治利益，而不是为了阐明性少数族群存在的真实情况。性少数族群的身份不应当被理解为“一个有生理基础的阶级”，而应当被当作一个为了特殊目的组成的政治联盟。

策略本质主义认为：身份政治只是策略需要，必须承认身份政治的本质主义基础的性质和局限性。持这一观点的人认为，身份应当被视为由话语建构的、必要的，但是这一身份的存在永远是偶然的和策略性的。

策略本质主义提出一种分两步走的方案：虽然性少数族群并不是一种固定身份，但文化和社会却总是要把它看成是某种身份，这是当前的现实。我们第一步是争取各种身份之间的平等，第二步才是解构性少数族群这一概念，不再把它视为一种身份，而是把它视为行为。

策略本质主义认为，对性少数族群作为一种身份的强调只是一个阶段性策略，这一点对于现实斗争来说是基本的需要。虽然性少数族群内部有差异，但是这些人仍属于一个政治群体。从长远来看，性少数族群的身份作为一种社会属性既不是真实的，也不是永久的。这第三种立场最符合中国传统的思维模式，即中庸之道。运用得当，它也许可以取二者之长，补二者之短，成为我们在对待身份政治问题上最适当的选择。

4.4 色情业问题

在性学研究领域，围绕色情行业争议最大的问题是卖淫问题和淫秽品问题，论战各方的分野不仅有保守派和革新派，还有女性主义内部的激进派与自由派。

4.4.1 卖淫问题

在卖淫问题上的论争长期以来一直是性政治中的一项重要内容。对卖淫现象，社会的接受程度在不同的历史时期、不同的文化和社会都不同，甚至在同一个社会的各派政治力量中也有不同。反对卖淫合法化的人认为，即使做最好的解释，卖淫也是一种并非出自自愿的罪恶；赞成卖淫合法化的人则认为，制定法律根除卖淫不仅在历史上从无成功先例，而且并没有足以服人的理由。

卖淫的起源是极崇高的。最初，娼妓是献身于神或女神的女祭司，她们以服务于路人为一种礼拜行为。那时，她们是受尊敬的，男性既利用她们又敬重她们。在基督教兴起之后，卖淫逐渐转变为一种以营利为目的的商业制度，暗娼开始盛行。

性在人们的生活中为各种目的以各种形式出现，卖淫行为以金钱交易为目的、以商业行为的形式出现。娼妓是这一行业的主要角色。在西方世界中，在 19 世纪末之前，性交易很少遭到禁止。直到女性主义运动提出废娼口号之后，性工作者的角色才逐渐成为道德堕落的象征。但是，在女性主义运动中，也有人反对把性工作者仅作为道德沦丧的证据，而认为她们是社会不公的牺牲品。

女性主义是反对性交易的发起者。从 19 世纪 50 年代以后，英国社会有一种对卖淫的社会含义的“广为传播的恐惧”，人们大量使用“社会邪恶”与“社会弊端”这些词汇，使卖淫具有了极大的象征意义。卖淫妇女对于“可敬的中产阶级已婚妇女”构成了一个“他者”，直接影响了她们婚内的性关系。除此之外，人们相信，妓女有特殊的避孕方法，从不可阻断上帝意志所决定的受孕的宗教教条角度看是不道德的，而反对避孕成为可敬的已婚妇女的生育规范。

19 世纪末 20 世纪初，西方掀起了妇女运动的第一次浪潮，运动中女性主义提出的一个主要口号就是反对男性邪恶，反对卖淫。反对男性邪恶的道德十字军东征往往从要求政府扫黄开始，要求制定卖淫法案。1864 年，英国政府批准了反卖淫法案。在 19 世纪 60 年代至 70 年代，美国女性主义团体也争取设立了反卖淫法案，这是女性主义发起的社会纯洁运动所取得的成果。

由于宗主国英国的妇女运动反对娼妓，并向英国政府施压，因此殖民政府也追随宗主国的政策，开始实施禁娼。于是，早期欧洲妇女运动对遍布全球的各个殖民地的禁娼运动产生了直接的影响。当时，各国的妇女团体纷纷动员起来要求废娼，她们逼迫港英当局采取废娼政策。香港的妓寨是在 1935 年 6 月 30 日关门的。但是禁娼的结果并没有杜绝妓女，只是创造了大量的中间剥削者，使得妓女收入更少，工作危险性更大而已。(何春蕤，191—192)

米利特（Kate Millett）在其著名的《性政治》一书的一个脚注中说：“据说共产主义中国是世界上唯一没有卖淫现象的国家。”（米利特，185）现在大家都知道这不是事实，也不曾成为事实——即使在 20 世纪 50 年代至 70 年代，暗娼也在矿山和长途运输的沿线残存着，只是数量比现在要少许多而已。因此可以说，我国在上个世纪的 50 年代、60 年代和 70 年代这 30 年间相当接近这个目标，但是并没有完全实现这个目标。而现在，我们离这个目标越来越远。中国近现代的禁娼运动给人们留下了一个错觉，以为性工作在各个历史时代和所有的社会中都是非法的。其实在世界各国的历史上，禁娼都是一个近代才有的现象。

早在 1959 年，联合国文献《贩卖人口与卖淫研究》就提出，卖淫本身不应当是非法的。根据这一精神，很少有国家将卖淫规定为非法，就连我国的刑法也并不惩罚卖淫者和嫖娼者，只惩罚强迫、组织、容留他人卖淫者。但是，在行政法规（《治安管理处罚条例》）中，却是禁止卖淫嫖娼的。女性主义在性工作问题上的基本态度是：反对对性工作者的剥削，但并不反对性工作本身。

下页表是一些国家对卖淫的法律规定及实际运作情况：

各国的卖淫法

国家	卖淫法	法律法规	社会实践
阿根廷	半合法	宪法第 19 条规定：不违反秩序和公众道德或者无损于第三方的行为被上帝有保留地判断为正当的，并且不属于法官的权限之内。但是拉客、帮助或者唆使妓女以卖淫为生、经营妓院都是非法的。	警察有权根据所颁布的法令逮捕、罚款或监禁妓女 21 天。国家并不采取保护态度。
巴西	半合法	卖淫并非不合法，但以卖淫为目的的经营旅馆，以盘剥卖淫者为生，诱骗儿童卖淫都是非法的。	妓女可以得到宽容，但以异性着装进行性挑逗者通常以触犯公共道德为由被逮捕。男性卖淫或与女性卖淫同样对待，或被视为同性恋。
加拿大	半合法	卖淫本身不触犯法律条款。私人交易是合法的，但是拉客、拉皮条、经营妓院是非法的。	一些城市用地方性的关于闲散人员和公害的细则抵制妓女。妓女权利组织一直在为取缔卖淫法、改善工作环境而努力。
埃及	非法	卖淫非法并处以监禁。被妓女拉客的男人不仅不受监禁，而且他的证词可以用来给妓女定罪。	妓女受到社会的排斥。
德国	合法	妓女被要求进行健康检查，但不允许有健康保险。在指定的地区开设妓院并定时开放。	当妓院所有者改善工作环境时，被视为刺激卖淫，他们可能被起诉。以柏林为中心有活跃的争取妓女权利的斗争。
印度	非法	有许多抵制性交易的法律，包括 1985 年对寺院女佣或寺院妓女的禁令。	尽管法律上禁止，但有组织地买卖妇女、女童的网络依然存在。女佣仍旧被卖给寺院。任何为社会承认的结合以外的性关系都可能被视为卖淫。
伊朗	半合法	1925 年的惩罚条例规定，卖淫本身并不构成犯罪，但是主张、帮助或唆使妇女从事卖淫或经营妓院是犯罪。现行制度相信，由行刑队处决或处以石刑是一种更合适的惩罚。	处刑是普遍的。一些伊朗的女性主义者把社会中盛行的一种暂时的婚姻形式（可能持续不足半小时）视为卖淫。

肯尼亚	半合法	在惩罚条例中没有卖淫的法律定义。但是以卖淫为生是非法的。	城市中的卖淫现象正在增多，因为许多从农村移居城市的妇女找不到工作。警察定期骚扰妓女。单身的、有许多男性伴侣的妇女被视为妓女，不论她们是否收费。
荷兰	合法	卖淫合法，被视为私事。盘剥和拉皮条是非法的。地方市政当局决定起诉时间。大多数城市禁止拉客。	卖淫业在自由市场的环境中运作。这个行业和妓女本人必须交税。但是妓女并不享受从事其他工作的妇女所拥有的权利，并受到社会的歧视。
新西兰	半合法	卖淫并非不合法，但是拉客、经营妓院、以盘剥卖淫者为生、做淫媒是不合法的。定罪可达 5 年监禁。	妓女必须运用精心策划的保护措施掩盖自己的真实身份，导致在性行业进行艾滋病教育的困难。
秘鲁	合法	有营业执照并为内务部管理的妓院是合法的，妓女必须在政府部门注册，携带身份证，每 15 天进行一次体检。	卖淫现象增多。政府从合法妓院中获得收益。
塞内加尔	半合法	卖淫本身并非不合法，但是帮助或唆使妇女从事卖淫、以盘剥卖淫者为生或经营妓院是非法的。妓女必须在国家注册，定期进行体检和携带健康卡。	卖淫在城市中心居多，并由于经济衰败而呈现上升趋势。妓女为社会所排斥。
泰国	非法	按刑法条文，妓女行业或以做妓女为生是非法的。	妓女开办娱乐场所、性旅游，包括与儿童的性关系是司空见惯的。
土耳其	合法	每个城市都在特定地区设有国家批准的妓院。妓女必须注册，携带特殊身份证，双周进行一次体检。	妓院的拥有者有丰厚的利润，但妓女的生活受到严格的限制，她们也受到社会的排斥，找不到其他工作。
英国	半合法	卖淫本身并非不合法，但是禁止拉客、拉皮条和路边性挑逗实际上使卖淫触犯了法律。许多妓女被监禁，或者由于拉客被罚款。	定罪意味着妓女被禁止从事某些工作或去某些地区旅行，如美国，即使不是去卖淫。

（肖巍，124—127）

上表显示，性工作合法的国家有德国、荷兰、秘鲁和土耳其；性工作非法的国家有埃及、印度和泰国；在其余的国家，性工作处于半合法状态。

卖淫业的存在成为女性运动的一个难题，女性主义对于卖淫处于一种左右为难的状态：既要保护这一群处于社会边缘的女性，又要批判卖淫现象本身。卖淫业的暧昧性质使它变得边缘化。作为一种商业活动，它的目标不是如何提供商品和服务，而是如何钻法律的空子，避免被抓到。这就导致性工作者不能像其他行业的从业人员那样得到国家的保护，导致他们更容易受到剥削，导致更恶劣的工作条件。如果性商业是合法的，性工作者会更容易组织起来，争取更高的报酬、更好的条件，争取较多的控制权和较少的恶名。

一个社会应当如何对待卖淫现象，这是一个值得研究的社会学问题。卖淫现象为什么从道德上、从法律上、从治安规定上、从社会规范上一再被否定，但是还是顽固地存在，这需要一个解释，不是一味主张彻底禁娼就能解决问题的。

我们首先应当分析卖淫存在的原因，然后才能找到消灭卖淫的有效办法。卖淫存在的原因要追溯到性的目的。性的目的可以概括为三类：为生殖，为建立亲密关系，为快乐。婚姻中的性有生殖功能。而卖淫中的性活动双方一方是为钱，另一方是为快乐。既不是为了生殖，也不是为了建立亲密关系。

性学家莫尼将卖淫业的功能亦即存在原因概括如下：

卖淫的心理与性功能

心理与性功能＼角色扮演		顾客	娼妓
1. 性宣泄		寻找机会者	妓女
2. 性扩张		冒险者	玩伴
3. 建立人际关系	浪漫关系	情人	浪漫伴侣
	伴侣关系	朋友	红颜知己
	统治关系	奴隶	统治者
	依赖关系	监护人	女儿
	母子关系	青少年	母亲
4. 社会性娱乐		哥们儿	晚会女孩
5. 社会地位提升		投资人	女商人

（Money，1978，1071）

在上述功能之外，卖淫与婚姻及其他不平等的两性关系还存在着难以严格区分的共同特点。按照恩格斯的说法，卖淫和旧式婚姻（一人完全被养起来，不劳动）只有量的区别，没有质的区别。从本质上看，二者的关系就像是零售和批发的关系。既然我们无法完全杜绝旧式婚姻，也就无法完全杜绝卖淫。当然，这只是在社会发展的现阶段。在旧式的一方供养一方的婚姻在社会的全体成员中全都改变为两个平等而独立的人的关系之时，也就是卖淫彻底消亡之日了。

尽管在历史上卖淫有其存在的原因，甚至对婚姻制度具有辅助作用，但反对卖淫也是有充分理由的。主要的理由有三个：第一，对大众健康的危害；第二，对女性的心理危害；第三，对男性的心理危害。其中，对健康的危害位居首位。毫无疑问，在盛行卖淫的时代，性病的传播规模更大，传播速度更快，严重危害了大众的健康。

有一种观点认为，卖淫现象是永远不会消失的。因为使卖淫动机完全消失需要两个条件。第一，性绝对自由，没有任何控制性活动的制度。第二，所有的性活动都是双方自愿和互补的，因为一个人不能被毫无反应的人吸引，性活动中的双方必须是自愿的。只要有一方不情愿，就会给另一方带来挫折感，产生威逼利诱对方的动机。然而这两个条件都是不会出现的。

首先，性永远不可能绝对自由。无论性自由发展到什么程度，总有一种对生育行为的约束制度会存在，不可能让社会中的每一个人完全随心所欲，也就是说，没有一个社会能给所有的人完全的性自由。不同的社会中，性自由的程度会不同，有的自由程度高一些；有的自由程度低一些，但是，完全自由毫无约束是不可能实现的。只为快乐和友谊而不为利益的自由的性模式是卖淫的最大敌人。性自由的增加可以导致卖淫的减少。卖淫的基本特征是将性用为快乐和友谊之外的目的。由于性自由必将带来两个结果，一个是家庭制度的衰落，另一个是卖淫制度的衰落，因此，性自由不仅是家庭制度的敌人，也是卖淫制度的敌人。但是，由于人类社会永远需要家庭制度来约束人们的生育行为，就不可能实现绝对的性自由，因此，卖淫制度也就不能完全消失。

其次，卖淫归根结底是一个经济现象。让少量女性去满足数量多得多的男性的需求，这对于军队，对于众多的陌生人、变态者和那些在肉体上被一般人排斥反感的人来说是最方便的性宣泄渠道。如果按照双方自愿和互补的原则，这些条件差的人就找不到自愿同他发生性关系的对象，因为他们达不到互补的标准。于是，这些人只能用他们能拿得出的东西来做交易，表现形式或者是买卖婚姻，或者是“买春”，即商业性的性交易。

另一种观点则相信，卖淫问题是能够彻底解决的。其中，罗素的观点很有代表性，他相信旧道德一旦消失，卖淫现象也会消失。他认为解决卖淫问题的前提在于人们可以自由地获得性关系。女性的性生活一旦解放，男性就可以寻找与自己同阶层的女性来满足自己的冲动，而无须寻找那些纯粹以金钱为目的的娼妓。而且，这时男女双方进入的性关系是一种含有双方充分热情的关系。从真正的道德观念上看，这对于原有的制度实在是一个巨大的进步。相比之下，罗素的观点听上去过于乐观，过于理想化，以致难以服人。

社会学对于性工作者的组成成分做过大量的研究。性工作者有着不同的经历和从业动机。在许多个人的经历和个性原因之外，其中大多数人可以被归入最主要的两大类原因：一类是出于贫困，另一类是出于追求舒适的生活方式。人们一般对前者给予较多的同情和肯定；对后者则更多鄙夷和否定。但是，从女性有随意处置自己身体的权利的角度，女性主义对出于这两类动机的从业人员是一视同仁的。

在女性主义内部，在性工作问题上形成了否定与肯定的两大营垒。

主张彻底消灭卖淫制度的女性主义者将性工作者称为“汤姆叔叔”，他是一部描写美国奴隶制的小说《汤姆叔叔的小屋》中的主人翁，他安于自己的奴隶身份。持有此类观点的女性主义者坚决反对性工作，认为性工作会为男人提供单向的权利以利用女人的性，是男权至上主义，认为性产业中的女人比奴隶还不如。（何春蕤，2）

例如，契约主义者埃里克森（Lars Ericsson）就是反对卖淫的，他这样论述自己立场的理由：首先，他不承认一大批人们通常反对性交易的理由——他并不认为双方自愿的商业性交易有什么错误，将爱与商业的性加以比较也毫无意义，以为卖淫和买淫关系中没有爱是反对卖淫的愚蠢理由，原因如下：大多数的配偶并非爱人；据统计，75% 的嫖客是已婚男人，不可以说婚内的性是好的，婚外的性（尤其是嫖妓）就是坏的；妓女的行为无论从伦理上还是美学上，都比无感情的夫妻性行为高尚；妓女的性服务质量也不一定低于"常规"的性行为，嫖客报告的对妓女的性感觉比婚内性关系的平均水平更高；妓女和嫖客的关系也不会因为是仅就人的一种基本因素做交易而必定是不好的，妓女并没有出卖她的身体和阴道，她出卖的只是性服务，一个有报酬地帮人清洗身体的护士与有报酬的妓女所做的事情没有什么区别。

既然如此，为什么要反对卖淫呢？他提出了这样几个理由：第一，在妓女和嫖客的关系中，性是个性的完全异化，使人变成了一架机器。第二，性和衣食住行一样是身体的基本的自然的需要，想满足衣食住行和性的要求并不低下，卖淫的错误并不在于对应当免费的事要钱，卖淫也并不比食品超市更不道德。但是，卖肉和卖"人肉"难道没有区别？在性中难道没有一些私密的、个人的、私人的东西使得性并不适用于商业目的？持这一观点的人认为，在肉贩子和妓女之间有很大区别，人们对前者是尊重的，却认为后者是"不体面的"。嫖客不关心妓女的人性，只关心她的性表现，把妓女只看成是“一块肉”而已。第三，卖淫是男性对女性的性剥削，房产主和黑社会的保护人在剥削妓女。

佩特曼（Carole Pateman）也持否定性交易的观点，但是她的看法与埃里克森的观点有一些区别，她对卖淫的性质做了新的定义。她认为，服务、工作是与身体不可分割的，身体与自我意识也是不可分割的。妓女不可能仅仅出卖其性服务，她同时也出卖其身体。不应当拿性与衣食住行相比，因为没有后者会死，而没有前者不会死。有时人有可能得不到衣食，但是性宣泄没有可能得不到。卖淫也不同于没有爱和感情的性关系，二者的区别不是在家吃饭和下馆子吃饭的区别，而是女性的自由与屈从的区别。性关系中的重要区分在于：性关系是自愿的还是强迫的。男女关系中最基本的问题不是性而是权力。卖淫是对男性作为性主人的公开承认，它将屈从作为商品在市场上出卖。

为性工作辩护的观点主要有以下几个角度：

第一，性工作非法化的实际后果对女性不利。目前的局面是，从买方到卖方都想继续做，政府的禁娼政策并不能真正扫清卖淫，政府政策的效果只是使性工作更困难一些，使违法者从娼妓身上剥削得更多。这就是废娼政策的实际后果。反对性工作的人忽视了性工作者的日常生活，包括压迫、暴力和受害者化。

第二，在批判卖淫和批判妓女之间的矛盾。妓女的人权难得保证，杀害她们或侵犯她们的人身权利所受到的惩罚较轻，或者比较不容易受到惩罚。妓女是男权制社会所有妇女群体中最孤立、最污名化的一群，她们不但被整个社会贬低诅咒，还被警察、嫖客、皮条客甚至女性主义者贬低诅咒。

第三，从功能论角度分析卖淫：它为广大男性军人、变态者和长相丑的人服务。在中国，有一个特殊群体，就是数以千万计的农民工。2004 年，北京的统计资料显示，强奸案中有 57% 是外地农民工所为，这一状况虽然可以归咎于这个群体道德水平较低，但是也反映出他们的生理需求被压抑的程度。这就从功能上解释了对性工作的需求。没有这种需求的人往往会忽视有这种需求的人和他们的需求。

第四，权力无权干涉女性的个人行为。大多数国家规范公民的性行为是通过规范女性的行为，有些强调婚前贞节，有些强调婚后忠诚，还有些使卖淫刑事犯罪化，侵犯了成年女性自由支配自己身体的权利。

第五，对性工作者的性别歧视。虽然男妓一般占卖淫业的十分之一，但是一说卖淫总是批评女性。男性从卖淫业获利，但却制定使之非法的法律。也许这一法律的制定与获利是相辅相成的。

有一位女性主义妓女写了一篇论述自己经验的文章，文中写道："我是个妓女——每一个女人的职业。"她说，作为妓女要面临抢劫、暴力、强奸甚至谋杀，为什么她竟连续干了 12 年呢？第一，以性换钱使妓女有了一种控制权，这种感觉不仅是指控制这一交易行为本身，而且是指控制她自己的身体和生活。通过与男性的讨价还价，商定的价格是双方认为最合适的，妓女并没有贱卖自己。他对她没有其他感觉，只是性宣泄而已，因此妓女用不着发誓忠实于任何人。第二，认为妓女出卖了身体是错误的，他并没有把她带回家，把她转卖掉，或者把她扔进垃圾堆。妓女在行为前、行为中和行为后全都掌握着自己的身体的所有权。她最多不过是出租了身体，而不是出卖。她们是以协商好的价格提供性服务。相比之下，与男性谈恋爱的女性比卖淫更容易被强迫，被强奸，还没有报酬。妓女要了报酬，所以不是强奸。强奸不是性，是男性对女性的控制。第三，男性权力控制每个女人，以致她认为，所有的女人都和她一样是妓女。在银行和在饭店工作的女性都和她一样是妓女。她出租身体用作性服务，其他女人出租她们点钱和打扫房间的能力，办公室里的女人要用外貌取悦男人，还要被性骚扰。她现在已经不再做妓女了，她说：我现在不做妓女，在公司做职员，有一个公寓房，正在上学，有三只猫。我仍认为我是妓女，因为我是妓女。(Minas，364—366)

美国妓女权利团体 COYOTE 的重要成员利（Carol Leigh）在 1979 年的妓女权利运动中创造了“性工作”（sex work）一词，为英语注入了一个具有女性主义意识的新名词，也宣告了性产业内女性主体得到能动力的可能性。

在台湾地区，1997 年诞生了第一个本土的妓权运动和组织。他们提出“性工作是女性的权利”这一观念。台北 128 名半文盲的中年公娼于 1997 年 9 月开始利用各种场合和机会走上街头，抗议市政府片面取消她们的营业执照。台北公娼自救会在这个历史节点上创造了妓权运动，引入“性工作”的自我命名，持续用各种灵巧的策略来对市政府施压，终究赢得两年缓冲，也间接促成了废娼市长陈水扁的连任失利。14 国妓权运动代表曾麇集台北，参加公娼自救会举办的“性产业政策与性工作权益国际论坛”，抗议台北市政府践踏公娼的工作权，一起打造性产业合法化与除罪化的可能性。(何春蕤，49)

台湾著名女性主义学者何春蕤认为，女性与性工作并不必然对立：许多性工作者发展出自主的力量和能动性，甚至能创造出某些形式的“专业操演”与论述建构，以重新描绘女人与身体情欲之间的可能关系，改写女人的情欲宿命，甚至重新打造有关性工作的文化想象。所谓“专业操演”就是性工作者努力将工作和快乐区分开来。性工作者往往以用不用安全套来区分性工作与性关系。性工作时用安全套；与真正的性伴侣进行性活动时不用安全套。何春蕤认为，“婊子无情”的辱骂是抹黑扭曲性工作者的论述，它不但想要否认性工作者的专业自主，更强制要求性工作的性成为工作者生命中全面主导——而非片面操作——的力量。而性工作者坚持“婊子无情”的工作态度，则是维护自己的专业身份不被污名抹杀，以积极拒绝“性”成为个人（女人）生命的价值指标。（何春蕤，2—124）

站在女性主义的立场上，从长远的目标上看，性交易制度是一定要消灭的，因为它是男女两性在经济上的不平等地位的产物。到两性平等完全实现之日，就是性交易彻底消亡之时。正如恩格斯所论述的那样，除非婚姻不再在任何意义上是一纸不自愿的、以经济利益为主要依据的契约，婚姻就只可能继续是卖淫（比如，以性换取金钱和商品）制度的一个变种。只有结束了男性在经济上的统治地位之后，只有在妇女以绝对平等和独立的姿态进入经济领域之后，性爱才不再是基于某种形式的经济强制的物物交易。（米利特，189）

在性工作问题上，女性主义的目标应当分为策略（短期目标）和战略（长期目标）两个层面：从策略上，应当争取性工作的非罪化，以将伤害减到最少（拿非法化使性工作者受剥削与非罪化相比，两害相权取其轻）；从战略上，应当争取提高女性的政治、经济和社会地位，争取男女平等的最终实现，以最终消灭卖淫。

4.4.2 淫秽品问题

如果我们回看历史，中国、日本、印度等东方国家早就有春宫画存在，这是淫秽品的鼻祖。在西方，也是早在 18 世纪初就有淫秽书刊在英国印行。目前在世界大多数国家，淫秽品的出版和发行都是合法的产业，淫秽品本身被视为人类想象的产物，属于宪法言论自由条款保护的范畴。最多只是有一些年龄的限制——不许将淫秽品卖给青少年。对于成年人，观看淫秽品的权利是公民权利中的一项内容。

仅以美国为例。在美国，对淫秽品的审查制度只针对儿童淫秽品，对于成人淫秽品是没有限制的。淫秽品在美国有 100 亿美元的产值。1989 年，美国人每个月购买 900 万册《花花公子》《阁楼》和《好色客》杂志，全年租淫秽色情录像带 4 亿部。在 1991—1993 年间，成人录像带的批发和零售在一般录像带商店增加了 75%。此外，在美国，有线电视用户为 2200 万户，成人娱乐电视台 200 家，其播放的节目中有大量淫秽内容。根据 1997 年的统计，在全美发行的新录像带中，好莱坞电影只有 471 种；色情电影竟多达 7852 种。（克鲁克斯等，609）相比之下，淫秽品影业的产量是一般影业产量的 16.7 倍。此外，在美国，成千上万的性网站年产值约为 10 亿美元，有大批网站的产值在百万美元以上，它们通常每人只收 20 美元的入会费。（Abramson 等，215）这些数据可以使人们对淫秽品业的规模有一个大概的概念。

对待淫秽品有三种立场和态度：保守派和传统道德主义认为它是使人道德败坏的诱因；自由派认为它是人类合法的感官享受，也是应当受到保护的宪法权利；激进女性主义则认为它是男性权力的表现。激进女性主义者反对淫秽品的角度虽然与保守派不同，但是在实践中却往往是同步的，她们因此被批评为在淫秽品问题上与保守派同流合污。

在辨别一个作品是否属于淫秽品范畴时，西方国家的法院往往面临两个基本难题：一个是色情描写对公共道德和礼仪可能造成的威胁；另一个是审查制度与宪法的矛盾，审查言论和出版的做法与宪法中保障言论和出版自由的条款有矛盾。

保守派和传统道德主义在西方一度成为主流意识形态。在1873年，美国实行了禁止邮寄淫秽品的康斯托克法。在该法案通过的第一个半年间，共有194 000件淫秽画片和照片被邮局没收，有134 000磅淫秽图书被没收。从1873年至1882年，有700多人被捕，其中多人为了避免在法庭上受辱而自杀。(Abramson等，177）在这一法规设立之前，美国还有过1821年佛蒙特州的反淫秽品法和1842年联邦政府的《关税法》。

自由派在淫秽品问题上的主要论点是维护宪法的言论自由、出版自由权利。他们的主要法律依据是1789年提交、1791年批准的美国宪法第一修正案，保证了公民的言论、出版和宗教自由。在150年之后，这项权利成为法庭辩论关于生产、传播和消费淫秽品权利的主要依据。他们坚决反对设立淫秽品法，认为这种法律的作用在于强化对性的文化禁忌，并压制女性主义、同性恋和其他形式的性异见者。(Abramson等，180)

自由派把关注的重心放在淫秽品的“危害性”这一问题上。保守派极力证明色情产品对观赏者是有害的，会带来普遍的道德败坏，刺激性暴力的发生。而自由派则反对或至少表明在淫秽品与这些社会现象之间的因果关系是“不能证实的”。

自由派提出这样的疑问：色情作品是否真如保守派所认为的那样会使人堕落呢？他们的回答是，在这个问题上并没有肯定的结论。丹麦色情作品合法化的实验说明了一些问题。丹麦从20世纪60年代起开放文学色情作品以及色情照片，起初的确有许多人购买，但很快购买热情大大降低。某些类型的性犯罪（如露阴和窥阴）率也明显下降。在60年代中期以后，西方社会中的各类媒体对性的态度变得更为直率，大量提供与性有关的信息。在性的问题上，人们已经变得更加宽容。

在淫秽品问题上，西方女性主义阵营中出现了尖锐的对立，争论的焦点在于：淫秽品是应当受到压制的，对女性有伤害的，还是可以被允许的一种自由的表达方式？辩论双方一方认为它违反了女性的公民权，应当被禁止；另一方则认为它是可以被允许的自由的表达形式。

在女性主义当中，这场围绕着淫秽品的论争已经变成了一场旷日持久的论战。这场论争从20世纪70年代末开始，一直没有停止过。反对淫秽品一派的主要力量集结在妇女反淫秽品组织WAP（Women Against Pornography）之中，以美国的麦金农（Catharine MacKinnon）、德沃金、英国的罗素（Diana E. H. Russell）、艾森（Catherine Itzin）为首；反对“扫黄”一派的力量主要集结在女性主义反审查制度力量FACT（Feminist Anti-Censorship Taskforce）周围，以万斯（Carol Vance）、斯尼托（Ann Snitow）、威利斯（Ellen Willis）为首。

女性主义反对淫秽品的理由有：第一，在淫秽品生产的过程中，有妇女和儿童被强迫参与；第二，淫秽品中的妇女形象是被侮辱的，无论是在杀戮（snuff）电影中（有一种被称为“杀戮”

的电影，据说是将杀戮一个女人的真实过程全程拍摄下来），还是在一般的淫秽品中，女性被皮靴践踏，被鞭子抽打，或用暴力奸污；第三，在淫秽品的观看过程中，女性在淫秽品中的卑微形象导致了男性对女性的统治地位。只要淫秽品存在一天，女性的尊严、安全、男女平等就不可能实现。（Meyers，417）

德沃金和麦金农提出这样的口号：淫秽品是理论，强奸是实践。（Abramson 等，182）麦金农因其对反淫秽法案的积极推动而被称为“当代的康斯托克”，她曾经力图证明所有色情电影中的女演员都是被迫拍摄这些电影的。但是这一判断显然不符合事实，因而受到激烈的批评。德沃金提出：淫秽品有效地将女性变成妓女，成为男性使用的对象。淫秽品的问题并不是将女性客体化，而是这种形式本身就是客体化。在淫秽品的话语中，女性是客体，不是主体。反审查制度派被批评为赞成淫秽品，赞成男权制。麦金农将反对禁止淫秽品的人称为“运动中的汤姆叔叔”，像卖淫问题一样，取其甘心做奴隶之意。

反淫秽女性主义认为，淫秽品是性别主义和法西斯主义的。她们相信，淫秽品是反人性的和暴力的，不是性。她们认为，一半人口的安全和健康比创造女性的堕落形象的自由权更有价值。她们激烈地批评自由派的观点，认为这些观点说得好听些是将淫秽品中的女性形象合理化；说得难听些是纵容了男性虐待狂的暴力。反对淫秽品一派的理由可以被概括为：男性的观看将女性客体化；淫秽品将男性统治性感化；淫秽品违反了女性的公民权。

双方争论的焦点之一是关于淫秽品作为一种人类幻想的产物：反淫秽品派认为，幻想反映了现实；反审查制度派则认为，性幻想和性行为并不必定反映在性活动范畴之外的态度和行为中，应当为人的幻想留下一点空间。德沃金反对将幻想与行动分开，认为制造和消费淫秽品本身就是行动的形式。(Jackson 等，300）在淫秽品问题上，麦金农也说：说就是做。罗马诺（Carlin Romano）反驳她说：为了证明说不是做，可以去想象强奸麦金农。反淫秽品一派的女性对这个“思想实验”很反感，认为“说”就是某种程度的“做”。(Jaggar 等，152)

德沃金提倡加强对淫秽品的审查制度，与麦金农起草法律，要求对其采取民法措施。在1983年，反淫秽品法由麦金农、德沃金起草，得到美国明尼阿波利斯市议会的批准，但随后被市长否决。明尼阿波利斯法案允许女性对任何参与制作、销售或传播淫秽品的人提起诉讼，只要原告对淫秽品中的女性性形象感到受伤害。在该法案中，淫秽品的定义被大大扩展了。此举得到了政治组织“道德大多数”和极端保守团体的支持，得到了美国右翼宗教和政党力量的赞赏，反淫秽法的通过主要依赖于这些右派的支持。因此，女性主义内部对它将导致什么样的后果感到忧虑。1985年，该法的另一个版本在印第安纳波利斯市市长起诉美国书商协会的诉讼案中受到挑战，结果原告败诉。1986年，美国最高法院驳回了印第安纳波利斯市对该案的上诉，认定由麦金农和德沃金起草的反淫秽品法案是违反宪法的，因为它违反了美国宪法第一修正案有关言论自由的条款。

对于来自女性主义内部的批评，麦金农为自己的立场做了辩解，将宗教右翼的反淫秽品立场与反淫秽的女性主义立场做了区分。她辩解说：前者的反淫秽是出于道德原因，而后者则是出于女性主义的政治观点。她认为：与淫秽联系在一起的是美德与邪恶；与淫秽品联系在一起的是有权与无权。淫秽是抽象的；淫秽品是具体的。（French，167）其实，二者都是政治和道德的，二者的区别在于，反淫秽品女性主义想改变美国的文化气氛，降低针对女性的暴力，消灭那些降低女性自我评价和自信的力量；而反淫秽的保守派是反性的，使性成为禁忌。

作为女性主义内部反对“扫黄”派的力量的集结，在1989年，英国伦敦成立了FAC（女性主义反审检查制度），美国成立了FACT（女性主义反审查制度力量）。她们认为，女性主义运动如果反对淫秽品，就有与右派合流的危险，而右派的目的是规范女性的性行为，而不是解放妇女。

反“扫黄”派女性主义对反淫秽品一派的观点的批评集中在以下几个方面：

第一，反淫秽品运动具有对两性的性过于简单的看法：女性总是被动的、受虐的；而男性是不道德的、虐待女人的，是由阴茎的不可抑制的欲望驱动的。

第二，使用了错误的方法，在淫秽品与性犯罪二者之间建立了虚假的因果关系。

第三，夸大了淫秽品的暴力程度。

第四，简化了淫秽品中的权力关系。女性主义完全可以做到既反对严格的审查制度，又反对男权制文化。

第五，与右翼合流。

第六，女性也是淫秽品的消费者。有人以为淫秽品的消费者只是男性，这种印象是不符合事实的。据美国1985年的统计，有线电视淫秽节目的观众60%是女性。根据1987年《时代》杂志的报道，每年淫秽电影录像带的租出数量为1亿盘次，其中40%是女性租的。《红书》杂志调查了26 000名女性（1987

年），其中有一半人定期观看淫秽影片，85% 至少看过一次。（MacKinnon，120）斯堪的纳维亚一色情杂志的订户有 40% 是女性。为女性服务的杂有性内容的杂志在全美共有 25 万册（一说共 60 万册）。20 世纪 80 年代，女性对淫秽品的兴趣增加，主要原因是妇女解放运动的成功。

许多女性喜欢色情产品，不仅表明对性爱的接受态度，也是对否定女性性快感的文化的反抗。有人曾试图区分男女两性在淫秽品消费方面的区别，他们认为，淫秽片的观众以男性观众为主，而以女性观众为主的主要是色情片，后者被定义为柔和、温存、不过于暴露的影视作品。但是，调查研究结果表明，两性在淫秽品上的消费品位其实是很难区分开来的。

目前在西方有这样一种趋势：女性将男性形象作为商品来消费。其中包括艺术中的男性裸体；女画家使用男性模特；男性的封面画；男性裸体挂像。表演男性的剽悍和性感的男性脱衣舞于 20 世纪 70 年代中期在美国出现，作为女性外出夜生活的主要节目。这种活动不仅出现在美国的东部大城市当中，郊区小镇、中西部、南部也有。其中观众全是女性，没有男性。

第七，淫秽品的存在有其功能。大部分色情产品和“性辅助”工业仅仅被用于提高婚姻的性质量。

第八，禁止淫秽品的结果会和美国 20 世纪 20 年代禁止贩酒一样，证明是失败的。它只会将淫秽品的行业交由犯罪组织来经营罢了。

第九，淫秽品种类繁多，并不都是表现男性欺压女性的。在色情工业中有非常清楚的分类，如异性恋色情品、同性恋色情品、虐恋色情品、儿童色情品等等。在异性恋色情品之外，其他种类的色情品中并不专门反映性别关系，有些（如虐恋类色情品）甚至表现女性欺压男性。男女同性恋者指出了色情产品的积极方面，它提供了在一个对同性恋有敌意的社会中被否定的性欲形象，激励了他们积极的自我意识。应当鼓励和正面支持反映女性和女同性恋性欲的淫秽品。

反淫秽品派感到非常委屈，他们说：我们好像不能反对伤害妇女的淫秽品。淫秽品被当作言论加以保护，而我们反对淫秽品的言论倒被消灭了。反审查制度派对此所做出的回应是：并不是说不可以批评淫秽品，我们应当批评淫秽品中男权主义的成分，但是不应笼统地反对所有的淫秽品。一方面，全面禁止是不对的，因为有些女性喜欢淫秽品；另一方面，要反对淫秽品中所反映出来的男权思想和观念。

一部题名为《为淫秽品辩护》的书提出了保护一般自由权利的问题。它指出：禁止淫秽品会最终威胁到女性的自由权利，尤其是性自由权利。“扫黄”还会造成自相矛盾和自毁的效应：限制淫秽品并不能改善男权制，反而会剥夺一部分人的自由权利，最终伤害到所有人的自由权利。一个明显的例证就是：反淫秽品法被加拿大政府错用来限制同性恋类和女性主义类的书籍，其中甚至包括德沃金的著作《性交》。一看便知，这本书仅仅是因为标题被列入禁书名单的，德沃金的反对淫秽品运动最后闹到禁了自己的书，是典型的“搬起石头砸了自己的脚”。审查制度之不分青红皂白由此可见一斑。这个事件为审查制度必定会带来损害言论自由、出版自由的荒谬后果做了一个戏剧性的注脚。

总之，在淫秽品问题上的对策应当注意两个原则：言论自由的原则和男女平等的原则。由于淫秽品是人的幻想的产物，是言论而不是行动，为了尊重和维护宪法言论自由、出版自由的原则，淫秽品应当合法化。与此同时，我们也要反对淫秽品中男权主义、性别主义的内容，追求淫秽品中的男女平等标准，就像我们要反对小说、电影中的性别主义偏向一样。只有这样做，才能既满足人们的性需求，又不会降低男女平等的程度。

4.5 性革命

从西方世界的情况看，20 世纪 50 年代以前是处于性的保守传统时期；20 世纪 50 年代开始了一轮性革命；到 20 世纪 80 年代保守派上台和艾滋病的发现导致了性的反革命；到 20 世纪 90 年代又开始了一轮新的性革命。在西方社会所经历的这两次性革命中，第一次更重数量，以人们平均性活动频率的大量增加为其特征；第二次重质量，以多元的性和安全的性为其特征。中国的性变革进程与西方相差 20 年，有时方向是相反的。在西方 20 世纪 80 年代进入保守时代时，中国由于开始改革开放，开始进入性革命期，目前这个趋势有愈演愈烈之势。

西方的两次性革命，尤其是第一次性革命，有一个显著的特征，那就是变化的速度十分迅猛，令人惊异：在一代人之内性模式发生如此巨大的改变，这是史无前例的。中国从 20 世纪 80 年代起的这场性革命也有相似的特征。仅以婚前性行为为例：从 80 年代末的一成半到今天的六七成，也只用了十几年的时间。变化的速度实在令人瞠目结舌。对美国 18—24 岁异性恋者的性史调查表明，美国人的性关系与传统社会相比发生了惊人的变化：女孩已经认为自己有权利在适当的年龄从事包括性交在内的性活动，性活动种类的多样化，男性和女性的婚后性期待比前几代人更高等等。这些现象对在这种情境下生活的人，尤其是女性来说，是具有颠覆性的。

西方的那个被命名为“性革命”的时期，几乎覆盖了从20世纪50年代中期到70年代中期，更精确地说，是从1965年至1975年这10年。西方社会中的这段时间已经被公认为是一个在性的观念和行为上发生迅猛变革的时期，这场变革被称为性革命。在性革命期间，性变得公开化；从摇滚明星的性挑逗动作到西方大国许多大城市中性交易场所的增多，出现了偏离传统性规范的多元化趋势；对生育控制、流产、离婚、婚前和婚外性关系、同居和同性恋的态度或多或少在逐渐宽容；各国纷纷批准无错离婚；婚前性行为趋向于普遍化；计划生育大规模展开；女性参加工作，与男性同工同酬，男性分担家务；同性恋解放运动；西欧开始了性立法改革浪潮；新的性亚文化特别是同性恋亚文化出现了惊人的发展；人们对性的谈论、写作和观赏达到空前的程度；许多人特别是受性压迫和剥削的人获得了宝贵的生存空间。

概括地说，性革命最明显的标志有五个：第一是性的公开表达；第二是婚前性行为的大幅度增加；第三是同性恋浮出水面；第四是女性性自主权的伸张；第五是传统性法律的改良。

性革命时期与以前相比，最重要的差别还不是表现在性行为方面，而是表现在公共场合中性表达的公开程度上。人们过去一般认为，谈论性是不合适的，而现在整个工商业都在为公众提供色情商品。这带来了几方面影响。首先，它使得严肃的作家和艺术家能够充分地探索和表达性的主题而不必担心遭到查禁。其次，性已成为娱乐界和商业界的一个主要运行手段。就连在中国这样拥有反淫秽品法的国度，淫秽色情品的普及程度也远远超过了一般人能想象的程度。

青年人对婚前性行为持明确肯定的态度，但在他们当中占据统治地位的准则是“以感情为基础的肯定”，而不是无条件的放纵。大多数成年人的婚前避孕行为已经成为全世界各国的普遍实践，虽然在一些宗教信仰浓厚的国家，人工流产仍然会引起很多的争论，甚至出现炸毁人流诊所的极端行动。

同性恋行为自人类有史以来就一直存在着。同性恋解放运动诞生于 1969 年 6 月 28 日美国纽约市同性恋酒吧的一场骚乱。10 年后，美国出现了世界上规模最大、组织最好的同性恋少数派。尽管如此，同性恋受到污蔑和歧视的现象还时有发生，人们对同性恋的接纳程度的提高还要经历一个缓慢的过程。在中国，同性恋正在浮出水面，进入社会的视野。各大中城市，同性恋酒吧如雨后春笋，同性恋网站遍布网络，同性恋题材的影视作品层出不穷，与同性恋有关的话题在中央电视台的节目中露面，以同性恋人群为目标群体的研究项目越来越多，社会对同性恋的接受程度大大提高。

前人在性道德问题上常犯的一个错误就是，对男女双方实行双重的标准，认为女性应当比男性更多地守贞。然而，女性普遍参加社会劳动所带来的独立于男性的经济地位，以及主流意识形态所倡导的男女平等，势必会引起女性性观念的变化，其中最主要的就是性自主权的伸张。在传统社会中，女性的性是同怀孕和死亡的恐惧联系在一起的，而今性正在同古老的生育和亲属关系剥离开来。性解放一向是而且仍然是女性主义的奋斗目标。女性运动或许会产生一些倒退的性思想，如妇女运动第一波当中提出的“女性投票、男性贞洁”的口号，但是，它也创造出对于性愉悦和性理由的一些令人感到兴奋的、创造性的、态度鲜明的辩护。这种对性持肯定态度的女性主义是以女同性恋者为其先锋的，其中的主要力量是女同性恋虐恋者和分男角女角的女同性恋者。她们的性行为不符合女性运动的纯洁标准，却与性解放和性革命相当合拍。

在各种针对性的变革中，西方各国共同出现的一个现象是立法变革。荷兰、西德、瑞典和丹麦等国废除了控制同性恋、流产和色情产品的法律。英国在 20 世纪 60 年代也发生了深刻的立法变革，法律的世俗化促成了这种变革。在美国出现的斗争则是围绕公民的宪法权利展开的。各国从道德主义立法向较自由的立法的转变中采取的方式是形态各异的，在美国，专用的斗争口号是权利，英国则是要求对私人和公共行为的适当的司法权。这两个国家立法上的变革已经成为社会变迁的象征。

性革命的起因是复杂的，对此性学有大量的研究。一些重要的起因包括：第二次世界大战带来的社会巨变影响了家庭和社会的性观念；民权运动为动摇传统的价值观念和成见做出了贡献；在经济条件上，发达国家进入了消费社会的富裕阶段，不断生产出更多更新的消费品已成为标准的社会期望，对性需要的满足也同样得到了默认；大量女性进入就业岗位，摆在女性面前的工作机会和报酬方面的不平等愈发明显和更难忍受，女权运动得以发起反抗性别角色的革命；以“垮掉的一代”为代表的青年一代反主流文化的出现，使大多数年轻人拒绝接受官方以及大多数成年人的性观念和规范；避孕的广泛应用造成了性与生育相互分离的可能性，使得人们以新的眼光看待有关性行为的社会规范。

性学研究认为，性革命的一个深层原因可能是人口爆炸。现代技术结束了对大批人工劳力的需求，原子能和技术的进步结束了对以数量取胜的军队的需求，人口除了消费之外不再具有任何积极的意义。性与生育动机的分离使婚姻的必要性大大降低，使性的守贞的必要性大大降低，使性的自由度大大增加。再加上避孕技术的普及，对性自由的限制不可避免地降到了最低点。

性革命与女性的解放有关。从女性解放的角度看，性革命意义十分重大。由于生育孩子的意义已经变得不像过去那么重要，女性也要求用自己的生命做点别的事情，即使她们愿意，也没有再像传统社会中的女人那样从青春期到更年期一直不停地生孩子、养孩子的可能性了，传统的贤妻良母价值观也因此不得不改变了。经济独立、精神自由成为新女性的价值观。女性中更大胆、更前卫一些的会要求性的自由。

性革命对传统社会的冲击必然带来保守主义的反弹。以“道德大多数”为代表的思潮在性观念上是传统的，政治观点是保守的，他们反对所有性革命及其相关事件带来的变化。在英美两国公众对性的自由主义态度逐渐上升之时，新右派在 20 世纪 70 年代中期开辟了性政治的战场。他们发起的社会净化运动动员了相当多的选民并得到立法支持，最终促成了选举中保守势力的胜利。美国新右派的思想将“性无政府主义”视为社会弊病的根源，有效地聚合了社会焦虑，并利用了潜在的强大的群众基础。其中有两个关键的核心群体：基督教选民和在道义上关怀女性的大多数中产阶级选民。新右派提出的口号是“保卫家庭”。在美国，它与宗教结盟，将不同的利益群体联合到了同一个易于理解的政治目标之下。这是一个与“放纵”同样有力却全然对立的政治符号，它在政治党派动员力量逐渐减弱的西方政治中提供了一个有力的图腾。

支持传统态度的力量仍旧是强大的。保守主义道德观一般是限制性的，其特征是认为婚姻关系中的异性交媾是唯一在道德上可以接受的性行为方式。婚姻内的性生活起了两个关键的作用：生育和夫妻结合。依照这种道德观点，避孕的企图和非生育性的性行为的任何形式都是不能接受的。在 20 世纪 80 年代，尤其是艾滋病发现之后，保守派和道德主义右派主导了性政治领域，而不是自由主义左派。

美国的数量巨大的教民为保守派和道德运动提供了庞大的金钱、道德拥护和政治力量。1993 年，美国南部浸信会教友大会发动了“等待真爱”的运动，鼓动许多青少年签署了婚前贞洁誓约。保卫“家庭”及其价值调动了人们的情感。许多人认为家庭代表了必然、稳定和社会地位。作为社会和道德保证的家庭生活也使大多数女性成为道德净化的支持者。许多女性强烈地反对女性主义，部分原因是对其性观念打破了传统家庭模式的一种恐慌，以及一种更普遍的恐惧：担心新的性观念会破坏维系男性和女性关系的传统纽带。

在20世纪80年代的保守派回潮中，右翼对性教育、同性恋、淫秽品、堕胎和婚前性行为的反对立场，从极端的边缘地位走到了政治舞台的中心，右翼策略家和原教旨主义宗教运动的活跃分子们发现，这些问题能够吸引群众。性反攻在 1980 年右翼的大选获胜中起到了明显的作用。像“道德大多数”和“公民尊严”这样的组织，获得了大批的追随者、巨大的财政资源以及始料不及的政治影响力。性方面的回潮十分猛烈。右翼发动的性反攻成为对 20 世纪 60 年代和 70 年代性解放的反攻倒算的一个重要组成部分。

社会上性保守派与自由派的斗争也反映在女性主义内部，自由主义的女性主义和激进女性主义在性问题上产生了严重的分歧。自由主义女性主义在性问题上主张个性化，追求性快乐和性自由；激进女性主义则采取反性姿态，认为性是危险的，是男性对女性的暴力。

激进女性主义的性观点有如下要点：

> 异性恋的性关系的一般特征是性的客体化的意识形态，其中男性是主体和主人，女性是客体和奴隶，它是男性对女性的性暴力。
>
> 女性主义者应当拒绝任何支持男性性暴力或使男性性暴力“正规化”的性实践。
>
> 作为女性主义者，我们应当重新获得对女性的性的控制权，关注我们自己的价值重心，它与男性的重心不同——我们更关注亲密关系，而较少在意性行为本身。
>
> 理想的性关系是发生在相互完全自愿的平等的有感情的伴侣之间的关系，不应当参与男女两极化的角色关系。

由此得出下列性意识形态：

> 人类的性是一种在人们之间创造联系和交流感情的表达方式。这是一种以亲密关系为主的理论。
>
> 社会权力理论：在男权制社会中，通过性的客体化，性

变成了男性统治的工具。这是一种通过在男权制核心家庭当中男性角色和女性角色的制度来运转的社会机制。与性的客体化相伴随的意识形态是虐待狂，在其中男性气质是对女性施虐式的控制，女性气质就是对男性意志的屈从。

性自由要求性伴侣之间的平等以及双方的相互尊重，既尊重对方的身体，也尊重对方的主体。它还要求消除一切男权制性体制（例如淫秽品制造业、男权制家庭、卖淫和强迫性的异性恋关系）与性实践（虐恋、一夜情、成人儿童关系、分男角女角的同性恋关系），因为这些关系导致性的客体化。

自由主义女性主义的性观点则包括：

异性恋像其他性实践一样都受到了压抑。通过将性少数派污名化并因此使大多数人保持“纯洁”和得到控制，男权制资产阶级的性规范压抑了每一个人的性欲望和性快乐。

女性主义应当拒绝所有使性少数派污名化从而限制所有人自由的理论分析、法律限制或道德判断。

作为女性主义者，我们应当通过争取一切能够给我们带来快乐和满足的实践的权利来获得对女性的性的控制。

理想的性关系是建立在完全相互自愿和平等的性伴侣之间的，他们通过协商、通过任何他们选择的手段，以获取双方最大限度的性快乐和性满足。

由此得出的性意识形态是：

人类的性主要是一种肉体的快乐，是生殖器性快乐的交换。这是一种以快乐为主的理论。

社会权力理论：社会制度、社会互动和社会话语将人们划分为正常、合法、健康的与不正常、不合法、不健康的两大类，为某些性表达方式赋予了高于另一些性表达方式的特权，并因此将性压抑制度化，制造出了社会权力和性身份的等级制度。

性自由所倡导的是一种反抗实践，即跨越社会赞许的性分类界限，拒绝为政治上正确的性划定范围。

（Plummer，352—354）

概括地说，作为政治工具的性理论有两种模式："压抑模式"和"解放模式"。如果将生命视作动物本能与道德之间永不休止的斗争，性压抑就是为保证文明秩序所不可不付出的代价。"压抑模式"拥有强大支持力量，如弗洛伊德、克拉夫特-埃宾和许多社会理论家都赞同这种立场。相反，"解放模式"将性视作一种有益的资源，认为应当将人们从"文明"中解放出来，实现被压抑的真实自我，获得健康、自然的性自由。这一模式也有强大的长期的支持力量，从卢梭、傅立叶到当代女性主义者苏珊·格里芬（Susan Griffin）。罗素提出：性应当被视同为食，是人的自然需求，对它的约束应当只因为保护健康的原因，其他不必。(Devine 等，90)

在 20 世纪 60 年代的性革命期间，性异见者和性解放者所倡导的"解放模式"的呼声日益得到关注。同反对社会其他领域的传统价值的人们一样，他们采用人文主义概念来表达性自由权利的主张。人文主义的追随者主要是青年一代以及违反传统道德的性偏好者和传统规则的越轨者。人文主义反对性价值观的西方优越论，反对用规则和法律控制人类性行为。他们提出了像“我们的身体是我们自己的”这样的口号，伸张人的性权利，致使原来被认为与政治无关的个人的性选择具有了政治性，甚至对民主政治产生了意义深远的影响。

性革命的一个理念是强调个人拥有性的权利。因此，有人将性革命称为权利政治。性革命的权利政治特别强调以下几种价值：个人选择权、性的平等观和多元价值观。在 20 世纪 90 年代渐成气候的这场新的性革命的主要宗旨是性的世俗化、自由化和多元化。

性的世俗化过程包括在性的观念和行为规范上脱离传统宗教的控制。在 1992 年，美国的共和党大会曾经试图把一个极端保守的道德议事日程强加于该党：反对人工流产，发动反对承认同性恋权利的运动，用肯定“家庭价值”作为争取群众的策略。（威克斯，211）然而，这种企图并没有得到大多数公民的支持，即使是最传统的罗马天主教信徒也不再理睬反对计划生育的命令，这就是西方各国的性规范正在世俗化的一个例证。这个过程在 20 世纪 90 年代以后还在健康发展。

性的自由化过程包括摈弃专制主义或绝对主义的价值观，个人在性问题上的决定权日益得到重视。在英国，到 20 世纪 80 年代末，婚前与男性同居的单身女性约占 50%，而 1970 年只有 7%；非婚生子女比例从 1980 年的 12% 上升到了 1988 年的 25%；每 10 例婚姻中就有 4 例以离婚告终。美国的离婚率则达到 50%。信念和行为方面的转变似乎是长期的，政府对此的影响力非常有限。政府可以制定严厉的法律，可以谴责“提倡同性恋”，但是政府不可能强迫人们按照自己不希望的方式去行为处事。(威克斯，214—216)

性的多元化过程表现为人们对多元性模式的包容性的增加。人们正在逐渐接受性的多元化这个事实。人们有着不同的需求和愿望，他们生活在不同类型的家庭里，有着各种不同类型的关系。但是，许多人却不愿意接受多元化的标准，当他们对人们做出判断时，好像总有一个应该据此生活的共同的道德标准。确切地说，20 世纪 90 年代的主要问题之一就是试图使社会从对多元化的认识发展到把多元化当作一种正常现象，正如著名性学家威克斯所说的那样：再没有其他任何一个领域比性更无确定性了。(威克斯，218) 性的多元化还包括：从本质论到建构论——不再将一些与众不同的性取向当作是人的本质；从生育动机到多重动机——不再以能否生育来判断某种性方式是否正常、是否符合自然的要求；从变态到差异——不再将性倾向上的小众视为变态，而只当作是人的一种差异。多元论的原则是不应试图将人的性差异减少为一种统一的“正确”的行为模式。多元论关注权力运作和变革现存社会关系的斗争的必要性，这一斗争的主体和主要受益者是各类性少数族群。

5．哲学层面

在哲学层面，性学最为关注的是社会建构论、性压抑理论、性的民主化理论和近年来新成气候的酷儿理论。

5.1 社会建构论

性问题上的社会建构论是作为生理决定论的对立面出现的。生理决定论出现于20世纪60年代和70年代，这一理论又被称为性的本质主义——一种关于性是自然的力量、先于社会生活而存在并造就制度的思想。性本质主义植根于西方社会的民间智慧之中，它认为性是永恒不变的、非社会的和超历史的。一个多世纪以来，在以医学、精神病学和心理学为主的研究中，对性的学术研究反复地制造着这种本质主义。这些研究领域把性划归某种个人的属性，认为它可能存在于人们的激素或染色体之中，是由生理或心理建构而成的。在这种生理决定论的分析当中，性是既无历史又无社会决定因素的。

在生理决定论那里，生理性别被认为是自然的分类。这一分类又常常被概括为三个档次的性征的区别：第一性征包括染色体、性腺（卵巢、睾丸）、生殖器；第二性征包括肌肉组织、体毛等；第三性征指发式、服饰等。生理决定论的简约表达是："生理即命运"，亦称"解剖即命运"。这种观点认为，人生而有激素、解剖学和染色体的男女不同；女性先天就有比男性更麻烦的生殖角色；社会应当维护这一自然秩序。其实，人的生理性别与他的社会性别角色远非一一对应，在极端的情况下，一个人的心理性别甚至可能与生理性别对立，比如易性者和易装者，这是生理决定论无法解释的现象。

脑神经专家列维曾试图证明同性恋是由脑神经与常人的差异这一生理原因造成的，试图通过将同性恋归因于生理原因来抵制同性恋恐惧症——如果同性恋的成因就像左撇子的成因一样，常人不就不会歧视同性恋了吗？可惜，他的想法被批评为天真幼稚的想法，批评者反问：基因或激素一类的成因什么时候动摇过种族主义与性别主义的基础呢？

关于性行为的新学说，为性赋予了一个历史，创造了一种不同于性本质主义的建构主义的选择。在这一学说的背后是这样一种假设：性是由社会和历史建构的，而不是由生理决定的。它的意思是说，人类的性不能仅仅从生理学意义来理解。包括人类大脑在内的人类生物有机体是人类文化形态的基础，但是对于身体及其器官的考察，不能解释人类社会制度的性质和多样性。身体、大脑、生殖器和语言能力，对于人类的性都是必不可少的，但是它们不能决定性的内容、性的经历或性的制度形式。此外，我们绝对不能在接触人的身体时脱离开它的文化意义。如果把性仅仅看作生理现象或个人心理学的一部分，就不可能对它进行政治分析。性作为由人制造的产物的程度，就像饮食习惯、运输方法、礼仪制度、劳动方式、娱乐类型、生产过程和压迫模式一样。只有用社会分析和历史解释来理解性的问题，才有可能对人类性行为做出解释。

从20世纪60年代开始的这场生理决定论与社会建构论的论争至今已经持续了50多年。在过去的近半个世纪中，生理决定论渐渐失去了影响力，社会建构论占了上风。

近年来，社会建构论向性的本质主义发起了激烈的挑战，论争的焦点是将现当代同性恋现象描述为历史、文化和社会建构的结果。同性恋概念的形成史，尤其是威克斯的著述，领导着这场攻坚战。许多历史学家进一步将当代的异性恋制度形式视为一种比同性恋话语更晚近的发展。

福柯的《性史》是关于性的新学说的最具影响力的文本。他明确提出，性是社会和历史的建构，“我们千万不要认为性是权力试图控制的天赐之物，或把它看作知识试图逐步揭示的模糊的领域。它是一个可以给历史建构冠名的名称”。（转引自威克斯，163）福柯批判了传统的性观念，这种性观念把性理解为一种渴望从社会的束缚中解放出来的自然冲动。他指出，欲望并不是一种先验存在的生理实体，而是在特殊的社会实践过程中被历史地建构起来的。

吉登斯也持有社会建构论的观点。他指出，“性”（sexuality）这个词首先出现于19世纪，但是到了20世纪末才得到广泛的运用。性是社会建构起来的，它在权力领域内运行，而不仅仅是一系列寻找发泄途径的生理冲动。吉登斯同意福柯的这种看法：话语会成为它所描述的社会现实的一部分。

另一位重要的建构论性学家是加尼翁，他试图证明，性是因历史和文化而异的。在列举了不同文化对于性活动的不同态度之后，他指出：文化的差异是关于性的认识差异的根本原因。而“现代文化的总设计，就是要求人们意识到这种跨文化的差异，并把这些差异看作是人们的选择”。（加尼翁，5）他认为，对性的认识应该建立在这样一个基础之上，即性的差异是人类选择和文化差异的一部分。

加尼翁主张，对人类性行为的理解应该从社会学习的方向来深入。他指出，这一方向的优点在于“它主张性不是人们与生俱来的动力与本能，而是男女两性通过多种途径获得的东西，又用多种多样的方式表达出来”，“性是人们后天习得的行为模式，是一整套感觉与技巧的集合体”。（加尼翁，2）

性脚本（sexual script）理论是加尼翁社会建构论气息十分浓厚的一个理论。脚本是人们关于各类事件的一个提纲，它包括了人们对正在做和将要做的事情的设计和对于过去事件的记忆。人们的一切社会行为都会受到脚本的指导，而性脚本就是人类社会行为脚本的一部分，它是人类关于性活动的设计和记忆。性脚本的内容包括对象、内容、时间、地点及原因。这些内容的每一项都会因社会文化的不同而有着不同的规范，其中充满了基于其所处其中的文化的价值判断。因而，由于文化差异而产生的不同性脚本的差异是理解人类性行为差异的一个重要方面。在性发育的社会学习模型中，性脚本使人的性行为逐步定形。在孩童时代和青少年时代，每个人都具有一种性的脚本。这个性脚本调节着个人性行为的五个主要变化成分：和谁建立性联系；怎么做；在何时做；在何处做；以及为什么做。

性脚本理论向性的本质主义理论挑战。首先，它否认基于生理的性欲冲动的必然性，性行为被认为是一种依照社会性脚本的行为，而不是原始冲动的表达。其次，它否定生命周期理论关于性的发展是一个连续统一体的理论，认为性经历可以是非连续性的。最后，性脚本理论否定性与非性事物之间的明确分野。

性行为在生理学方面相对而言较少变化，而在意义方面变异却很大，正是这些方面与文化的内在逻辑紧密相关。加尼翁用两个不同的岛国以各自的文化来规范它们的性行为的例子解释了性脚本的跨文化差异。波利尼西亚群岛的曼迦岛（Mangaia）上的文化对性行为持一种鼓励和赞许的态度，在那里，青年男女随便性交；而在另一个叫艾尼斯·比格的岛上，人们对性行为则讳莫如深，严格控制。

性脚本不但在文化的横断面上有差异，在其历史发展中也存在着不同时期的差异，就像作者所说的："今天某人对某人说'我爱你'，它的意义同一百年前说这句话完全不同。"（加尼翁，17）当我们将性脚本的这种文化历史差异的观点应用到微观个体层次时，我们会发现：个体在其整个生命周期中同样逐幕上演着为不同性别不同年龄而设计的性脚本，而在每一阶段内都会有深刻的历史文化的影响。性脚本就是在人类的历史发展和文化变迁之中不断建构的，是无法用生物学理论解释的人类社会心理行为。

目前已经渐渐成为性学家共识的性的社会建构论主张，要对性的身份和性的社会规则做历史的、社会的和文化的研究，要研究为性赋予意义的性话语。在研究某种性身份的成因时，它是先天形成还是后天形成的并不重要，最重要的是文化社会环境对性的影响和规范。

5.2 性压抑理论

在人类社会中，性的完全自由是从来没有过的。人的性欲冲动总是不得不受到各种各样的压抑。在压抑最严厉的时候，人的这一冲动只能跟一个特定的人（如配偶）在一个特定的地点（如卧室）在一个特定的时间（如夜晚）以特定的方式（如传教士式）为了特定的原因（如生殖）才能得到宣泄。在这种情况下，同特定的人之外、在特定的地点之外、在特定的时间之外、在特定的方式之外、因特定的原因之外的性活动将会受到法律、道德、习俗的惩罚。这就是性的压抑。

人类的性行为会受到法律、习俗等形形色色的社会规范的制约，通过性的社会化，人们学到了与所属的文化相适应的性价值观念和行为方式。社会不仅关注人们的性行为方式，而且其规范渗透到私生活的缝隙之中。来自道德传统、法律和社会舆论的性价值观念起到两种作用：行为指导和社会控制。除了内在机制如犯罪感和羞耻感的作用之外，文化制度和习俗也通过外在的方式控制着人们的行为，例如在大多数社会当中，人的性活动都要受到婚姻制度的制约。

在不同的社会和文化当中，控制人类性活动的这些规定有不同，有些更严厉一些，有些较为宽松。例如，在西方一些国家，两个同性别的人可以结婚，这两个人就可以互为法定的性对象；在有些国家，同性关系非法，与同性的性关系就要受到法律或社会舆论的惩罚。在不同的时代，这些规定也有不同，有时更严厉一些，有时较为宽松。例如，在宋明时代的中国，女性在丈夫死后不得再嫁，必须守节，她们的性需求受到严厉的管制和压抑；

而在当代中国，寡妇再嫁的压力就小了许多。

有关性压抑的理论存在着一个论争和演变的过程，其中最重要的论点来自弗洛伊德、马尔库塞和福柯。

弗洛伊德是最早提出“性压抑”这一说法的人。他认为，性的压抑是人类为文明所不得不付出的代价。在他的本我、自我、超我理论中，本我相当于原始的冲动，一种没有经过压抑的性欲，也是一种从人的身体和精神深处生发出来的原始的生命力，这种冲动必须由社会这个超我来加以规范、压抑，这样才最终形成了一种能够适应社会生活的自我，这些自我和睦相处，形成一个文明的社会。他认为，为了社会的利益，个人必须限制或压抑自己的快乐。这种压抑表现在两个方面：一个是维持社会的性秩序；另一个是增加人的生产力，其途径是通过将性的欲望和冲动升华到艺术、商业和智力的活动中去。

在弗洛伊德版的性压抑理论中，升华理论占有重要的地位。他指出：伴随文明而来的种种不满，实乃性本能在文化压力下畸形发展的必然结果。而性本能一旦受制于文化，没有能力求得全盘的满足，它那得不到满足的成分，乃大量升华，缔造文明中最庄严最美妙的成就。如果人类在各方面都能满足其欲望，又有什么能催促他把性的能源转用在其他地方呢？他会只顾着快乐的满足，而永无进步。（弗洛伊德，143—144）由于论证了压抑的合理性，弗洛伊德的升华理论被批评为“富于清教主义气息的信仰”。（罗洛·梅，66）

弗洛伊德在他创造的性压抑理论中提出了快乐原则和现实原则这对概念，并且认为，从快乐原则到现实原则的转变是动物性的人转变为人类的唯一途径。从心理机制上解释，快乐原则对应于无意识；现实原则对应于意识。由快乐原则统治的无意识所追求的只是获得快乐；现实原则则是对社会生活的适应。人类在快乐原则的支配下所依赖的是动物性的内驱力，随着现实原则的确立，他变成了一个有机的自我。

在人的成长过程中，快乐原则被现实原则代替，这是一个巨大的创伤事件。弗洛伊德认为，这样的事件不是一次性的，它在人类和每个个体的历史中屡屡出现。从社会发展史看，这类事件最早出现于原始部落，在那里，父亲垄断着权力和快乐，并强令儿子克制。从个体成长史看，这类事件则出现在幼儿期，父母及其他教育者强令幼儿屈从现实原则，不能随心所欲。各种机构的制度都是现实原则的表现。在个体成长层面，被压抑的个体从孩提时期向一个有意识的社会生存状态发展；在社会发展层面，压抑性文明从原始部落向组织化程度更高的文明国家发展。这两个层面是相互联系的。

弗洛伊德认为，持续至今的原始而永恒的生存竞争造成并维持了现实原则对人的生理本能的压抑，它证明了压抑的合理性。生存竞争是永恒的，快乐原则与现实原则的对立也是永恒的。

在弗洛伊德的理论中，快乐原则和现实原则不可避免地要发生根本的冲突。他认为，这种冲突是由普遍的匮乏、生活窘迫和生存竞争引起并维持的。生存竞争对本能的压抑主要是因为缺乏足够的手段和资源以满足本能的需要。因此，现实原则和快乐原则的矛盾是不可调和的。

马尔库塞赞同弗洛伊德关于对性自由的某种约束是文明的前提的思想，他也认为，对欲望的约束的内化是个体获得主体性的基础。他与弗洛伊德的不同点在于，他认为，关于物质上的匮乏是永恒的这个假定是错误的。

马尔库塞认为，在现实原则背后，存在着一个基本事实，这就是匮乏。在现实原则下，统治的利益要求对人的本能施加额外的压抑。这种秩序褒奖驯服的个体，惩戒越轨的个体，由此建构了整个的社会。性欲与文明的冲突随着统治的这种发展而发展。性越轨行为（如同性恋）以快乐原则的名义反对现实原则。由于同性恋无法繁殖后代，如果对它不加压抑，将不仅危及劳动力的再生产，还会危及人类自身的再生产。超我通过了对本我的非现实冲动的防范，确保了自我在现实原则下的发展。

然而，在现代社会中，人类的生活需求已经大大地得到了满足。对劳动力的需求和对人口的需求（保种、人类繁衍）都已经大大地满足了，甚至已经过度满足了——人口爆炸已经成了无法回避的事实。现实原则对快乐原则所施加的主要压抑性的因素——工作日的长度也失去了意义。人口和劳动力都处于过剩状态，人类不再有生育的压力，因此人类性本能（马尔库塞称之为爱欲）也就得到了前所未有的解放。据此，马尔库塞提出：可以把弗洛伊德的“本能压抑－于社会有用的劳动－文明”这一模式转变为“本能解放－于社会有用的劳动－文明”的模式。

弗洛伊德曾认为，本能的解放必定会破坏文明本身，因为只有通过克制和工作，也就是通过对本能能量的压抑性使用，文明才能得以维持。马尔库塞则认为，按照同一逻辑，在生存压力不再成为问题的社会发展阶段，秩序将成为美，工作将成为消遣，这是完全有可能的。

马尔库塞认为，必须消除文明对人类性欲本能的压抑性控制。非压抑性秩序本质上是一种富裕的秩序。只有富裕的秩序才能与人类的自由相一致。这种非压抑性的文明只能出现于富裕的社会中。

这种对非压抑性的本能秩序的看法受到了最不受秩序约束的本能即性欲的检验。非压抑性秩序存在的条件就是，性本能借助其自身的原动力，在变化了的生存条件和社会条件下，在成熟个体之间形成持久的爱欲关系。而这种关系不一定要把性欲纳入一夫一妻的轨道。

随着文明的发展，对个人性欲的禁忌相应放松。肉体不再只是纯粹的劳动工具，它重新获得了性欲。这个过程不只是力比多的释放，还有对它的改造，即把它从限于生殖器的性欲改造为对整个人格的爱欲化。人的整个身体都成了性欲的基础，本能的目标不再是仅仅与异性的生殖器接触，多形态的性欲也不再对文化构成威胁。

马尔库塞认为，性的重塑是人类历史的主要目标。他认为，性的越轨表明了对生殖、生殖器性行为霸权的反抗，是对被奉为正常的性形态的"强烈拒绝"。所谓"变态"的性与压抑相对立，它存在的依据就是快乐原则。性解放的观点表明，从生理学角度证明异性恋是唯一"正常"的性欲形式已经是不可能的了，传统观念中所谓"反常"性欲（同性恋、虐恋等）不过是性爱和自我认同的合理表现。"对多种性倾向的认同和对生活方式多样性的接纳是相互对应的。"（马尔库塞，179）所谓"正常的性爱"只不过是人们众多生活方式中的一种。性多元主义的目的就是克服性对于我们生活的控制。马尔库塞认为，一个非压抑性的社会应该是性越来越摆脱强制性的社会。（马尔库塞，181）

马尔库塞的性变革思想在 20 世纪 60 年代后期的性政治中产

生了极大影响。他因此被誉为性解放运动的精神领袖。60 年代后期的新激进理念、边缘群体（妇女、同性恋、黑人）对资本主义秩序的反抗是马尔库塞思想的具体化。

女性主义性自由派的代表人物鲁宾（Gayle Rubin）也是反对性压抑的一员主将。她认为，在西方的性文化传统中有一种对于性的否定态度。西方文化一般把性视为一种危险的、具有破坏性的、反面的力量。大多数基督教传统，遵循着圣保罗的观点，认为性是一种与生俱来的罪恶。只有婚内以生殖为目的的性和不追求快感享受的性，才有可能赎罪。这种思想又是建立在这样一种假设之上的：生殖器官在身体器官中具有内在的低下性，比精神、灵魂、心，甚至于比消化系统的上半部分（排泄器官的地位与生殖器官接近）都要低下得多，远不如后者神圣。这种观念到目前为止已经获得了独立的生命，而不再仅仅依靠宗教而成立了。

鲁宾认为，西方文化总是对性持怀疑态度。它在理解和评判任何一种性实践时，总是尽其可能采用最坏的术语来表达。性在被证实无罪之前总是被假定为有罪。结果是所有的性行为都被认定为是坏事，除非可以提出使它免罪的特殊理由。最可接受的理由是婚姻、生殖和爱情。有时还可以加上科学方面的好奇心、美学体验或者长时间的亲密关系。但是，性的能力、智慧、好奇心或创造性的实现，全都需要某种借口。而其他种类的快乐，如对于食品、小说或天文学的享用，就不需要此类借口。

鲁宾一再将性欲与食欲加以比较，以揭示人们在性问题上的错误观念。她指出，在压抑性性观念的长期统治之下，人们有着太过深重的焦虑，女性尤甚：女性对自己的欲望感到羞耻，对性自由感到恐惧。性的法律与宗教态度相辅相成，它们都认为，非婚的非异性恋的性是极度可耻可恶的罪恶，应当受到最严厉的惩罚。在许多欧洲国家和美国的历史上，仅仅一次出于自愿的肛门插入行为就可以判死刑。在某些国家，直到今天，肛交仍要判20年徒刑。在价值观或行为方面的一点点与众不同，往往会被当作天大的威胁。虽然人们在看待什么是恰当的饮食方式的问题上也会不耐烦，也会愚蠢，或者具有强迫性，但是食谱的差异很少能够像性趣味的差异那样，激起那么多的愤怒、焦虑和纯粹的恐惧。这一切在鲁宾眼中就是性的压抑。

性学家凯查杜里安认为，在性与社会稳定的关系上，试图约束性爱的社会力量有两个基本观点。第一，对性的宽容会导致性放纵，它侵害家庭，破坏社会结构，消弱国家力量，并使社会解体。第二，无节制的性行为会消耗掉人们本可用于建设和创造的精力。一种政治体制越具有控制力，越倾向于独裁，那么它就越缺少对性的宽容，反之亦然。

在福柯之前，性压抑理论一直在性学中占据主导地位。无论是认为性压抑是文明进步所必须付出的代价，还是认为在富足的社会可以解除性的压抑，性压抑的存在是从来没有人怀疑过的。

在《性史》中，福柯是以对“压抑假说”的批评开始的。福柯的早期作品，似乎也同意权力首先是一种压制性的力量，但是在《性史》中，他第一次提出，权力还是“一种产生快乐的机制”。性在现代文明中并没有转入地下，而是一直在被讨论和探究。对压抑假说的批判是福柯提出的各种新思想中引起了最多误解的一个观点。

由于压抑假说乍一听上去与现实情况相符，因此它一向得到广泛的承认，从来没有人对它产生过丝毫怀疑。而福柯对这一假说提出了三点质疑：第一，自 17 世纪以来性受到极度的压抑，这一点是否自明？第二，资本主义社会的权力机器本质上是否具有压抑性？第三，政教分离主义运动是构成了权力机器和它操作的或操作它的压抑的真正对立面，还是相反，构成了它所谴责的同一历史网络的一部分？

首先，福柯指出："关于现代性压抑的议论立足颇为稳当，这无疑是由于它极易立足。它有着历史与政治的庄重保证。人们将压抑时代的到来定在经过千百年的开放与自由表达之后的 17 世纪。"（福柯，1989，6）压抑假说近几个世纪以来一直占据着主流话语的霸权地位，它假定，性经过了很长一个自由表达的时期，那是从古代一直到 17 世纪。从 17 世纪开始，性进入了受压抑时期，而到了十分晚近的时期，由于反对性压抑的力量奋起抗争，性才渐渐走出压抑的阴影。而福柯认为，17 世纪之前并非没有压抑，17 世纪之后也并非全是压抑。所谓启蒙和解放的学说只不过是神学的一个现代变种。

其次，对于压抑假说，福柯提出了根本的质疑："我要提出的问题，不是我们为什么会受到压抑，而是为什么我们会说自己受到了压抑，而且说的时候带着那样强烈的情绪，对我们不久的过去、我们的现在乃至我们自身都是那样的愤怒？"（福柯，1989，9）由于这种愤怒完全是无源之水、无本之木，它就越发可疑。如果说我们的性从 17 世纪以来一直受到严重的压抑，不许说它，不许做它，这种愤怒倒还可以理解，但在福柯看来，这几个世纪的历史根本就不是这么回事，于是这种愤怒就不仅没有道理，而且显得相当可笑了。

第三，福柯根本反对性与权力完全对立的观点，进而反对对性的肯定就是对权力的否定这一观点。福柯指出："快乐与权力既不是互相抵消又不是彼此对抗，它们互相追逐、互相重叠和互相支持。它们凭着兴奋跟刺激的机制联结起来。"（转引自谢里登，227）因此我们不可以认为性欲本身与权力是对立的，不可以认为解放性欲就是反对权力的革命行动。其实，性欲和权力是相辅相成、狼狈为奸的。

福柯的批判矛头直指弗洛伊德马克思主义这种新左派的思潮。这一思潮的基调恰恰是：性受到了压抑，陷入沉默之中，讨论性问题本身就是代表自由的一方向权力开战。对福柯批判的误解由此而来：既然你批判了压抑假说，你就是认为权力没有压抑过性。其实，福柯的观点是：权力与性是你中有我、我中有你的，而不是相互对立的。他并没有否定性受到了压抑，只是否定了权力与性的截然对立。

性的话语是如压抑假说所假定的那样在权力之外吗？言性就是向权力的挑战吗？答案显然是否定的。福柯指出："18 世纪以来，性从未停止过激发人们的论辩热情。这些关于性的话语从未脱离权力或在与权力对抗的情况下增衍，而是恰恰在权力的范围之内并作为权力运作的手段。社会的一切阶层无不齐心协力去鼓动人们开口，到处都有供听取与记录的机器，供考察、讯问与系统论述的程序。"（福柯，1989，32）

在一次采访中，有记者说：性学家、医生们有一个基本的观点，即性的不幸来自压抑，人们要得到幸福，就要争取性的解放。福柯说："是的，因此他们为我们设下巨大的圈套。他们的观点大致如下：'你有性的问题，你的性行为遭受了挫折，你因此一蹶不振；虚伪的禁戒政治压抑它。到我们这里来吧，告诉我们，向我们表露和坦白你不幸的秘密……’这种类型的话语实在是一种可怕的权力控制的工具。同以往一样，它利用了人们所说、所想和所希望的东西。它利用了人们的心愿：人们总是相信，为了得到幸福，只须跨越话语的门槛，解除一些禁戒就行了。但是，事实上，这样做的后果是导致压抑，把反叛和争取自由的运动引向歧途。”（福柯，1997，39）在基督教所大量推行的忏悔实践中，全套的性知识、性话语和性规范控制了人们的性实践。

福柯要表达的观点是这样的：压抑的形式是多种多样的，绝不仅是禁止说、限制做这一种形式，它还有鼓励言性这样一种形式。在人们被鼓励言性并且以为自己已经因此获得了自由和解放的时候，他们却被权力更牢固地控制起来，受到了更深的压抑。它的严重后果是将争取自由和解放的斗争引入歧途——人们对更深层的压抑习以为常、熟视无睹，反而以为自己已经活在自由和解放之中。

如前所述，关于性压抑的观点是福柯思想中受到最多误解的一个观点。人们以为福柯在说，从 17 世纪以来，性并没有受到压抑。福柯对此也做过多次解释。在一次答记者问中，在谈到《性史》这部书时，福柯是这样说的：“说起来，这本书倒不是要否认性压抑的存在。我想表明性压抑永远是更加复杂得多的有关性的政治策略的一部分。事物并不仅仅被压抑。就性这个问题而言，总是存在很多其实并不完备的限定，它们既有消极的阻挠的效果，又有积极的刺激的效果，二者相互平衡。性在 19 世纪运作的方式，既受压抑，又通过心理学、精神病学这些技术手段的

分析，被置于光天化日之下，受到强调，从而表明那不仅仅是一个压抑的问题。”（福柯，1997，7）

从抽象的层次看，福柯所强调的是：事物在受到压抑的同时，也受到强调；而就性这个具体事物来说，它所遭受的不仅有消极的压抑，也有积极的刺激。性被人们用各种方式在各种场合不厌其烦地言说，仅仅说它受到了压抑，显然是不符合历史事实的。权力对性不仅有排斥性的干预，而且也有肯定性的干预。

权力与性的关系是《性史》中一个重要的主题，福柯在《性史》第一卷中写道：“性成为国家与个人中间的一个问题，一个公开的问题；在它之上结成了话语、专门知识、分析与禁令纵横交错的网。”（福柯，1989，25—26）他认为，任何现代权力体制的运作都不能脱离性的状态，因此性是所有的权力都不能忽略的资源。在国家和个人之间，性成为一个国家权力控制个人的工具。

福柯并不是简单地否定压抑假说，而是提出了一些新问题：性话语导致了哪些知识？是什么在支撑这种性话语的“权力－知识－快乐的制度”？我们应考察“权力如何涌过话语形成的海峡而达到、穿透和控制个人，直抵人们那最隐蔽的性快乐”。福柯并不否认压抑的事实；他所拒斥的是集权化的、压抑性的、铁板一块的权力观。压抑无非是与话语（和沉默）、权力（和禁止）、知识（和错误）有关的复合机制产生的结果。性话语隶属的不是压抑过程，而是刺激的增长，求知意志并没有受到禁忌的阻碍，而是致力于创建性的科学。（谢里登，219—220）我们生活于其中的这一套性的话语和性的科学才是真正束缚我们的绳索。

在《性史》中，福柯描述了一个过程，那就是权力从否定变为肯定、从二元对立变为多样化的过程。他把癫狂与性所受到的不同待遇加以比较后指出："当癫狂在至少一个世纪以内是否定性操作的对象的时候，性却在同时成为肯定性的领域。但是，到了 19 世纪，出现了一种非常重要的现象：权力的两大技术——其一对性进行生产，其二把癫狂隔离开来——互相错综交织起来。对癫狂的权力技术从否定变为肯定，从二元对立变为复杂和多样化的形态。"福柯承认，他想做的事情是"在人们通常强调否定的机制的地方发现肯定的机制"。（福柯，1997，174）性压抑假说一味强调社会上的性规范否定性活动、压制性活动的一面，而福柯提醒我们注意的是性的话语肯定、鼓励、刺激人们言性的一面。由于性压抑假说占据了主流话语霸权，性话语的另一面往往被人忽略。

福柯对压抑假说的批判引起了极大的争议。例如，鲁宾就认为，由于福柯过于强调性的发生方式，他否定或者缩小了政治意义上的性压迫的现实。他在对这种现实的解释方面显得脆弱。福柯极为清楚地表达过这样的意思，即他并不否认性压迫的存在，但是必须把这种压迫放在一个宏大的历史或精神动力机制中来加以理解。在西方社会中，性一直被建构在一种极具惩罚性的社会框架之中，一直受到极为现实的正式或非正式的控制。现代东方社会也并不比西方高明多少。我们必须承认压抑现象的存在，以便揭露它，批判它。

5.3 性的民主化理论

性的民主化理论的主旨是反对性的等级制。在性的问题上，存在着民主化和等级制的对立。在许多文化和社会中，都会存在性价值的等级制，人们会为无限丰富、无限复杂的人的性活动做出优劣高下的等差评价。性的民主化理论的最重要的理论家有鲁宾、吉登斯和威克斯。

鲁宾对人类性行为的等级划分做了如下的描述：婚内的生殖性的异性恋单独处于性金字塔的顶端。接下去是许多异性恋者之间存在的非婚的一对一的异性恋伴侣关系。没有伴侣的个人性活动处于一种暧昧不清的地位。19 世纪对于手淫的强烈丑化观点仍然以一种弱化的、修正过的形式徘徊不去，比如说，把手淫视为对缺乏伴侣状况的下作的替代形式。固定的长期的女同性恋和男同性恋伴侣关系行将受到尊重，但是出入单身酒吧的女同性恋者和性方面比较随意的男同性恋者，却在比这个金字塔的最底层人群高不了多少的地方徘徊。目前最受歧视的性等级是易性者、易装者、恋物者、虐恋者、性工作者如娼妓和色情模特，其中最低下的是那些其性欲超越了代际界线的人。

根据性等级制的价值体系，“美好的”、“正常的”和“自然的”性，从理想形态上说应当是异性恋的、婚内的、一夫一妻的、生殖性的和非商业性的。它应当发生在一对伴侣之间，发生在亲密关系之间，发生在同一代人之间，并且发生在家里。它不应当使用淫秽品、恋物用具、任何种类的性玩具，或者除男角女角之外的其他角色。任何违反了这些规则的性行为都是“不道德的”、“不正常的”或者“不自然的”。这些有害的性行为也许是同性恋的、非婚的、滥交的、非生殖性的，或者是商业性的。它也许是自慰性质的，或发生在性聚会中，也许是同陌生人偶然发生的，也许跨越了代际界线，也许发生在公共场所，或者至少发生在树丛中或者浴室中。它也许包括淫秽品、恋物用具、性玩具或对不同寻常的角色的使用。

性等级制还表现为划清和保持好的性行为和坏的性行为之间的那条想象中的界线的需要。大多数的性话语，无论是宗教的、精神病学的、大众文化的还是政治的，总是将人类性能力中非常小的一部分划分为神圣的、安全的、健康的、成熟的、合法的或政治上正确的。这条界线把上述行为同所有其他的性行为区分开来，后者被认为是魔鬼的作品，是危险的，是心理病态的，是幼稚的或政治上应受谴责的。

那些在这个分层体系中处于高层的个人，被授予精神健康的证书，受到尊敬，得到合法的地位，得到社会和身体行动的自由，得到制度的支持和物质利益。而那些其性行为或职业处于这个等级体系的底层的个人，则往往会被认定为患有精神疾病，品格不端，犯罪，他们的社会和身体行动的自由受到限制，失去制度的支持，还会受到经济制裁。性价值的等级制同种族主义、民族中心主义以及宗教沙文主义的意识形态体系有着同样的运作方式。它们使性特权阶层的幸福以及性下等公民的厄运合理化了。

这样的性道德与种族主义的意识形态有很多相似之处，同真正的伦理相去甚远。它把美德授予占统治地位的群体，把邪恶的名声加在地位低下的群体身上。民主的道德应当用下列标准来评判性行为：伴侣对待对方的方式，相互关心的程度，有没有强迫性，以及某种关系所提供的愉悦的数量与质量。无论性行为是同性恋的还是异性恋的，是一对一的还是群体的，是裸体的还是穿内衣的，是商业性的还是不要钱的，是被录像的还是没有被录像的，都不关伦理的事。

吉登斯是从亲密关系的角度讨论性的民主化概念的。他认为，性解放可以成为对于社会生活进行大规模情感重组的媒介，这表明了在个人生活领域进行激进的民主化改革的可能性。吉登斯阐述了在人们之间建立亲密关系的可能性。这种亲密关系，意味着人们在平等基础上对于彼此关系进行相互协商，它意味着人际关系领域的全面民主化，其方式完全和公共领域中的民主一致，它甚至可能对于作为整体的现代制度有着颠覆性的作用。

吉登斯认为，性的民主化最重要的发展就是建构了政治上的新的“偏好群体社区”，这是一种新的性民主形式。性革命的一个结果是亲密关系的民主化。所谓亲密关系的民主化是这样定义的：第一，建立一种环境，在其中人们能够发展他们的潜力，表达他们不同的品质。关键点在于每个个人都应当尊重他人的学习与发挥才能的能力。第二，防止政治权威和强制力量的人为干预，决策应当协商，即使是少数人代表多数人时。第三，决策应当包括个人，前提是个人应当接受理性的标准。第四，通过扩大经济机会来发展资源：当个人从肉体需要中解脱出来之后才能最好地达到其目标。(Giddens，184—204)

吉登斯认为，自主性原则在个人生活民主化过程中发挥着重要的作用。“参与的个体决定关系的性质”是这个过程的关键因素，权利和义务的界定在某种程度上界定了真正的亲密关系是什么。任何一种规则，只要能够增进参与者的自主性，又能够要求大家彼此尊重，就可能使个人的行为摆脱无意识组织起来的权力游戏，使个体反思性地考察自己的行为和它暗含的正当理由，从而改变社会中积淀的差异权力，促进个人生活民主化的进程。

性的民主化同时存在于个人的或微观的层面与社会的或宏观

的层面。社会中的一些结构条件会渗透到纯粹关系的核心，而纯粹关系中自主性的推进，也会对更大的社区中的民主实践产生深远的影响。“从更宏观的层面来说，个人生活的民主化和全球政治民主化存在对称的关系。”（吉登斯，196）

威克斯对性的民主化理论的贡献在于性公民权（sexual citizenship）和性公民（sexual citizen）概念的提出。所谓性的公民权是指：控制（或不控制）自己的身体、感觉、关系的权利；利用（或不利用）表达、关系、公共场合的权利；以及在社会中选择（或不选择）身份、性别经验的权利。这两个概念之所以非常重要，是因为它们强调了人作为公民的性权利。这一权利应当是人的公民权的一部分。过去，人们将人的违反传统的性行为和性倾向视为犯罪、疾病、道德沦丧，从来没有从人的公民权角度看待过性的问题。其实，像拥有吃饭的权利一样，人也拥有性的权利，不管它有多么怪异的形态，它仍是公民权利的一种，应当受到宪法的保护。这就是性公民权概念的定义。而每一个人的性公民权的实现是性的民主化进程中不可或缺的一个目标。

性公民的概念是性革命或性权利运动的产物。威克斯说：我所提出的性公民可以是男性或女性，年轻人或老年人，黑人或白人，富人或穷人，异性恋者或同性恋者。他事实上可以是任何人。性公民的存在——这句话的更佳表达方法或许是希望成为一个存在——是由于当代世界所赋予性主体的新的首要性。（Weeks，1998）

性公民权的话语主要有三类：第一类是以性活动为基础的权利主张；第二类是以性身份为基础的权利主张；第三类是以性关系为基础的权利主张。它们包括：第一，争取在个人关系中拥有性活动的各种形式的权利。例如，性自由和性安全的运动，女性性自慰的权利。第二，争取对个人身份做出自我定义和发展的权利。例如，做男女同性恋者的权利，做双性恋者、易装者、易性者、虐恋者的权利。第三，争取社会体制中的权利，即性关系的各种形式得到公开认可的权利。性权利话语又可以被概括为实践、身份和关系三项内容。其中实践权利是指：参与性活动的权利；获得快乐的权利；自我决定性与生育的权利。身份权利是指：自我定义的权利；自我表达的权利；自我实现的权利。关系权利是指：在个人关系中同意进行性实践的权利；自由选择性伴侣的权利；性关系得到公开认可的权利。(Richardson，2000)

威克斯的观点又是一种激进多元论的观点。它主张对所谓“自然”的本质和秩序进行质疑，接纳人性的无限丰富和多元这一事实。激进多元主义尤其关注个人的性权利，争取性问题上的民主化，以及在不伤害他人这一前提之下的自由选择的最大化。一种新的性民主要争取的是：所有人都享有真正平等的自我选择权和自我决定权；所有人都拥有对自己身体的控制权，并了解其全部的潜能；超越传统中错误的不合理的性规范。

5.4 酷儿理论（Queer Theory）

酷儿理论是 90 年代在西方兴起的一个新的性理论。在过去数年间，一个新的指称“酷儿”（queer）从男女同性恋和双性恋的政治和理论中发展起来。酷儿理论目前是性政治中的活跃分子和学术界十分熟悉、钟爱的一个理论。知识分子的作用之一在于为一个争取解放的社会运动提供话语支持。酷儿理论就是这样一种话语。

“酷儿”是音译，原来是西方主流文化对同性恋者的贬义称呼，有“怪异”之意，后来被性的激进派借用来概括他们的理论，其中不无反讽之意。我本来想用“奇异”或“与众不同”之类的词来翻译它，但是这样翻译过于直白，似乎丧失了这个词的反讽之意。由于很难找到对应的又表达了反讽之意的中文词汇来翻译，所以索性采用港台的音译词“酷儿”。

酷儿理论不是指某种特定的理论，而是多种跨学科理论的综合，它来自历史、社会学、文学等多种学科。酷儿理论是一种自外于主流文化的立场：这些人和他们的理论在主流文化中找不到自己的位置，也不愿意在主流文化中为自己找位置。“酷儿”这一概念作为对一个社会群体的指称，包括了所有在性倾向方面与主流文化和占统治地位的社会性别规范或性规范不符的人。酷儿理论就是这些人的理论。“酷儿”这一概念指的是在文化中所有非异性恋（nonstraight）的立场。这一范畴既包括男同性恋、女同性恋和双性恋的立场，也包括所有其他潜在的、难以具体归类的非异性恋立场。

“酷儿理论”这一概念的发明权属于著名女权主义者罗丽蒂斯（Teresa de Lauretis），她是美国加州大学圣十架分校的教授。酷儿理论最初见于1991年《差异》杂志的“酷儿理论：女同性恋与男同性恋的性”特刊。这个理论的发明还有一个小小的故事：首先使用这一用语的罗丽蒂斯是在批评的意义上使用这一用语的。这位女同性恋女权主义者的观点是：用酷儿理论取代女同性恋和男同性恋的提法有一个问题，即掩盖了二者之间的区别，她担心这一用语会“解构我们自己的话语和男同性恋者的建构性沉默”，这就违背了她提出的强调男女同性恋各自的特殊性的初衷。她还担心，在酷儿理论以其自身实践与女权主义理论相区别时，妇女问题，特别是女同性恋问题，会遭到被强制性边缘化的命运。(Heller，36—37)

关于“酷儿理论”的发明，罗丽蒂斯说过这样一段话：“有趣的是，威格曼（Robyn Wiegman）谈到了酷儿理论，她正确地将这一用语的发明权追溯到我，那是我为1990年（在圣十架分校）组织召开的一个会议在《差异》杂志上所编的一期特刊上首先使用的。她注意到，从那时起，酷儿理论的建立‘实际上将差异中性化了’，这一点的确违背我创造酷儿理论这一用语的初衷，我创造这个词的本意是希望用无差别的单一形容词来取代男同性恋和女同性恋，以便将性的多重性放在它们各自的历史、物质和语境中去理解。显然，我是赞同威格曼的意见的。我也赞同沃特尼（Simon Watney）在一篇文章中的意见。他写道：目前使用‘酷儿’一词的最方便之处在于，它是性别中立和种族中立的。他又说：酷儿表达了这样一种立场：它欢迎和赞赏一幅更宽广的性与社会多样性的图景中的差异。”(转引自 Heller，46)

酷儿理论的前身是各种与同性恋有关的理论。罗丽蒂斯认为，同性恋如今已不再被视为一种游离于主流的固定的性形式之外的边缘现象，不再被视为旧式病理模式所谓的正常性欲的变异，也不再被视为北美多元主义所谓的对生活方式的另一种选择，男女同性恋已被重新定义为他们自身权利的性与文化的形式，即使它还没有定型，还不得不依赖现存的话语形式。

酷儿理论超越了同性恋身份政治，在性别身份问题上站在反本质主义的立场上。它反对正统观念，提出性别非固定性的理念，破坏固定不变的分类，质疑所有的本质化的倾向和两分思维。

酷儿理论指导下的写作以性为主题，特别是从同性恋者和易性者的角度提出问题，质询对性、生理性别和社会性别的传统理解。所谓“酷儿性”（queerness）指的就是难以适应分类。所有那些自称“酷儿”的人最明显的特征就是难以为他们分类。不止是有男性气质的女性、有女性气质的男性、同性恋者、易装者、易性者，还有很多难以归类的人都会感到：“我的自我不仅仅是这样的，我比这个要多得多。”

塞奇威克（Eve Kosofsky Sedgwick）为酷儿所下的定义是：“酷儿可以指：开放的错综复杂的可能性、断裂、重新选择、不和谐、不协调、不一致，以及回应、共鸣、意义的偏离与超越，人的社会性别的形成因素并非与其生理性别完全一致。”（Glover等，106）如果说在女性和女性主义内部有着如此丰富多元的身份，单一的女性概念就没有什么意义了。

著名性别和性问题专家威克斯是这样认识酷儿、酷儿理论和酷儿政治的：从20世纪60年代以来登上历史舞台的女权运动和同性恋运动可以被解释为对当代世界中一种主体形成形式的反叛，是对权力的挑战，是对个人定义方式、把个人定义为某种特殊身份、固定在某种社会地位上这种做法的挑战。“酷儿政治”（queer politics）是20世纪90年代在北美及世界其他地方同性恋中产生的一种新的政治力量。新一代人自称“酷儿”，而不称女同性恋、男同性恋或双性恋。“酷儿”意味着对抗——既反对同性恋的同化，也反对异性恋的压迫。“酷儿”包容了所有被权力边缘化的人们。

正像“gay”这一用语在20世纪60年代打破了旧式同性恋

运动中那种自我辩护的姿态一样，新出现的酷儿政治打破了20世纪70年代和80年代同性恋政治的少数派化和整合策略。具有讽刺意味的是，它的出现正当同性恋运动成功进入主流文化之时。酷儿政治通过将许多互不相通的成分结合在一起，建造出一种新文化。他们也许是接受后现代主义的当代模式的第一批活跃分子。他们运用旧有和新式的成分建造出他们自己的身份——他们从大众文化、有色人种社区、嬉皮士、反艾滋病活跃分子、反核运动、音乐电视、女权主义和早期同性恋解放运动中借用风格和策略。他们的新文化是奇妙的，敏锐的，无政府的，反叛的，反讽的。他们绝对认真，但是他们又想从中取乐。酷儿政治之所以是一个重要的现象，不仅因为它说了什么或做了什么，而且因为它提醒人们，性政治这一整体在不断地发明创新，从而走向存在的不同方式。（转引自 Parker 等，45—49）

酷儿理论的主要观点和主张可以被概括为以下几个方面：

酷儿理论的第一个重要内容是向异性恋和同性恋的两分结构挑战，向社会的“常态”挑战。所谓常态主要指的是异性恋制度和异性恋霸权，也包括那种仅仅把婚内的性关系和以生殖为目的的性行为当作正常的、符合规范的性关系和性行为的观点。对于学术界和解放运动活跃分子来说，把自己定义为“酷儿”，就是为了向所有的常态挑战，其批判锋芒直指异性恋霸权。

长期以来，人们以异性恋为常态，以同性恋为变态。在20年前，社会还认为同性恋是某种疾病，人们想给他们治病，想理解他们，或诅咒他们。这不是同性恋者个人的问题，而是社会结构问题。在这种社会规范的统治之下，异性恋者憎恨同性恋者，同性恋者也因为自己的不“正常”而长期自我憎恨。同性恋恐惧症不再是个人的问题，而成为社会的问题。20 世纪 70 年代活跃的同性恋群体打破了异性恋自然秩序的观念。现在，异性恋的“自然性”受到了酷儿理论的挑战，它提出了使性欲摆脱性别身份认同的可能性。

在传统的性和性别观念中，异性恋机制的最强有力的基础在于生理性别、社会性别和性欲这三者之间的关系，一个人的生理性别就决定了他的社会性别特征和异性恋的欲望。尽管有大量研究证实了同性恋和异性恋的区别，尽管有大量违反这三者之间关系的实践，这三者之间的关系一直没有受到质疑。尽管根据金赛报告，有 50% 以上的男性和 30% 以上的女性在一生中曾经有过同性性行为经验，异性恋霸权仍旧认为，性欲的表达是由社会性别身份决定的；而社会性别身份又是由生理性别决定的。

在对生理性别、社会性别和性倾向的严格分类的挑战中，巴特勒的“表演”理论有着特殊的重要性。她认为，人们的同性恋、异性恋或双性恋的行为都不是来自某种固定的身份，而是像演员一样，是一种不断变换的表演。在巴特勒看来，没有一种社会性别是“真正的”社会性别，是其他的表演性的重复的行为的真实基础。社会性别也不是一种天生的性身份的表现。异性恋本身是被人为地“天生化”“自然化”的，用以当作人类性行为的基础。性身份的两分模式（彼或此，异性恋或同性恋）从遗传上就是不稳定的，这种截然的两分是循环定义的结果，每一方都必须以另一方为参照系。同性恋就是“非”异性恋；异性恋就是“非”同性恋。因为对“表演”理论的强调，巴特勒的思想被人称作激进的福柯主义，它被认为是一种新的哲学行为论，其中没有实存（being），只有行为（doing）。

对于巴特勒来说，根本不存在“恰当的”或“正确的”社会性别，即适合于某一生理性别或另一生理性别的社会性别，也根本不存在什么生理性别的文化属性。她认为，与其说有一种恰当的社会性别形式，不如说存在着一种“连续性的幻觉”（illusions of continuity），而它正是异性恋将其自身在生理性别、社会性别和欲望之间天生化和自然化的结果。在异性恋中，这一幻觉靠的是这样一种假设，即“先有一个生理性别，它通过社会性别表现出来，然后通过性表现出来”。巴特勒反其道而行之，她认为，异性恋的性统治是生理性别的强迫性的表现。

社会性别表演在下列意义上是强迫性的，即一旦偏离社会性别规范，就会导致社会的排斥、惩罚和暴力，更不必说由这些禁忌所产生的越轨的快感（transgressive pleasures），它会带来更严重的惩诫。这一表演带有紧迫性和强迫性，这一点由相应的社会惩诫反映出来。为了建构异性恋的身份，异性恋要求一种社会性别的连续性表演。（Butler 等，19—24）

在巴特勒看来，生理性别、社会性别和欲望这三者之间的联系建构了异性恋，而它必定是强迫性的和脆弱的。弗洛伊德所发明的“俄狄浦斯情结”是对同性之爱的原初否定。俄狄浦斯情结是借用古希腊神话中一位王子杀父奸母的故事来说明，所有的人都有异性恋的乱伦冲动。巴特勒认为，原初的禁忌并不是异性恋的乱伦，而是同性恋。异性间的乱伦禁忌不是原因，而是禁止同性性欲望的结果。异性乱伦禁忌所禁止的是欲望的对象，而同性恋禁忌禁止的是欲望本身。“换言之，不仅丧失了对象，而且欲望也被彻底否定，于是‘我从未失去过那个人，我从未爱过那个人，我真的从未感到过那种爱’。”（Butler 等，69）

通过铲除异性恋以外的一切欲望，扼杀掉一切其他选择的可能性，异性恋霸权的社会建构了一种性欲与性感的主体。社会性别的表演将身体的一部分器官性感化了，仅仅承认它们是快乐的来源。在异性恋倾向的建构过程中，人们认为只有身体的这些部位是用来制造性快感的，社会性别的表演和性活动连在一起：一个“具有女性气质”的女人要通过阴道被插入而获得快感，而一个“具有男性气质”的男人则通过阴茎的插入体验快感。易性者陷入两难境地，他以为如果自己没有相应的性器官，就不可能拥有某种社会性别身份。易性者通过植入或切除某些器官以表达他或她的身份，这不是一种颠覆性的行为，而恰恰反映出生理性别、社会性别和欲望已经被“天生化”和“自然化”到了何等程度。在这一过程中，人们的注意力全集中在适当的性别表演上，而不是性感的性活动上。

这一表演就是“社会性别”关于男性气质和女性气质的表演。这种表演使人理解了什么是生理性别和社会性别的两分体系。因此，一个男扮女装的表演并不是对原初形态的模仿，用巴特勒的一句名言来说，它是“一个对模仿的模仿，是一个没有原件的复制品”。当一个男孩想穿女孩衣服或像女孩那样生活时，是什么力量逼着他非要去对自己的身体下那样的毒手呢？为什么他不能够穿裙子，为什么他不能够简简单单地过他想过的女孩的生活呢？这就是因为他生活在异性恋霸权的淫威之下，一种无形的暴力在规范着他该穿什么衣服，有什么样的作派举止。这是一种多么强大又是多么可怕的力量。它能逼着人残害自己的肢体。我们简直不再能把它当成一种无形的力量，它简直是有形到可以看得见、摸得着的程度了。

如果我们接受巴特勒的表演这一概念，使用表演这一尺度，按性身份和性欲的对象来划分个人的类型就会变得毫无意义。酷儿理论倾向于接受虐恋和其他角色表演实践，将其违反性规范的越轨行为定义为反禁制的性。把酷儿的性建立在一个不断改变的表演的系列之上，就是对异性恋霸权的挑战。酷儿理论造成了以性倾向或性欲为基础的性身份概念的巨大变化，它也是对于性别身份与性欲之间关系的挑战。

酷儿理论的第二个重要内容是向男性和女性的两分结构挑战，向一切严格的分类挑战，它的主要批判目标是西方占统治地位的思维方法，即两分思维方法。有些思想家把这种两分的思维方式称作“两分监狱”，认为它是压抑人的自由选择的囹圄。

酷儿理论自觉地跨越了各种性类型的尊卑顺序，它的中心逻辑是解构两分结构，即对性身份或性欲的非此即彼的划分。这个具有反讽意味的概念“酷儿”并不指称某一种性类型，就像男同性恋或女同性恋这样的身份，而是指这样一种过程：性身份和对欲望的表达能够摆脱这样的结构框架。酷儿并不是一个新型的固定的“性主体”的标签，而是提供了一个本体论的类型，它与现代主义话语中的两分核心相对立。它抛开了单一的、永久的和连续性的“自我”，以这样一种自我的概念取而代之：它是表演性的、可变的、不连续的和过程性的，是由不断的重复和不断为它赋予新形式的行为建构而成的。

在反对性别的两分结构（男性与女性）的问题上，巴特勒成为最有权威的理论家。跟随福柯的理论脉络，她向固定的女性身份的必要性提出质疑，探索一种批判各种身份分类的激进政治的可能性。她向性别和性欲的内在能力、本质或身份的概念提出质疑，认为它们不过是一种重复的实践，通过这种反复的实践，“某种表象被沉淀、被凝固下来，它们就被当成某种内在本质或自然存在的表象”。“欲望的异性恋化需要‘女性气质’与‘男性气质’的对立，并且把这种对立加以制度化，把它们理解为‘男性’和‘女性’的本质。”（转引自 Segal，190）

在酷儿理论对各种身份分类的挑战中，跨性别具有特殊的重要性。所谓跨性别包括易装和易性，还包括既不易装也不易性但是喜欢像另一个性别的人那样生活的人。巴特勒认为，男女两性的界线是不清楚的，生理学统计表明，世界上有 6% 至 10% 的人天生就处在两性之间，他们的生理性别是不确定的。

两性界线不清和有越来越模糊趋势的表现在当今世界随处可见，正在形成一种新的社会时尚。

在悉尼，打破两性界线的人们举行了一日的游行，有成千上万的“正常”人看到了他们。

美国的迈克尔·杰克逊是猫王以后最著名的歌星，是彼得·潘以来最著名的男女同体的民间英雄。他的存在是对男女两分观念的威胁。

英国记者辛普森（Mark Simpson）在大众传媒中为人们提供最新的同性恋色情明星、被动肛交者和性受虐者的诙谐的公众形象，他笔下的形象出现在从足球和健美到关于去毛和男裤的广告当中，这些形象说明，男性身体——裸露的、被动的、作为性感对象而被人渴望、被人观赏的——开始以前所未有的姿态被展露出来，他说：“传统异性恋的观念在这种颠倒面前已难以为继。”（Segal，198—199）

除易性行为外，易装行为也是跨性别中一个重要的形态。易装行为的一个最重要的意义在于，它是对两分的简单概念的挑战，是对男性和女性这种分类法的质疑。

跨性别角色这一社会潮流中的另一个重要形式是男角的女同性恋者和女角的男同性恋者，他们的存在使生理性别、社会性别和性倾向的全部定义都成了问题。这两种人的自我社会性别认同与生理性别不符，他们的生理性别是男性或女性，而他们的社会性别认同是另一种性别。他们的性倾向也与生理性别不符：在心理上是异性恋的，而在生理上却是同性恋的。

进入 90 年代，跨性别和性别角色的模糊化有愈演愈烈之势。在某个心理诊所，一个女孩向医生描述自己所遇到的问题：她想做一个男性，而且是一个同性恋男性。也就是说，她的生理性别是女性，她的社会性别是男性，她的性倾向是同性恋。她是女人，她爱男人，但是她不想作为一个女人来爱男人，而是作为一个男人来爱男人。这就是 20 世纪 90 年代人们所面临的新局面。

对于"谁是易性者"这一问题的回答完全可以是这样的："任何承认这一点的人。"对此，巴特勒有一句名言：每个人都是易性者。她是指没有任何一个人能够成为一个标准的典型的"男性"或"女性"，每个人身上都或多或少具有男性气质或女性气质。

对于跨性别现象的重视，使得双性恋倾向在酷儿理论中拥有了特殊的重要性。酷儿理论认为，自由解放的新版本就是取消同性恋和异性恋的区别；如果实现了这一变化，所有的人将不得不承认他们自己的双性恋潜力。双性恋之所以有着特别的重要性正是因为，双性恋者的存在本就是对"正常人"、女同性恋者和男同性恋者的区分质疑，双性恋的形象就是一个重要的越轨的（transgressive）形象。双性恋能够解构社会性别与性的两分结构的原因在于：首先，因为双性恋占据了一个在各种身份之间暧昧不清的位置，所以它能够昭示出所有身份之间存在的缺陷和矛盾，表明了某种身份内部的差异。其次，因为身份不定，双性恋揭示出所有政治化的性身份的特殊性质：一方面是个人性行为和情感选择随时间不同的巨大不连续性；另一方面是个人政治身份的不连续性。

目前，有些酷儿已经幽默地自称为“弯曲的直线”（straight with a twist）。“Straight”本是英文中“异性恋者”的通俗说法。“弯曲的直线”这种说法充分揭示了各种分类界线之间正在变得模糊起来的新趋势。将来，我们会有弯曲的直线，会有搞同性恋的异性恋，会有具有女性气质的男人和具有男性气质的女人。一位学者打趣地说：“谁知道呢，也许在明年的学术研讨会上，我们会看到这样的论文标题：女同性恋的异性恋——最后的未知领域。”（Heller，47）

第三，酷儿理论还是对传统的同性恋文化的挑战。酷儿理论和酷儿政治预示着一种全新的性文化，它是性的、性感的，又是颇具颠覆性的，它不仅要颠覆异性恋的霸权，而且要颠覆以往的同性恋正统观念。酷儿理论提供了一种表达欲望的方式，它将彻底粉碎性别身份和性身份，既包括异性恋身份，也包括同性恋身份。

英国背景的沃特尼和美国背景的沃纳（Michael Warner）将酷儿政治定义为伪装神圣的道德主义的男女同性恋身份政治的对立面。沃特尼指出，传统的同性恋身份政治为了向人们对同性恋的刻版印象和熟视无睹挑战，有一种以“同性恋社群价值”的名义压抑在酷儿性行为中大量存在的差异的偏向，因此创造出一套关于同性恋生活方式的高度正规化的图景。相反，酷儿文化是对这种高度正规化的同性恋价值的否定，其性多样化的图景囊括了从奥斯卡·王尔德到芬兰的汤姆（Tom of Finland），甚至包括麦当娜这样的人。沃特尼宣称，酷儿文化是对“占统治地位的性认识论权威”的挑战。

酷儿理论抨击同性恋和异性恋的分别，揭露和批判了这种两分论的隐蔽的运作方式。酷儿理论家塞奇威克是这样解释的：某种文化中两极对立的分类，比如异性恋和同性恋的划分，实际上是处于一种不稳定和动态的关系之中。因此，仅仅争取对同性恋的正面评价是不够的，还要保护人们选择做酷儿的权利。

酷儿理论向男女同性恋身份本身质疑，批评静态的身份观念，提出一种流动和变化的观念。酷儿理论尝试将个人身份政治转向意义政治（politics of signification）。酷儿理论不把男女同性恋身份视为具有固定不变的内容的东西，而将身份视为弥散的、局部的和变化的。对于一些人来说，身份是表演性的，是由互动关系和角色变换创造出来的。酷儿理论批判了传统同性恋理论在身份问题上的排他性，揭示出在建构男女同性恋身份的尝试中，异性恋是如何被正规化的。

第四，酷儿理论具有重大的策略意义，它的出现造成了使所有的边缘群体能够联合起来采取共同行动的态势。酷儿理论相信民主原则在个人和个性的发展中也同样适用。酷儿政治建立了一种政治的联盟，它包括双性恋者、易性者、女同性恋者和男同性恋者，以及一切拒绝占统治地位的生理性别、社会性别和性体制的人。酷儿政治接受所有认同这一新政治的人，不论他们过去有着何种性身份、性倾向或性活动。严格地说，一个人既不能成为一个同性恋者，也不能是或不是一个同性恋者。但是一个人可以使自己边缘化，可以改变自己，可以成为一个酷儿。

“酷儿”一词因此具有策略性的意义，而不是指称某种具有永久性意义的身份。酷儿性这一概念之所以吸引人，是因为这些人拥有共同的经验，他们共同作为性越轨者（sexual outlaws）的生活方式，而并不是一种这些人共同拥有的本质主义的身份。它出现在那些孤立的个人当中，与一夫一妻制的家庭价值相对立，与异性恋霸权相对立。

许多酷儿活跃分子不再将自己定义为女同性恋者、男同性恋者、双性恋者，甚至不说自己是异性恋者，而简简单单地自称为酷儿。酷儿的性活动很难在传统的性结构领域中加以定位，它是一些更具流动性、协商性、争议性、创造性的选择。女同性恋者、男同性恋者和双性恋者也许需要“走出来”，但是酷儿身份却是“走进去”的。酷儿还创造了他们自己的分类方式：酷儿，较酷儿（queerer），最酷儿（queerest）。这种分类方式与以往的任何分类方式都不一样。

酷儿理论的多重主体论（multiple subjectivities）造成了在不同社会和种族的历史背景下生理性别和社会性别的不连续性（discontinuities），为男同性恋者、女同性恋者、跨性别者、易性者和双性恋者的社群之间更强有力的联合，为他们改造制度化的异性恋霸权的共同努力创造了条件。

最后，酷儿理论与后现代理论的关系。酷儿理论出现于后现代思想盛行之时，与后者有着千丝万缕的联系。酷儿理论的哲学背景是后结构主义和后现代理论。后现代理论是遇到最多误解的理论，例如，它常常被人们误解为要取消一切实际行动和现实斗争。因为它解构了所有的“宏大话语”，解构了所有的分类和身份，因而取消了所有现实斗争的可能性。

有些女权主义者就持有这样的观点，她们认为，女权主义不可过于投入后现代主义的怀抱，这是与敌同眠。她们认为，后现代主义是社会变革的敌人。这种态度与女权主义对酷儿理论的复杂感觉有相似之处。其实，这种恐惧和担忧是建立在对后现代理论的误解之上的。后现代的解构主义不过是一种模式转换而已，它并没有使任何事物变成“暂时的”或“不真实的”。认为“男性”和“女性”、“同性恋者”和“异性恋者”作为一种身份的划分是不正确的，并不会使它们因此变得“不真实”。实际上，它对于反抗压迫的斗争是极为有益的，它可以使人们获得一种摆脱现存的僵化的社会文化机制的力量。

后现代理论家威尔顿（Tamsin Wilton）说：“我甚至要说，对于女权主义来说，性别的解构和重写（这一重写可能采取彻底取消性别的形式）的唯一选择是消灭男性！无论性别是一种压迫性的操纵性的结构，还是男人‘天生’要压迫女人，女人是‘天生’的受害者，全都应当被扫除干净。”（转引自 Adkins 等，108）取消或者说解构“男性”和“女性”、“同性恋”和“异性恋”这些概念，并不像有些女权主义者所想象的那么可怕，并不会取消现实的解放斗争实践，而是为这一现实斗争提供了一个新的思路，提供了一种新的武器。

酷儿理论是一种具有强大革命性的理论，它的最终目标是创造新的人际关系格局，创造人类新的生活方式，它的做法是向所有的传统价值挑战。

它向传统的家庭价值挑战。一位酷儿理论家说：“我认为，传统的家庭价值不会延续到下个世纪，随着人的寿命增加，我不相信人们能保持50年的一夫一妻制婚姻生活。我想我们会找到某种既不是一夫一妻制也不是通奸活动的生活方式。”（Grant，267）

它向传统的性别规范和性规范挑战。对于酷儿来说，他们的亚文化为他们提供了广大的有意识的表演性的性与性别角色的天地，他们可以从男性角色变为女性角色，从异性恋角色变为同性恋角色。对于一个酷儿来说，即使是一个有易性倾向的人，也没有绝对的必要做变性手术，按照酷儿理论，他完全不必受这个罪，生理性别和社会性别完全不必一致，想穿哪个性别的衣服，就穿；想过哪个性别的生活，就过；想做哪个性别，就做，不必要先改变第一性征才有资格做某种性别的人。按照酷儿理论的理想，在一个男人不压迫女人的社会中，性的表达可以跟着感觉走，同性恋和异性恋的分类将最终归于消亡；男性和女性的分类也将变得模糊不清。这样，性别和性倾向的问题就都得到了圆满的解决。

酷儿理论是一种具有很强颠覆性的理论。它将会彻底改造人们思考问题的方式，使所有排他的少数群体显得狭隘，使人们获得彻底摆脱一切传统观念的武器和力量。酷儿理论因此具有强大的生命力，它为我们昭示了新世纪的曙光。

参考文献

埃利斯（旧译霭理士）：《性心理学》，潘光旦译注，生活·读书·新知三联书店，1987 年。

安田一郎编：《社会与人生的迷区——二十世纪六十年间主要性思想》，辛进译，中国文联出版公司，1989 年。

波伏瓦（旧译波伏娃）：《第二性》，陶铁柱译，中国书籍出版社，1998 年。

布尔迪厄：《男性统治》，刘晖译，海天出版社，2002 年。

福柯：《性史（第一、二卷）》，张廷琛、林莉、范千红等译，上海科学技术文献出版社，1989 年。

福柯：《权力的眼睛——福柯访谈录》，严锋译，上海人民出版社，1997 年。

弗洛姆（旧译弗罗姆）：《爱的艺术》，李健鸣译，商务印书馆，1987 年。

弗洛伊德：《性欲三论》，赵蕾、宋景堂译，国际文化出版公司，2000 年。

加尼翁（旧译盖格农）：《性社会学——人类性行为》，李银河译，河南人民出版社，1994 年。

高罗佩：《中国古代房内考》，李零、郭晓惠等译，上海人民出版社，1990 年。

海蒂（旧译海特）：《西方文化禁忌——海特性学报告（中文全译本）》，张月、单杰、杜智华译，中原农民出版社，1994 年。

何春蕤编：《性工作研究》，高雄复文图书出版社，2003 年。

吉登斯：《亲密关系的变革：现代社会中的性、爱和爱欲》，陈永国、汪民安等译，社会科学文献出版社，2001 年。

金赛（旧译金西）：《金西报告——人类男性性行为》，潘绥铭编译，光明日报出版社，1989 年。

金赛：《女性性行为》，潘绥铭译，团结出版社，1990 年。

居伊昂：《性与道德》，李迈等译，国际文化出版公司，1988 年。

卡尔：《人类性幻想》，耿文秀等译，华东师范大学出版社，2011 年。

凯查杜里安：《人类性学基础——性学观止》，李洪宽等译，农村读物出版社，1989 年。

克鲁克斯等：《我们的性》，张拓红等译，华夏出版社，2003 年。

赖希：《法西斯主义群众心理学》，张峰译，重庆出版社，1990 年。

李银河编：《西方性学名著提要》，江西人民出版社，2002 年。

鲁宾（旧译罗宾）等：《酷儿理论：西方 90 年代性思潮》，李银河译，时事出版社，2000 年。

罗洛·梅（旧译罗洛梅）：《爱与意志》，蔡伸章译，甘肃人民出版社，1987 年。

罗素：《婚姻革命》，靳建国译，东方出版社，1988 年。

马尔库塞：《爱欲与文明》，黄勇、薛民译，上海译文出版社，1987 年。

马尔萨斯：《人口论》，郭大力译，商务印书馆，1959 年。

马林诺夫斯基：《神圣的性生活：来自土著部落的报告》，何勇译，知识出版社，1998 年。

米德：《萨摩亚人的成年——为西方文明所作的原始人类的青年心理研究》，周晓虹、李姚军译，浙江人民出版社，1988 年。

米勒：《傅柯的生死爱欲》，高毅译，时报文化出版企业有限公司，1995 年。

米利特：《性政治》，宋文伟译，江苏人民出版社，2000 年。

莫尼等编：《性学总览》，王映桥、郭颐顿等译，天津人民出版社，1992 年。

潘绥铭等：《当代中国人的性行为与性关系》，社会科学文献出版社，2004 年。

沙吉才编：《当代中国妇女地位》，北京大学出版社，1995 年。

孙珉编：《人迹罕至的地方》，光明日报出版社，1995 年。

坦娜希尔：《历史中的性》，童仁译，光明日报出版社，1989 年。

陶春芳等编：《中国妇女社会地位概观》，中国妇女出版社，1993 年。

王逢振等编：《性别政治》，天津社会科学院出版社，2001 年。

威克斯：《20 世纪的性理论和性观念》，宋文伟、侯萍译，江苏人民出版社，2002 年。

韦斯特马克：《人类婚姻史（全三册）》，李彬等译，商务印书馆，2002 年。

肖巍：《女性主义伦理学》，四川人民出版社，2000 年。

谢里登：《求真意志——密歇尔·福柯的心路历程》，尚志英、许林译，上海人民出版社，1997 年。

Abramson, P. R. and Pinkerton, S. D. *With Pleasure: Thoughts on the Nature of Human Sexuality*, Oxford University Press, 2002.

Adkins, L. and Merchant, V. (eds.) *Sexualizing the Social: Power and the Organization of Sexuality*, Palgrave Macmillan, 1996.

Armytage, W. H. G., Chester, R. and Peel, J. (eds.) *Changing Patterns of Sexual Behaviour: Proceedings of the Fifteenth Annual Symposium of the Eugenics Society, London, 1978*, Academic Press, 1980.

Barash, D. P. and Lipton, J. E. *Making Sense of Sex: How Genes and Gender Influence Our Relationships*, Island Press, 1997.

Bland, L. and Doan, L. (eds.) *Sexology Uncensored: The Documents of Sexual Science*, Polity Press, 1998.

Butler, J. and Scott, J. W. (eds.) *Feminists Theorize the Political*, Routledge, 1992.

Devine, P. E. and Wolf-Devine, C. (eds.) *Sex and Gender: A Spectrum of Views*, Wadsworth, 2003.

Davis, K. The Sociology of Prostitution, *American Sociological Review*, 2 (5), 1937: 744-755.

Davis, M. S. *Smut: Erotic Reality/Obscene Ideology*, University of Chicago Press, 1983.

Eckes, T. and Trautner, H. M. (eds.) *The Developmental Social Psychology of Gender*, Lawrence Erlbaum Associates, 2000.

Evans, D. T. *Sexual Citizenship: The Material Construction of Sexualities*, Routledge, 1993.

Foucault, M. *Politics, Philosophy, Culture: Interviews and Other Writings, 1977-1984*, edited by Kritzman, L. D., Routledge, 1988.

French, M. *The War Against Women*, Summit Books, 1992.

Giddens, A. *The Transformation of Intimacy: Sexuality, Love & Eroticism in Modern Societies*, Polity Press, 1992.

Glover, D. and Kaplan, C. *Genders*, Routledge, 2000.

Grant, L. *Sexing the Millennium: A Political History of the Sexual Revolution*, HarperCollins Publishers, 1993.

Heller, C. S. (ed.) *Structured Social Inequality: A Reader in Comparative Social Stratification*, Macmillan, 1987.

Hershatter, G. *The Workers of Tianjin, 1900-1949*, Stanford University Press, 1986.

Honig, E. *Sisters and Strangers: Women in the Shanghai Cotton Mills, 1919-1949*, Stanford University Press, 1986.

Hyde, J. S. *Understanding Human Sexuality*, McGraw-Hill, 1994.

Jackson, S. and Scott, S. (eds.) *Feminism and Sexuality: A Reader*, Columbia University Press, 1996.

Jaggar, A. M. and Young, I. M. (eds.) *A Companion to Feminist Philosophy*, Blackwell, 1998.

MacKinnon, C. A. *Toward a Feminist Theory of the State*, Havard University Press, 1989.

Masters, W. H. and Johnson, V. E. *Human Sexual Inadequacy*, J. & A. Churchill, 1970.

Masters, W. H. and Johnson, V. E. *Human Sexual Response*, J. & A. Churchill, 1966.

Meyers, D. T. (ed.) *Feminist Social Thought: A Reader*, Routledge, 1997.

Minas, A. (ed.) *Gender Basics: Feminist Perspectives on Women and Men*, Wadsworth, 2000.

Money, J. *Principles of Developmental Sexology*, Continuum, 1997.

Money, J. *Gay, Straight, and In-between: The Sexology of Erotic Orientation*, Oxford University Press, 1988.

Money, J. *Handbook of Sexology: Procreation and Parenthood*, Elsevier, 1978.

Nadeau, R. L. *S/He Brain: Science, Sexual Politics, and the Myths of Feminism*, Praeger, 1996.

Parker, R. G. and Gagnon, J. H. (eds.) *Conceiving Sexuality: Approaches to Sex Research in a Postmodern World*, Routledge, 1995.

Plummer, K. *Sexualities*, Routledge, 2002.

Posner, R. A. *Sex and Reason*, Harvard University Press, 1992.

Richardson, D. Constructing Sexual Citizenship: Theorizing Sexual Rights, *Critical Social Policy*, 20(1), 2000:105-135.

Segal, L. *Why Feminism? Gender, Psychology, Politics*, Columbia University Press, 1999.

Stacey, J. *Patriarchy and Socialist Revolution in China*, University of California Press, 1983.

Walby, S. *Theorizing Patriarchy*, Basil Blackwell, 1990.

Weeks, J. The Sexual Citizen, *Theory, Culture & Society*, 15(3-4), 1998:35-52.

Weeks, J., Holland, J. and Waites, M. (eds.) *Sexualities and Society: A Reader*, Polity Press, 2003.

图书在版编目（CIP）数据

性学入门 / 李银河编．-- 上海：上海三联书店，2024.1 重印

ISBN 978-7-5426-7187-5

Ⅰ．①性… Ⅱ．①李… Ⅲ．①性学 Ⅳ．①C913.14

中国版本图书馆 CIP 数据核字（2020）第 180590 号

性学入门

李银河 编

责任编辑 / 殷亚平
特约编辑 / 刘 早
责任校对 / 张大伟
监 制 / 姚 军
装帧设计 / 尚燕平

出版发行 / 上海三联书店
（200030）上海市漕溪北路 331 号 A 座 6 楼
电 话 / 021-22895540
印 刷 / 山东韵杰文化科技有限公司

版 次 / 2021 年 1 月第 1 版
印 次 / 2024 年 1 月第 8 次印刷
开 本 / 850mm × 1168mm 1/32
字 数 / 202 千字
印 张 / 9
书 号 / ISBN 978-7-5426-7187-5/C · 604
定 价 / 58.00 元